汽车备件管理

主 编 陈兆俊 王丽娜
副主编 李 敏 丁静静 刘 杨

北京理工大学出版社
BEIJING INSTITUTE OF TECHNOLOGY PRESS

内 容 简 介

本书共分 7 个项目、21 个任务，以图文结合的方式，以国内常见典型品牌汽车为例，详细介绍了汽车备件的基础知识、车辆信息查询方法、汽车备件编号及备件编号查询方法、汽车备件采购订单的制订与更新、汽车备件质量鉴别与采购、汽车备件仓库规划方法、备件的摆放与位置码、汽车备件库存控制、备件入库与出库、备件库存盘点、拣货作业、汽车备件业务管理、汽车整车与备件的质量担保、汽车整车与备件的保修索赔及质量情况反馈等内容。

本书既可作为高职高专院校汽车相关专业教材，也可作为汽车新技术培训参考教材、汽车维修企业技术人员自学参考用书。

版权专有　侵权必究

图书在版编目（CIP）数据

汽车备件管理／陈兆俊，王丽娜主编．－－北京：北京理工大学出版社，2023.12 重印

ISBN 978－7－5682－0160－5

Ⅰ.①汽… Ⅱ.①陈… ②王… Ⅲ.①汽车－备件－设备管理－高等职业教育－教材 Ⅳ.①U463

中国版本图书馆 CIP 数据核字（2015）第 005294 号

责任编辑／封　雪	**文案编辑**／张鑫星
责任校对／周瑞红	**责任印制**／李志强

出版发行 ／ 北京理工大学出版社有限责任公司
社　　址 ／ 北京市丰台区四合庄路 6 号
邮　　编 ／ 100070
电　　话 ／ （010）68914026（教材售后服务热线）
　　　　　　　（010）68944437（课件资源服务热线）
网　　址 ／ http://www.bitpress.com.cn

版 印 次 ／ 2023 年 12 月第 1 版第 7 次印刷
印　　刷 ／ 北京虎彩文化传播有限公司
开　　本 ／ 787 mm×1092 mm　1/16
印　　张 ／ 16.5
字　　数 ／ 387 千字
定　　价 ／ 49.80 元

图书出现印装质量问题，请拨打售后服务热线，负责调换

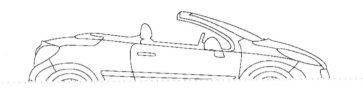 

前言

汽车产业是现代加工制造业的第一支柱产业，在国民经济中具有重要地位。中国早已成为全球第二大汽车生产国和第二大汽车消费国，汽车工业仍然保持着高速发展的势头，巨大的汽车产能和消费市场为汽车备件行业发展开辟了广阔的市场空间，中国汽车备件产业进入了快速发展阶段。外资和民营企业的市场进入为我国汽配市场带来了新的竞争动力，汽配市场已经形成外资、民营和独立供应商竞争格局。

随着汽车销售竞争的加剧，汽车企业已充分认识到汽车服务与汽车的重要关系，企业服务队伍建设和人员素质的提高成为提高竞争力的关键。为了适应汽车相关企业对汽车备件管理、经营与销售的人才需求，满足高等职业院校对汽车备件管理知识的需求，我们组织了高职院校教师及企业专家，在充分总结前人成果的基础上，结合目前汽车售后服务企业汽车备件相关工作岗位要求，编写了本教材。

汽车备件种类繁多，涉及机械、电子、化工、原材料等多种工业生产领域。结合"以工作任务"为导向的高职高专系列课程改革，本书共分7个项目、21个任务，以图文结合的方式，以国内常见典型品牌汽车为例，让读者了解汽车备件的基础知识、车辆信息查询方法、汽车备件编号及备件编号查询方法、汽车备件采购订单的制订与更新、汽车备件质量鉴别与采购、汽车备件仓库规划方法、备件的摆放与位置码、汽车备件库存控制、备件入库与出库、备件库存盘点、拣货作业、汽车备件业务管理、汽车整车与备件的质量担保、汽车整车与备件的保修索赔及质量情况反馈等内容。

本书旨在培养实践操作能力，从实践环节出发，图文并茂，内容全面、具体，实用性强。本书既可作为高职高专院校汽车类相关专业的教学用书，也可供从事汽车、工程机械和备件管理及营销的技术人员阅读，还可作为相关单位职工培训用书。

本书由大连职业技术学院陈兆俊和沈阳工学院王丽娜担任主编，由大连职业技术学院李敏、丁静静和辽宁省交通高等专科学校刘杨担任副主编，参与本书编写工作的其他人员有：杜华文、张宪辉、郑锡伟、刘岩等，在此对他们为本书编写工作所付出的努力深表感谢。本书编写分工具体如下：陈兆俊负责编写项目一、项目二、项目三、项目六及项目七；王丽娜负责编写项目四；李敏负责编写项目五。

由于编者水平以及掌握资料有限，书中难免会有错漏及需要改进之处，恳请同行专家及读者批评指正。

编　者

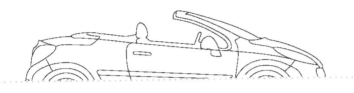

目 录
CONTENTS

项目一　汽车备件知识准备　001
　　任务一　汽车备件基础　001
　　任务二　车辆信息查询　031
　　任务三　汽车备件查询　041

项目二　汽车备件采购　062
　　任务一　采购订单制订与更新　062
　　任务二　备件质量鉴别　071
　　任务三　汽车备件采购　078

项目三　汽车备件存储管理　087
　　任务一　备件仓库规划　087
　　任务二　备件的摆放与位置码　100

项目四　汽车备件库存管理　113
　　任务一　库存控制　113
　　任务二　备件入库作业　128
　　任务三　备件出库作业　134
　　任务四　备件库存盘点　142

项目五　拣货作业　151
　　任务一　拣货流程与方法　151
　　任务二　拣货作业规划　167

项目六　汽车备件业务管理　184
　　任务一　汽车备件部门架构组建　184
　　任务二　汽车备件业务分配　190
　　任务三　备件业务沟通　202
　　任务四　汽车备件售后服务　216

项目七　汽车备件的索赔管理　226
　　任务一　汽车整车与备件的质量担保　226
　　任务二　汽车整车与备件的保修索赔　233
　　任务三　质量情况反馈　247

参考文献　257

项目一
汽车备件知识准备

任务一　汽车备件基础

学习目标

①了解汽车备件的含义及类型；
②了解汽车主要组成备件及其作用和位置关系；
③能够识别相关备件的名称。

任务分析

汽车备件是构成汽车整体的各单元及服务于汽车的产品。汽车由成千上万个零部件装配而成。这些零部件的型号众多，用途和构造各异，但从汽车的整体构造而言，主要包含发动机、底盘、车身及电气设备四大部分。发动机是汽车的动力装置；底盘的作用是支撑、安装汽车发动机及其各部件、总成，形成汽车整体造型，并接受发动机的动力，使汽车产生运动，保证正常行驶；汽车车身的主要作用是保护驾驶员及构成良好的空气动力学环境，同时体现美观和个性；电气设备是汽车的重要组成部分，它直接影响着汽车的动力性、经济性、可靠性、安全性及舒适性等性能指标。

相关知识

一、汽车备件的类型

在汽车维修企业和汽车配件经营企业等汽车服务业中，通常将汽车零部件、汽车标准件和汽车材料等都统称为汽车备件。它包括车辆出厂使用及维修过程中所需的消耗材料和零部件，还包括用于提高车辆安全性、舒适性及装饰性等的产品。

1. 按标准化分类

汽车备件包括发动机零部件、底盘零部件、车身及饰品零部件、电气电子产品和通用零部件。零部件分为零件、单元体、子总成、分总成和总成。

（1）零件

不采用装配工序制成的单一成品、单个制件（如气门、活塞、活塞销等），或由两个以上连在一起具有规定功能、通常不能再分解的（如含油轴承、电容器等外购小总成）制件

都是零件，零件是汽车的基本制造单元。

（2）单元体

由零部件之间的任意组合构成的具有某一功能特征的功能组合体，通常能在不同环境中独立工作的部分就是单元体。

（3）子总成

由两个或多个零件经装配工序或组合构成，对分总成有隶属装配级别关系的部分就是子总成，也称为合件，如带盖的连杆、成对的轴瓦及带气门导管的缸盖等。它的名称一般以其中的主要零件来定名，如带盖的连杆定名为连杆。

（4）分总成

由两个或多个零件与子总成一起采用装配工序组合而成，对总成有隶属装配级别关系的部分就是分总成。分总成一般不能单独完成某一机构作用，也称为"半总成"，如离合器压板及盖、变速器盖等。

（5）总成

由数个零件、数个分总成或它们之间的任意组合而构成的具有一定装配级别或某一功能形式的组合体，具有装配分解特性的部分就是总成。总成能单独完成某一机构的作用，如发动机总成、变速器总成、离合器总成等。

2. 按实用性分类

根据我国汽车备件市场供应的实用性原则，汽车备件分为易耗件、标准件、车身覆盖件与保安件4类。

（1）易耗件

在对汽车进行二级维护、总成大修和整车大修时，易损坏且消耗量大的备件称为易耗件（见表1-1）。

表1-1 易耗件分类

分 类		举 例
发动机易耗件	曲柄连杆机构	气缸体、气缸套、气缸盖、气缸体附件、气缸盖附件、活塞、活塞环、活塞销、连杆、连杆轴承、连杆螺栓及螺母、曲轴轴承、飞轮总成和发动机悬架组件等
	配气机构	气门、气门导管、气门弹簧、挺杆、推杆、摇臂、摇臂轴、凸轮轴轴承、正时齿轮和正时齿轮皮带等
	燃油供给系统	电动汽油泵、压力调节器、空气流量传感器、喷油器、三元催化装置、输油泵总成、喷油泵柱塞偶件、出油阀偶件和喷油器等
	冷却系统	散热器、节温器、水泵和风扇等
	润滑系统	机油滤清器、机油压力传感器、机油泵、集滤器等
	点火系统	蓄电池、点火线圈、火花塞和分火线等

续表

分类		举例
底盘易耗件	传动系统	离合器摩擦片、从动盘总成、分离杠杆、分离叉、踏板拉杆、分离轴承、复位弹簧、变速器的各挡变速齿轮、凸缘叉、滑动叉、万向节、传动轴及轴承、从动锥齿轮、行星齿轮、十字轴及差速器壳、半轴和半轴套管等
	行驶系统	主销、主销衬套、主销轴承、调整垫片、轮辋、轮毂、轮胎、钢板弹簧片、独立悬架的螺旋弹簧、钢板弹簧销和衬套、钢板弹簧垫板、U形螺栓和减震器等
	转向系统	转向蜗杆、转向摇臂轴、转向螺母及钢球、钢球导流管、转向器总成、转向盘、纵拉杆与横拉杆等
	制动系统	制动器及制动蹄、盘式制动器摩擦块、液压制动主缸、液压制动轮缸、气压制动控制阀、制动气室、储气筒、止回阀、安全阀、制动软管、空气压缩机限压阀和制动操纵机构等
电气设备及仪表的易耗件		线束、车灯总成、安全报警及低压电路熔断器和熔断丝盒、点火开关、组合开关、制动开关、车速表、转速表、燃油表、水温表、空气压力表和机油压力报警灯或表等
密封件		各种油封、水封、密封圈、密封条及密封垫等

（2）标准件

按国家标准设计与制造的，对同一种零件统一形状、尺寸、公差及技术要求，并具有通用互换性的零部件称为标准件。汽车上属于标准件的有气缸盖紧固螺栓及螺母、连杆螺栓及螺母、发动机悬架装置中的螺栓及螺母、主销锁销及螺母、轮胎螺栓及螺母等。

（3）车身覆盖件

为使乘员及部分重要总成不受外界环境的干扰而设计的，且具有一定空气动力学特性的构成汽车表面的板件，称为车身覆盖件，一般是由板材冲压、焊接成形的，如车身翼子板、机盖、车顶板、门板、行李舱盖等。

（4）保安件

汽车上不易损坏的零部件称为保安件，如曲轴起动爪、正时齿轮、扭转减震器、凸轮轴、汽油箱、离合器压盘及盖总成、变速器壳体及上盖、操纵杆、转向节、转向摇臂和转向节臂等。

3. 按用途分类

汽车备件按照用途可以分为必装件、选装件、装饰件和消耗件4类。

（1）必装件

汽车正常行驶所必需的备件称为必装件，如转向盘、发动机等。

（2）选装件

非汽车正常行驶必需的备件称为选装件，此类备件可以由车主选择安装以提高汽车性能或功能，如CD音响、氙气大灯等。

（3）装饰件

装饰件又称为精品件，是为了汽车的舒适和美观加配的备件，一般对汽车本身的行驶性能和功能影响不大，如坐垫、抱枕等。

（4）消耗件

汽车使用过程中容易发生损耗、老化，需要经常更换的备件称为消耗件，如润滑油、冷却液、制动液、刮水器和风窗玻璃洗涤剂等。

4. 按生产来源分类

汽车备件按照生产来源可以分为原厂件、副厂件与自制件3类。

（1）原厂件

原厂件指的是与整车制造厂家配套的备件，如纯牌零件是指通过汽车制造厂严格质量检验的零件。它们的性能和质量完全能够满足车辆要求。

（2）副厂件

副厂件指的是由专业备件厂家生产的，虽然不与整车制造厂配套安装在新车上，但是是按照制造厂标准生产的，达到制造厂技术指标要求的备件。

（3）自制件

自制件指的是备件厂家依据自己对汽车备件标准的理解自行生产的，外观和使用效果与合格备件相似，但是其技术指标由备件制造厂自行保证，与整车制造厂无关的备件。自制件是否合格，主要取决于备件厂家的生产技术水平和质量保障措施。

需要说明的是，无论副厂件，还是自制件都必须达到指定标准水平。这里说的原厂件、副厂件和自制件，都是合格的备件。那些不符合质量标准的备件，不属于上述范畴。

另外，汽车备件还可按照材质分为金属备件、电子备件、塑料备件、橡胶备件和组合备件等；按照供销关系可以分为滞销备件、畅销备件和脱销备件等。

除了上述分类方法外，每一个国际大型整车制造厂，一般都有自己的备件分类方法，不同的汽车品牌制造商对于汽车备件的分类有所不同，但是都应该满足定义中所提及的功能。如丰田汽车公司将汽车备件分为维修零件、汽车精品、油类和化学品3种类型，而有些品牌制造商则将汽车备件按照不同系统进行区分，如分为发动机系统备件、传动系统备件、转向系统备件、冷却系统备件、制动系统备件、悬架系统备件、进排气系统备件、车身及附件、内饰件及附件、暖风和空调系统备件、电气系统备件、随车附件、汽车精品、美容维护类备件等方面。

二、汽车主要组成备件认知

1. 发动机

（1）气缸体

1）气缸体的特点及要求。

小型发动机的气缸和曲轴箱常铸成一体，称为气缸体（简称缸体）。缸体上半部分为活塞运动气缸，缸体内有油道和水道，下半部分为支承曲轴的曲轴箱，其内腔为曲轴运动的空间。缸体作为发动机各个机构和系统的装配基体，承受高温高压气体作用，同时活塞在其中做高速往复运动，因此要求气缸体具有足够的刚度和强度。

气缸内壁是工作表面，加工精度要求较高。有些负荷比较轻，缸径又不大的汽油机，在气缸体上直接加工出气缸内壁,没有单独的气缸套。有些发动机用铝合金缸体,但铝合金的耐磨性不好,必须在气缸体内镶入气缸套,形成气缸工作表面。

2)气缸体的种类及材料。

汽车发动机气缸体排列形式基本上有3种:直列式、V形和水平对置式,如图1-1所示。气缸体一般采用优质灰铸铁、球墨铸铁和铝合金材料,气缸体结构形式分为一般式气缸体、龙门式气缸体和隧道式气缸体3种,如图1-2所示。

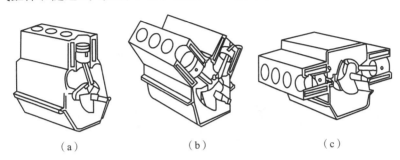

图1-1 气缸体排列形式

(a)直列式;(b)V形;(c)水平对置式

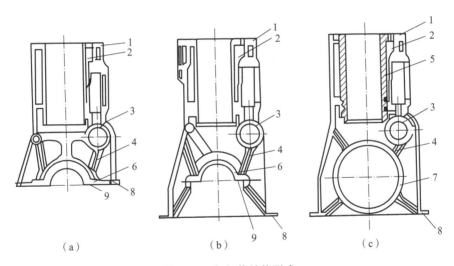

图1-2 气缸体结构形式

(a)一般式;(b)龙门式;(c)隧道式

1—气缸体;2—冷却水套;3—凸轮轴座孔;4—加强肋;5—湿式缸套;
6—主轴承座;7—主轴承座孔;8—安装油底壳的加工面;9—安装主轴承的加工面

(2)气缸盖

1)气缸盖的特点及要求。

气缸盖安装在气缸体上面,封闭气缸上部,并与活塞顶部和气缸壁一起形成燃烧室;水冷发动机的气缸盖内部铸有冷却水套,利用循环水来冷却气缸盖;风冷发动机的气缸盖上有散热片,安装其他附件。

气缸盖下端面与高温高压燃气接触,承受热负荷和机械负荷。水冷发动机的气缸盖内部有冷却水流过,与高温的气缸盖接触,会产生较大的热应力。

2) 气缸盖的种类及材料。

在多缸发动机中，只覆盖一个气缸的气缸盖，称为单体气缸盖；能覆盖两个以上气缸的气缸盖称为块状气缸盖；能覆盖全部气缸的气缸盖称为整体气缸盖。

气缸盖形状复杂，气缸盖上有冷却水套、润滑油油道、进排气道和气门导管、燃烧室、火花塞座孔或喷油器座孔（柴油机），上置凸轮轴式发动机的气缸盖上还有用以安装凸轮轴的座孔。如图1-3所示为桑塔纳轿车发动机的气缸盖分解图。

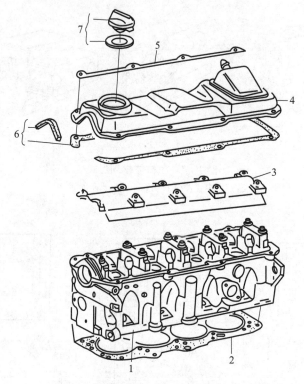

图1-3 桑塔纳轿车发动机的气缸盖分解图
1—气缸盖；2—气缸垫；3—机油反射罩；4—气缸盖罩；5—压条；6—气门罩垫；7—加油盖

气缸盖一般多采用灰铸铁或合金铸铁铸成。现代汽车上铝合金铸造的气缸盖使用越来越多，有取代铸铁的趋势。

(3) 气缸垫

气缸垫是气缸盖与气缸体之间安装的密封衬垫，气缸垫的功用是填补气缸体与气缸盖结合面上的微观孔隙，保证结合面处有良好的密封性，进而保证燃烧室的密封性，防止漏气、漏水和漏油。

目前应用较多的有以下几种气缸垫：

1) 金属-石棉气缸垫，如1-4 (a) 所示。石棉中间夹有金属丝或金属屑，且外覆铜皮或钢皮。

2) 实心金属片气缸垫，如图1-4 (b) 所示。这种气缸垫多用在强化发动机上，轿车和赛车上较多采用这种气缸垫。

3) 中心用编织的钢丝网［见图1-4 (c)］或有孔钢板［冲有带毛刺小孔的钢板，如图1-4 (d) 所示］为骨架，两面用石棉及橡胶黏结剂压成的气缸垫。

4)冲压钢板气缸垫,如图1-4(e)所示。这种气缸垫由单块冷轧低碳钢板制成,很多强化的汽车发动机上采用这种气缸垫。

5)加强型无石棉气缸垫,如图1-4(f)所示。在气缸口密封部位采用五层薄钢板组成,并设计成正圆形,没有石棉夹层。

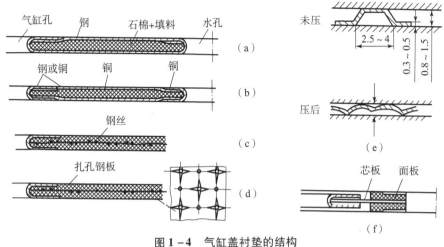

图1-4 气缸盖衬垫的结构

(a)金属-石棉气缸垫;(b)实心金属片气缸垫;(c)中心用编织的钢丝网为骨架的气缸垫;
(d)中心用有孔钢板为骨架的气缸垫;(e)冲压钢板气缸垫;(f)加强型无石棉气缸垫

(4)气门室罩

在气缸盖上部有起到封闭和密封作用的气门室罩。气门室罩结构比较简单,一般用薄钢板冲压而成,其上设有加注机油用的注油孔。气门室罩与气缸盖之间设有密封垫。

(5)油底壳

油底壳的主要作用是贮存机油和封闭曲轴箱,同时也可起到机油散热作用。油底壳一般采用薄钢板冲压而成,有些发动机油底壳采用铝合金铸造而成,在底部还铸有相应的散热片,以利于散热。

在油底壳最深处装有放油塞,有的放油塞是磁性的,能吸集机油中的金属屑,以减少发动机运动零件的磨损。油底壳内还设有稳油挡板,防止汽车振动时油面波动过大。如图1-5所示为油底壳。

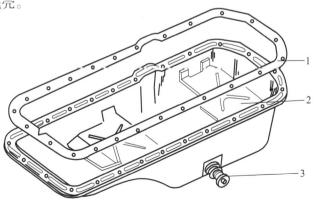

图1-5 油底壳

1—衬垫;2—稳油挡板;3—放油塞

(6) 发动机的支撑

汽车发动机一般通过气缸体和飞轮壳或变速器壳支撑在车架（或车身）上。发动机的支撑方法一般有三点支撑和四点支撑两种，如图1-6（a）所示为一种三点支撑发动机，前端两点通过曲轴箱支撑在车架上，后端点通过变速器壳支撑在车架上。如图1-6（b）所示为一种四点支撑发动机，前端两点通过曲轴箱支撑在车架上，后端两点通过飞轮壳支撑在车架上。

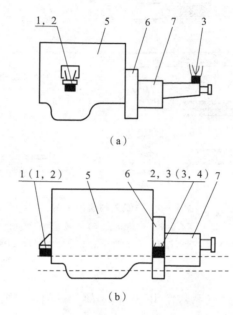

图1-6 发动机支撑示意图
(a) 三点支撑；(b) 四点支撑
1, 2, 3, 4—支撑；5—发动机；6—离合器壳；7—变速器

发动机采用弹性支撑，这是为了消除在汽车行驶中车架的扭转变形对发动机的影响，以及减少传给底盘和乘员室的振动和噪声。当汽车制动或加速时，为了防止由于弹性元件的变形而产生的发动机纵向位移，有时设有纵拉杆，通过橡胶垫块使发动机与车架纵梁相连。

(7) 曲轴及轴承

1) 曲轴及轴承的特点及要求。

曲轴飞轮组主要由曲轴、飞轮、扭转减震器、带轮、正时齿轮（或链条）等组成。如图1-7所示为曲轴飞轮组总体结构。曲轴的功用是承受连杆传来的力，并将其转变为扭矩，然后通过飞轮输出；另外，还用来驱动发动机的配气机构及其他辅助装置。

在发动机工作中，曲轴承受周期性变化的气体压力、旋转的离心力和往复的惯性力，使曲轴承受弯曲与扭转载荷，产生疲劳应力。为了保证工作可靠，因此要求曲轴具有足够的刚度和强度，各工作表面要求耐磨而且润滑良好，还必须有很高的动平衡要求。

为了减少磨损，曲轴一般使用滑动式向心轴承和滑动式推力轴承，也有的使用滚动式轴承。

2) 曲轴的种类及材料。

一般用整体式曲轴。曲轴一般都采用优质中碳钢（如45钢）或中碳合金钢（如

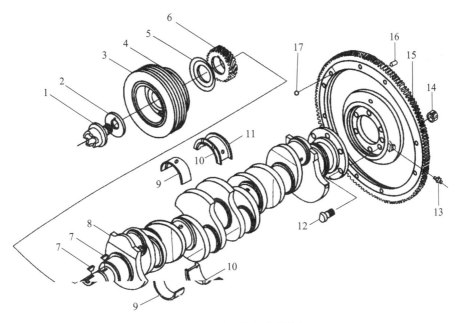

图 1-7 曲轴飞轮组总体结构

1—起动爪；2—锁紧垫片；3—扭转减震器总成；4—带轮；5—挡油片；
6—正时齿轮；7—半圆键；8—曲轴；9、10—主轴瓦；11—止推片；12—飞轮螺栓；
13—润滑脂嘴；14—螺母；15—飞轮；16—离合器盖定位销；17—六缸上止点记号钢球

45Mn2、40Cr 等）模锻。为了提高曲轴的耐磨性，其主轴颈和连杆轴颈表面上均需高频淬火或氮化。例如，上海桑塔纳发动机曲轴采用优质的 50 号中碳钢模锻而成。有部分发动机采用了高强度的稀土球墨铸铁铸造曲轴，但这种曲轴必须采用全支撑以保证刚度。

3）轴承的种类及材料。

现代发动机所用的曲轴轴承是由钢背和减摩层组成的分开式薄壁轴承。目前汽车发动机的轴承减摩合金主要有白合金（巴氏合金）、铜铅合金和高锡铝合金，其中巴氏合金轴承的疲劳强度较低，只能用于负荷不大的汽油机，而铜铅合金和高锡铝合金轴承均具有较高的承载能力与耐疲劳性。含锡量 20% 以上的高锡铝合金轴承，在汽油机和柴油机上均得到广泛应用。

轴承在自由状态下并不是半圆形的（开口大于直径），轴承的背面光洁度很高而且还有过盈，故当它们装入轴承座时能均匀地紧贴在轴承座内壁上。

曲轴轴向定位是通过止推装置实现的。车辆行驶时，离合器经常接合与分离和锥齿轮驱动时施加于曲轴上的轴向力以及在上、下坡行驶或突然加速、减速出现的轴向力作用而使曲轴有轴向窜动的趋势，为了阻止这种趋势曲轴必须有轴向定位，以保证曲柄连杆机构的正常工作。但也应允许曲轴受热后能自由膨胀，故只能在一处设置轴向定位装置。

轴向定位装置有翻边轴瓦、止推片、止推环和轴向止推滚珠轴承等多种形式，如图 1-8 所示。

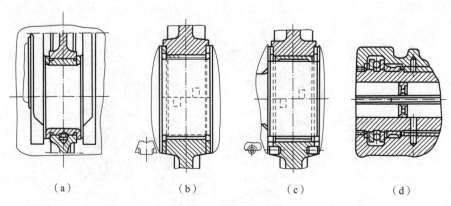

图1-8 轴向定位装置
(a) 翻边轴瓦；(b) 止推片；(c) 止推环；(d) 轴向止推滚珠轴承

(8) 扭转减震器

扭转减震器的作用是消除曲轴的扭转振动。为消除曲轴振动，扭转减震器通常装在扭转振幅最大的曲轴自由端。因此，扭转减震器一般都装在曲轴前端与曲轴带轮合成为一个整体部件（见图1-7）。汽车发动机最常用的曲轴扭转减震器是摩擦式扭转减震器，它是将带轮的外圆柱面和内圆柱面用橡胶材料通过硫化的方式结合在一起，形成整体来抑制曲轴的扭转振动和弯曲振动。

(9) 飞轮

飞轮的主要功用是贮存能量，保证曲轴的旋转角速度和输出扭矩尽可能均匀。飞轮多采用灰铸铁制造，当轮缘的圆周速度较高时，要采用强度较高的球铁或铸钢制造。飞轮外缘上压有一个齿圈，可与起动机的驱动齿轮啮合，供起动发动机用。

飞轮与曲轴装配后应进行动平衡试验，否则在旋转时因质量不平衡而产生离心力，将引起发动机振动并加速主轴承的磨损。为了在拆装时不破坏它们的平衡状态，飞轮与曲轴之间应有严格的相对位置，用定位销或不对称布置螺栓予以保证。

(10) 连杆

1) 连杆的特点及要求。

连杆将活塞承受的力传给曲轴，推动曲轴转动，从而使活塞的往复运动转变为曲轴的旋转运动。连杆在工作时承受活塞销传来的气体作用力、活塞连杆组往复运动时产生的惯性力和连杆大头绕曲轴旋转产生的离心力的作用，这些力的大小和方向都是周期性变化的，这就使连杆承受压缩、拉抻和弯曲等交变载荷。因此要求连杆要有足够的刚度和强度，并且质量尽可能小。

2) 连杆的种类及材料。

连杆杆身断面通常做成"工"字形，可以在保证强度和刚度的前提下减轻质量。连杆一般用中碳钢或合金钢经模锻或辊锻而成，然后经机械加工和热处理。

连杆由小头1、杆身2和大头3（包括连杆盖6）三部分组成，如图1-9所示。连杆小头用来安装活塞销，以连接活塞。连杆小头孔内装有青铜衬套或铁基粉末冶金衬套，在小头和衬套上钻出集油孔12或铣出集油槽用来收集发动机运转时被飞溅上来的机油，以便润滑。有的发动机连杆小头采用压力油润滑，在连杆杆身内钻有纵向的压力油通道。

连杆大头与曲轴的连杆轴颈相连，为了便于安装，连杆大头一般做成剖分式的，被分开的部分称为连杆盖，用连杆螺栓紧固在连杆大头上。

连杆盖与连杆大头是组合加工的，为了防止装配时配对错误，在同一侧刻有配对记号。连杆大头上还铣有连杆轴瓦的定位凹坑。有的连杆大头连同轴瓦还钻有直径为 1~1.5 mm 的小油孔，从中喷出机油以加强润滑。

连杆大头可分为平切口和斜切口两种。平切口连杆的剖分面垂直于连杆轴线，如图 1-9 所示。一般汽油机连杆大头尺寸都小于气缸直径，可以采用平切口。柴油机的连杆，由于受力较大，其大头的尺寸往往超过气缸直径。为使连杆大头能通过气缸，便于拆装，一般采用斜切口连杆。

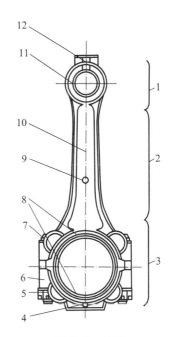

图 1-9 连杆

1—小头；2,10—杆身；3—大头；4,9—配对记号；
5—螺母；6—连杆盖；7—连杆螺栓；8—轴瓦；
11—衬套；12—集油孔

斜切口连杆的大头剖分面与连杆轴线一般成 30°~60°（常用 45°）夹角。平切口的连杆盖与连杆的定位，是利用连杆螺栓上精加工的圆柱凸台或光圆柱部分与经过精加工的螺栓孔来保证的。

斜切口连杆常用的定位方式有：止口定位、套筒定位、锯齿定位，如图 1-10 所示。

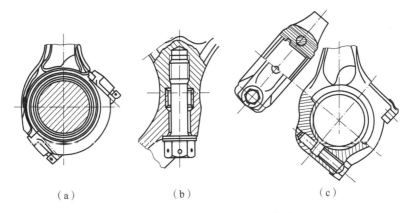

图 1-10 斜切口连杆的定位方式

(a) 止口定位；(b) 套筒定位；(c) 锯齿定位

止口定位。这种定位方式的优点是工艺简单，缺点是定位不大可靠，只能单向定位，对连杆盖止口向外变形或连杆大头止口向内变形均无法防止。

套筒定位。这种定位方式是在连杆盖的每一个螺栓孔中压配一个刚度大且剪切强度高的短套筒。它与连杆大头有精度很高的配合间隙,故装拆连杆盖时也很方便。它的缺点是定位套筒孔的工艺要求高,若孔距不够准确,则可能因为定位(定位干涉)而造成大头孔严重失圆,此外,连杆大头横向尺寸也必然因此而加大。

锯齿定位。这种定位方式的优点是锯齿接触面大,贴合紧密、定位可靠、结构紧凑。缺点是对齿节距公差要求严格,否则连杆盖装在连杆大头上时,中间会有几个齿脱空,不仅影响连杆组件的刚度,而且连杆大头孔也会立即失圆。

连杆大头的两部分用连杆螺栓紧固在一起,因此,连杆螺栓是一个经常承受交变载荷的重要零件,一般采用韧性较高的优质合金钢或优质碳素钢锻制或冷镦成形。

连杆螺栓必须用防松装置,常用的防松装置有:开口销、双螺母、螺纹表面镀铜、自锁螺母、防松胶等。

现代发动机所用的连杆轴承是由钢背和减摩合金层组成的分开式薄壁轴承。如图 1 – 11 所示为连杆轴承。

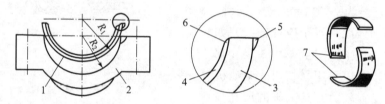

图 1 – 11 连杆轴承

1—轴承;2—连杆盖;3—钢背;4—减摩合金层;5—定位凸唇;6—倒角;7—油槽

半个轴承在自由状态下并不是半圆形的,即 $R_1 > R_2$,连杆轴承的背面光洁度很高而且还有过盈,故当它们装入连杆大头孔内时,能均匀地紧贴在大头孔壁上及连杆盖上,具有很好的承受载荷和导热的能力,这样可以提高其工作可靠性和延长使用寿命。为了防止连杆轴承在工作中发生转动或轴向移动,在两个连杆轴承的剖分面上,分别冲压出高于钢背面的两个定位凸唇。在连杆轴承内表面上还加工有油槽,用以贮油,保证可靠润滑。

(11)活塞

1)活塞的特点。

活塞要承受气体压力,并将此力通过活塞销传给连杆,以推动曲轴旋转;其顶部与气缸盖、气缸壁共同组成燃烧室。

①高温:活塞顶部直接与高温燃气接触,燃气的最高温度可以在 2 500 K 以上,因此,活塞的温度也很高,其顶部的温度通常高达 600 K ~ 700 K。高温一方面使活塞材料的机械强度显著下降,另一方面会使活塞的热膨胀量增大,容易破坏活塞与其相关零件的配合。

②高压:活塞顶部在做功行程时,承受着燃气带有冲击性的高压力。对于汽油机活塞,瞬时压力可达 3 ~ 5 MPa。对于柴油机活塞,其瞬时压力可达 6 ~ 9 MPa,采用增压时则更高。高压力将会导致活塞的侧压力更大,从而加速活塞外表面的磨损,增加活塞变形量。

③高速:活塞在气缸内以很高的速度(10 ~ 14 m/s)做往复变速运动时,会产生很大的惯性力。活塞承受的气体压力和惯性力是呈周期性变化的,因此,活塞的不同部分会受到交变的拉伸、压缩或弯曲载荷;并且由于活塞各部分的温度极不均匀,活塞内部将产生一定

的热应力，从而引起活塞的变形、磨损等各种损坏。

由于活塞直接与高温燃气接触，同时还受周期性变化的气体压力和惯性力的作用，因此要求活塞具有足够的刚度和强度，良好的导热性和耐磨性，质量要小，以保持最小的惯性力、小的热膨胀系数和好的导热性，使活塞与缸壁间摩擦系数较小等。

2）活塞的种类及材料。

活塞的基本构造可分为顶部、头部和裙部三部分，如图1-12所示。

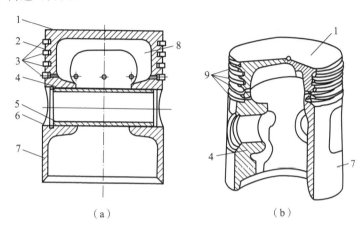

图1-12 活塞的基本构造

(a) 活塞全剖视图；(b) 活塞局部剖视图

1—活塞顶；2—活塞头；3—活塞环；4—活塞销座；5—活塞销；6—活塞销锁环；
7—活塞裙部；8—加强肋；9—环槽

活塞顶是燃烧室的组成部分，有各种形状。

活塞头是指第一道活塞环槽到最下一道油环槽之间的部分，有若干道用以安装活塞环的环槽。汽油机一般有2~3道环槽，上面1~2道用以安装气环，下面一道用以安装油环。在油环槽底面上钻有许多径向小孔，油环从气缸壁上刮下来的多余机油，经过这些小孔流回油底壳。

活塞裙部是指油环槽下端以下部分，其作用是为活塞在气缸内做往复运动导向和承受侧压力。

活塞在工作时会产生机械变形和热变形，使其裙部直径在活塞销轴线方向上增大。为了使活塞在正常温度下与气缸壁间保持有比较均匀的间隙，以免在气缸内卡死或引起磨损，必须预先在冷态下把活塞加工成其裙部断面为长轴垂直于活塞销方向的椭圆形。

为了减少销座附近处的热变形量，有的活塞将销座附近的裙部外表面制成下陷的。

由于活塞沿轴线方向温度分布和质量分布都不均匀，因此各个断面的热膨胀量是上大下小。铝合金活塞的这种差异尤其显著。为了使铝合金活塞在工作状态（热态）下接近一个圆柱形，有的活塞将其头部的直径制成上小下大的截锥形或阶梯形，或将活塞裙部制成上小下大的截锥形。有的活塞为了更好地适应其热变形，把活塞裙部制成变椭圆，即在裙部的不同部位其椭圆度不同，椭圆度由下而上逐渐增大，裙部横截面越往上越扁，如图1-13所示。

活塞裙部有销孔，位于活塞裙部的上部，用以安装活塞销。销座通常由肋片与活塞内壁相连，以提高其刚度。销座孔内接近外端面处车有安放弹性锁环的锁环槽，锁环用来防止活塞销在工作中发生轴向窜动。加工时，销座孔要求有很高的精度，并与活塞销进行分组选配，以达到高精度的配合，销座孔的尺寸分组通常用色漆标于销座孔下方的外表面。

活塞的外形除了有上面的圆柱形式外，还有拖板式裙部的活塞，如图 1-14 所示。

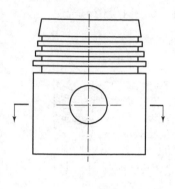

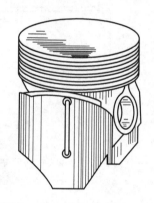

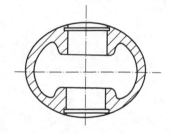

图 1-13 活塞实际形状

图 1-14 拖板式裙部的活塞

另外，有的活塞还开有不同形式的槽，有"Π"形槽或"T"形槽，如图 1-15 所示。其中横槽的作用是切断从活塞头部向裙部传输热流的部分通道，以减少从头部到裙部的传热，从而使裙部的热膨胀量减少。横槽还可兼作油孔。纵槽使裙部具有弹性，从而使冷态下的装配间隙得以尽可能小，而在热态下又因纵槽的补偿作用，活塞不致在气缸中卡死。因裙部开纵槽的一面刚度较小，故装配时应注意使纵槽位于做功行程中不承受侧压力的裙部面上。纵槽与活塞底面不垂直，可以防止活塞在运动中划伤气缸壁。纵槽一般不开到裙底，以免过分削弱裙部的刚度。

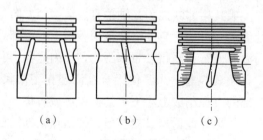

(a)　　　　　(b)　　　　　(c)

图 1-15 切槽式弹性裙部活塞
(a)"Π"形槽；(b)、(c)"T"形槽

为了限制活塞裙部的膨胀量，目前在汽车上广泛采用"镶铸钢片"的活塞，即双金属活塞。如图1-16所示铸铝活塞的裙部镶有圆筒形钢片。

还有在活塞销座中镶恒范钢片（恒范钢是含镍33%~36%的合金钢，其线膨胀系数仅为合金的1/10左右），以恒范钢片来牵制活塞裙部的热膨胀。恒范钢片活塞的结构如图1-17所示。

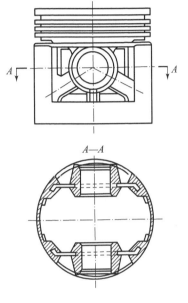

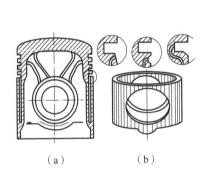

图1-16 镶圆筒形钢片的活塞

（a）活塞裙部镶有圆筒形钢片；（b）圆筒形钢片的形状

图1-17 恒范钢片活塞的结构

（12）活塞环

1）活塞环的特点及要求。

活塞环是具有弹性的开口环，是在高温、高压、高速以及润滑困难的条件下工作的。一方面与缸壁间有相对高速的滑动摩擦，以及由于环的胀缩而产生的环与环槽侧面的相对摩擦；另一方面，存在着活塞环对活塞环槽侧面的上下撞击。高温使环的弹力下降，润滑变坏，尤其第一环节工作条件最为恶劣，故活塞环是发动机所有零件中工作寿命最短的。

2）活塞环的种类及材料。

活塞环分为气环和油环。

气环又称为压缩环，其作用是保证活塞与气缸壁间的密封，防止气缸中的高温、高压燃气漏入曲轴箱，同时还将活塞顶部的热量传导到气缸壁，再由冷却液或空气带走。一般发动机的每个活塞装有2~3道气环。

油环用来刮除气缸壁上多余的机油，并在气缸壁上布上一层均匀的油膜，这样既可以防止油窜入气缸，又可以减小活塞、活塞环与气缸的磨损和摩擦阻力。此外，油环也起到密封辅助作用。通常发动机有1~2道油环。

随着发动机强化程度的提高，活塞环特别是第一道环，承受着很大的负荷，因此要求材料除了有耐磨性、耐热性、磨合性、导热性以外，还应有高的强度、冲击韧性和足够的弹性。

一些发动机的第一道气环,甚至所有气环,其外圆柱表面一般都镀上多孔性铬或喷钼,以减缓活塞环和气缸的磨损。多孔性铬层硬度高,并能贮存少量机油,以改善润滑条件,使环的使用寿命提高2~3倍。其余气环还可镀锡或磷化处理,以改善磨合性能。

在高速强化的柴油机上,还可以采用钢片环来提高弹力和冲击韧性。用粉末冶金的金属陶瓷和聚四氟乙烯制造的活塞环也在国外试用。

气环的切口形状如图1-18所示,有直角形切口、阶梯形切口和斜切口;二冲程发动机活塞环的切口为带防转销钉槽的切口,如图1-18(d)所示。

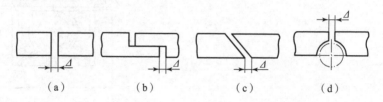

图1-18 气环的切口形状

(a)直角形切口;(b)阶梯形切口;(c)斜切口;(d)带防转销钉槽的切口

气环断面形状分为5种,矩形环、锥面环、扭曲环、梯形环、桶面环,如图1-19所示。

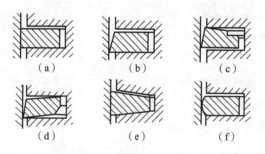

图1-19 气环断面形状

(a)矩形环;(b)锥面环;(c)正扭曲内切环;(d)反扭曲锥面环;(e)梯形环;(f)桶面环

油环分为普通油环和组合油环两种,如图1-20所示。

普通油环:又叫作整体式油环,其结构如图1-20(a)所示,一般是用合金铸铁制造的。其外圆面的中间切有一道凹槽,在凹槽底部加工出很多穿通的排油小孔或狭缝。组合油环由上、下刮片和产生径向、轴向弹力作用的衬簧组成,如图1-20(b)所示。组合油环在高速发动机上得到广泛应用。

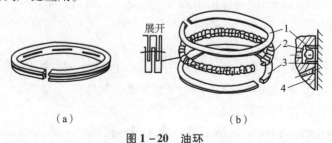

图1-20 油环

(a)普通油环;(b)组合油环

1—上刮片;2—衬簧;3—下刮片;4—活塞

一般活塞上装有 1～2 道油环。采用两道油环时，下面一道多安置在活塞裙部的下端。

(13) 活塞销

1) 活塞销的特点及要求。

活塞销连接活塞和连杆小头，将活塞承受的气体作用力传给连杆。

活塞销在高温下承受很大的周期性冲击载荷，润滑条件差，因此要求活塞销有足够的刚度和强度，表面耐磨，质量尽可能小。

2) 活塞销的种类及材料。

活塞销通常做成空心圆柱体。直通圆柱形孔和圆锥形孔的活塞销质量较小，如图 1-21 (a) 和 (b) 所示；中间或单侧封闭的活塞销适用于二冲程发动机，如图 1-21 (c) 和 (d) 所示，此种结构可以避免扫气损失；内部有塑料芯的钢套销用于要求不高的汽油机，如图 1-21 (e) 所示；成型销用于增压发动机，如图 1-21 (f) 所示。

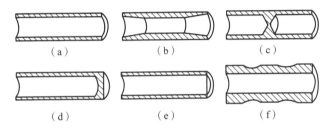

图 1-21　几种常见的活塞销

(a) 直通圆柱形孔活塞销；(b) 圆锥形孔活塞销；(c) 中间封闭式活塞销；
(d) 单侧封闭式活塞销；(e) 内部有塑料芯的钢套销；(f) 成型销

活塞销的材料一般用低合金渗碳钢（15 Cr 或 16 MnCr5），对高负荷发动机则采用渗氮钢。活塞销加工时，先经表面渗碳或渗氮处理以提高表面硬度，并保证心部具有一定的冲击韧性，然后进行精磨和抛光。

活塞销与活塞销座孔和连杆小头衬套一般多采用全浮式和半浮式连接配合。全浮式连接配合为了防止活塞销工作时轴向窜动而刮伤气缸壁，在活塞销座两端有轴向定位的装置（如卡环），如图 1-22 所示。

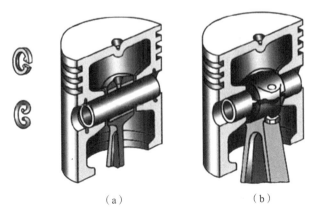

图 1-22　活塞销连接方式

(a) 全浮式；(b) 半浮式

（14）凸轮轴及气门

1）凸轮轴及气门的特点及要求。

典型的配气机构主要由气门组和气门传动组构成，如图 1-23 所示。一般的气门组包括：气门、气门座、气门导管、气门弹簧、气门弹簧座及锁紧装置等；气门传动组包括：挺柱、推杆、摇臂、摇臂轴、凸轮轴轴承、止推装置、凸轮轴、正时齿轮、齿形皮带、链条等。

气门的工作条件十分恶劣，气门头部要承受高温高压气体压力、气门弹簧弹力及传动组零件惯性力的作用。气门的冷却和润滑条件也很差，并要接触气缸内燃烧生成物中的腐蚀介质。因此，气门必须具有足够的强度、刚度，以及耐热、耐磨和耐腐蚀性能。

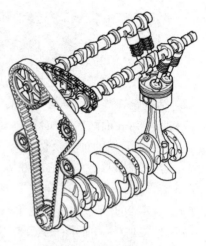

图 1-23 配气机构

气门组包括气门、气门座、气门导管、气门弹簧、气门弹簧座及锁片等，如图 1-24 所示。

气门导管的作用是给气门的运动导向，使气门与气门座贴合良好。此外气门导管还具有导热作用。

凸轮轴在工作时承受气门间歇性开启的冲击载荷，应有足够的韧性和刚度。

挺柱的作用是将凸轮的推力传给推杆或气门，并承受凸轮轴旋转时所施加的侧向力。一般制成筒式挺柱（减轻质量），有的发动机配气机构上采用了液力挺柱。

推杆将挺柱传来的推力传给摇臂。推杆一般采用冷拔无缝钢管制成，杆的两端焊接或压配有不同形状的端头，下端通常是圆球形，以便与挺柱的凹球形支座相适应；上端一般采用凹球形。

摇臂将推杆或凸轮传来的推力传给气门使其开启，如图 1-25 所示为摇臂和气门驱动组。摇臂是一个不等臂杠杆，其长臂一端驱动气门。

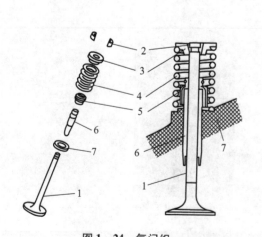

图 1-24 气门组

1—气门；2—锁片；3，7—气门弹簧座；
4—气门弹簧；5—油封；6—气门导管

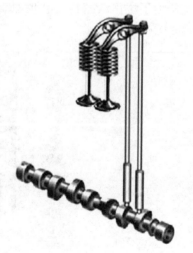

图 1-25 摇臂和气门驱动组

2) 凸轮轴及气门的种类及材料。

气门布置的形式有顶置气门式和侧置气门式；各气缸气门数有二气门式、三气门式、四气门式和五气门式；凸轮轴布置的形式有下置式、中置式和上置式；曲轴和凸轮轴的传动方式有齿轮传动式、链条传动式和齿形皮带传动式。

下置凸轮轴式配气机构通常使用正时齿轮传动，正时齿轮通常用斜齿。通常小齿轮用中碳钢，柴油机大齿轮用钢而汽油机大齿轮则用夹布胶木或塑料。

由于进、排气门的工作条件不同，所用的材料也不同，进气门的材料采用合金钢（如铬钢或镍铬钢等）；排气门由于热负荷大，一般采用耐热合金钢（如硅铬钢等）。有的排气门为了降低成本，气门头部采用耐热合金钢，而气门杆部用铬钢，然后将二者焊在一起，尾部再加装一个耐磨合金钢帽。

气门弹簧多为圆柱形螺旋弹簧，其材料为高碳锰钢、铬钒钢等冷拔钢丝，加工后要经过热处理。为了提高其抗疲劳强度，增强弹簧的工作可靠性，钢丝一般经抛光或喷丸处理。弹簧两个端面经磨光并与弹簧轴线相垂直。

凸轮轴一般用优质钢模锻而成，其工作表面经热处理后精磨。近年来，合金铸铁和球墨铸铁也被广泛地用来制造凸轮轴。

（15）润滑系统

润滑系统主要部件有机油泵（常用的有齿轮式和转子式）、滤清器、机油散热器。在压力润滑条件下，发动机在任何转速下，机油泵都能保证以足够的压力向润滑部位输送足量的机油。为保证机油的清洁，在润滑系统中一般装有几个不同滤清能力的滤清器，如集滤器、粗滤器和细滤器。常见的润滑系统油路如图1-26所示。

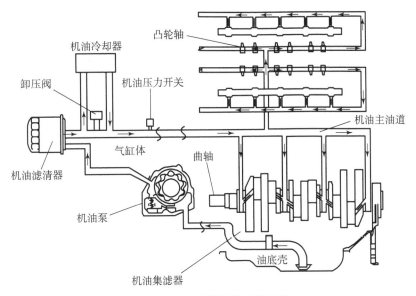

图1-26 常见的润滑系统油路

为了使机油保持在最有利的温度范围内工作，除靠机油在油底壳内自然冷却外，有些发动机还另装有机油散热器。机油散热器一般是装在发动机冷却水散热器的前面，利用风扇风力使机油冷却。也有一些发动机（如6120型柴油机）将机油散热器装在冷却水路中，当油温较高时靠冷却水降温；而在起动暖车期间油温较低时，则从冷却水吸收热量迅速提高机油温度。

(16) 冷却系统

冷却系统把受热零件吸收的部分热量及时散发出去，保证发动机在最适宜的温度状态下工作。水冷系统是以水作为冷却介质，把发动机受热零件吸收的热量散发到大气中去；风冷系统是以空气作为冷却介质，把发动机受热零件吸收的热量散发到大气中去。

水冷系统一般由散热器、水泵、风扇、冷却水套和温度调节装置等组成。

根据发动机温度高低，水冷系统有两种冷却循环路线，即大循环和小循环，由节温器控制其转换。

汽车发动机用闭式冷却系统（见图1-27），有膨胀箱和补偿箱，二者常做成一体。散热器（水箱）由上贮水室、散热器芯和下贮水室等组成，其功用是增大散热面积，加速水的冷却。散热器上贮水室顶部有加水口，平时用散热器盖盖住，冷却水即由此注入整个冷却系统。在上、下贮水室分别装有进水管和出水管，分别用橡胶软管与气缸盖的出水管和水泵的进水管相连。由发动机气缸盖上出水管流出的温度较高的热水经过进水软管流入上贮水室，经冷却管得到冷却后流入下贮水室，再由出水管流出被吸入水泵。在散热器下贮水室的出水管上还有一个放水阀。散热器盖上有蒸气（空气）阀。

图1-27 冷却系统部件图

冷却风扇可以提高通过散热器芯的空气流速，增加散热效果，加速水的冷却。冷却风扇通常安装在散热器后面。

百叶窗可以改变流经散热器的空气量。

2. 离合器

汽车一般使用弹簧压紧的摩擦离合器（简称为摩擦离合器）。

离合器位于发动机和变速器之间的飞轮壳内。在汽车行驶过程中，驾驶员可根据需要踩下或松开离合器踏板，使发动机与变速器暂时分离和逐渐接合，以切断或传递发动机向变速器输入的动力；另外，可以限制传动系统所承受的最大转矩，防止传动系统过载。

摩擦离合器的结构如图1-28所示。

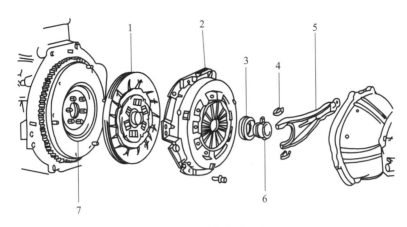

图 1-28 摩擦离合器的结构

1—从动盘；2—离合器和压盘；3—分离轴承；4—卡环；5—分离叉；6—分离套筒；7—飞轮

3. 变速器

普通齿轮式变速器有两轴和三轴的。凯越车型装配的 F25 两轴式手动变速器，其组成部件结构如图 1-29 所示。

三轴式变速器适用于传统的发动机前置后轮驱动的布置形式。它的第一轴（输入轴），前端通过离合器与发动机曲轴相连；第二轴后端通过凸缘与万向传动装置相连，还有中间轴。采用同步器换挡，使变速器在汽车行驶中换挡时不发生结合齿的冲击。

在发动机前置前轮驱动或发动机后置后轮驱动的中、轻型轿车上，由于总布置的需要，采用了两轴式变速器，其特点是输入轴和输出轴平行，且无中间轴，采用同步器换挡。

变速器操纵机构一般由变速杆、拨块、拨叉、拨叉轴以及安全装置等组成，多集装于上盖或侧盖内，结构简单、操纵方便。操纵机构中还有倒挡锁、自锁和互锁装置。

4. 悬架、车桥

悬架是汽车的车架与车桥或车轮之间的一切传力连接装置的总称，传递作用在车轮和车架之间的力和力矩，并缓冲由不平路面传给车架或车身的冲击力，减弱由此引起的振动，保证汽车平顺行驶。

典型的悬架结构由弹性元件、导向机构、减震器等组成，悬架一般可以分为两大类：

1) 独立悬架：每一侧车轮单独通过悬架与车架相连，每个车轮能独立上下跳动而互不影响。

2) 非独立悬架：左右车轮安装在一根整体车桥两端，车桥通过弹性元件与车架相连。

转向系统是用来改变或保持汽车行驶或倒退方向的一系列装置，它的功能是按照驾驶员的意愿控制汽车的行驶方向。

车桥的作用是传递车架与车轮之间的各个方向的作用力，根据车轮的作用分为转向驱动桥、转向桥和支持桥。转向驱动桥能同时实现转向和驱动两种功能，多用于前驱动车，如图 1-30 所示。

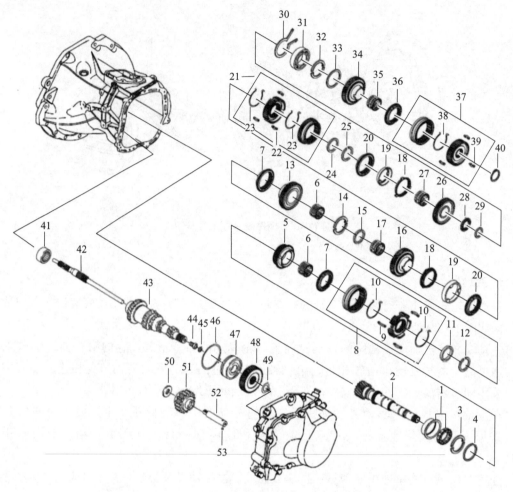

图 1-29 两轴式变速器的组成部件结构

1—滚柱轴承；2—变速驱动桥主轴；3，11，14，24，32，50—垫圈；4，15—垫圈固定弹簧卡环；5—4挡齿轮；6，17，27，28，35—滚针保持架；7—同步器闭锁环；8—换挡滑套；9—同步器键；10—3挡和4挡同步器弹簧；12，25—卡夹；13—3挡齿轮；16—2挡齿轮；18—内同步器闭锁环；19—中间环；20—外同步器闭锁环；21—滑动齿轮；22—1挡和2挡同步器键；23—1挡和2挡同步器弹簧；26—1挡齿轮；29—主轴盘；30，33，40，45，49—固定环；31，47—深沟球轴承；34—5挡齿轮；36—同步器闭锁环；37—5挡换挡滑套；38—5挡同步器弹簧；39—5挡同步器键；41—滚针套；42—输入轴；43—输入轴齿轮组；44—螺栓；46—齿轮组轴承圈；48—5挡齿轮组；51—倒挡中间齿轮；52—倒挡中间齿轮轴；53—钢球

5. 制动系统

制动系统是根据需要使汽车减速或停车，以保证行车的安全。制动系统一般由功能装置、控制装置、传能装置、制动器等组成，按功能可以分为行车制动系统、驻车制动系统和辅助制动系统。

轿车上使用的普通制动系统有行车制动和驻车制动两套制动系统。

行车制动系统主要由两个前轮盘式制动器、两个后轮鼓式制动器或盘式制动器、真空助力器、液压制动总泵、分泵及制动压力调节装置组成，其各组成部件的布置如图 1-31 所示。

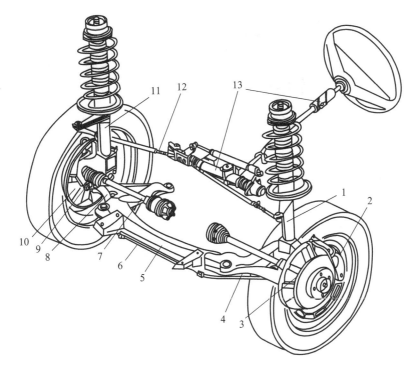

图 1-30 转向驱动桥

1,11—悬架；2—前轮制动器总成；3—制动盘；4,8—下摆臂；5—副车架；6—横向稳定器；
7—传动半轴总成；9—球形接头；10—车轮轴承壳；12—转向横拉杆；13—转向装置总成

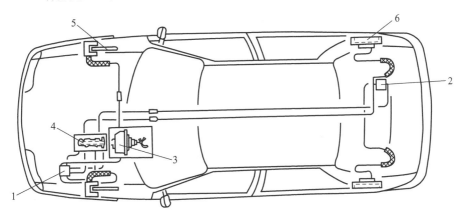

图 1-31 行车制动系统各组成部件的布置

1—ABS执行器及计算机；2—感载比例阀；3—真空助力器；4—液压制动总泵；5—盘式制动器；6—鼓式制动器

1）前轮盘式制动器，其组成如图1-32所示。它主要由实心制动盘2、制动卡钳1、制动块3、制动分泵组件8组成。

2）后轮鼓式制动器，其组成如图1-33所示。两制动蹄上端靠在制动分泵5的活塞支撑座上，两制动蹄下端支撑在位于制动底板1的支撑座上，两端由制动蹄回位弹簧6共同拉紧贴在间隙自动调整杠杆组件4上。两制动蹄通过限位销钉及其弹簧组件3，使其压靠在制动底板的6个定位支撑点上。为了保证制动蹄片和制动鼓的良好接触，制动底板上的6个定位支撑点必须保持在同一平面内。

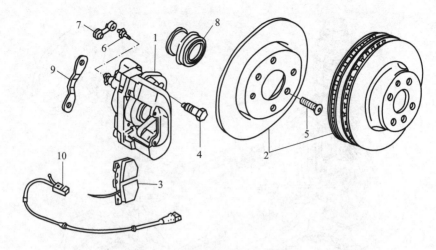

图1-32 前轮盘式制动器的组成

1—制动卡钳；2—实心制动盘（通风制动盘）；3—制动块；4—卡钳紧固螺栓；5—沉头螺栓；
6—放气螺栓；7—放气螺栓罩；8—制动分泵组件；9—止动板；10—制动块磨损检测线束

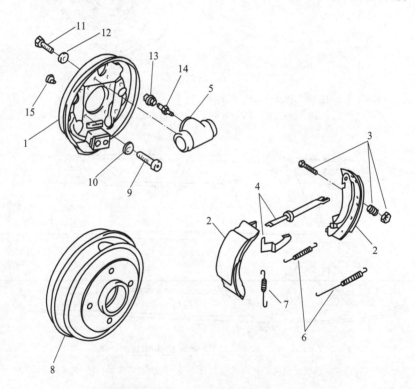

图1-33 后轮鼓式制动器的组成

1—制动底板；2—制动蹄；3—限位销钉及其弹簧组件；4—间隙自动调整杠杆组件；
5—制动分泵；6—制动蹄回位弹簧；7—间隙拨动杠杆弹簧；8—制动鼓；9—底板紧固螺栓；
10—垫圈；11—六角头螺栓；12—齿形垫圈；13—放气螺栓罩；14—放气螺栓；15—塞子

3）制动总泵一般用串联式双腔制动总泵，以实现对"X"形双制动管路的控制。制动总泵的结构如图1-34所示。其右边与真空助力器推杆连接，上部与储液罐连接，侧面两孔分别与两条对角管路连接。它把整个制动系统分成两个独立的系统，这样可防止部分制动管路或元件偶然发生故障时造成整个制动系统的功能丧失，从而使汽车具有双重安全性。

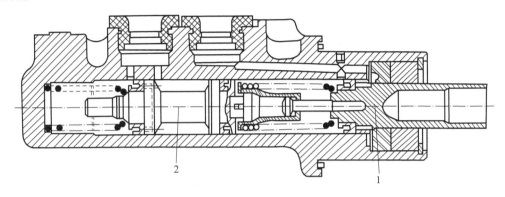

图1-34 制动总泵的结构

1—活塞P（控制左前轮和右后轮制动压力）；2—活塞S（控制右前轮和左后轮制动压力）

4）真空助力器主要由活塞、膜片、回位弹簧、推杆、操纵杆、止回阀、空气阀及柱塞真空阀等组成。

5）制动压力调节装置（制动比例阀、感载比例阀）为保证汽车制动时方向的稳定性，对前后车轮制动力要求有正确的分配。加装ABS系统的轿车在后桥上均安装有感载比例阀。该阀根据后轴的载荷以及制动时前后轴载荷的变化，自动调节前后轮制动分泵的压力及其比例，保证在ABS系统不工作时，在各种载荷下延迟或防止后轮制动抱死。

防抱死制动系统主要由车轮转速传感器、ABS执行器、ABS计算机及故障指示灯等组成。

6. 车身

汽车车身是驾驶员的工作场所，也是容纳乘客和货物的场所。

汽车车身结构包括车身壳体、车前板制件、内部覆饰件、车身附件、座椅以及通风、暖气等。货车和专用汽车上，还包括货箱和其他设备，如车窗、车身外部装饰件、空气调节装置等。

车身壳体通常指纵、横梁和立柱等主要承力元件以及与它们连接的板件共同组成的刚性空间结构。客车车身多数具有明显的骨架，而轿车车身和货车驾驶室则没有明显的骨架。车身壳体通常还包括在其上敷设的隔声、隔热、防振、防腐、密封等材料及涂层。

车身壳体按照受力情况可分为非承载式、半承载式和承载式（又称为全承载式）三种。

非承载式车身通过弹簧或橡胶垫与车架作柔性连接。半承载式车身用螺栓连接、铆接或焊接等方式与车架作刚性连接。承载式车身的特点是汽车没有车架，车身作为安装汽车各个总成和承载各种载荷的基体。

大多数轿车和部分客车通常采用承载式车身结构，以充分利用车身壳体构件的承载作用，减小整车质量。

如图1-35所示为捷达轿车的车身壳体。纵向承力构件有：前纵梁24、门槛17、地板通道20、后纵梁13、上边梁7和前挡泥板加强撑22；横向承力构件有：前座椅横梁21、地板后横梁14、前风窗框上横梁4、前风窗框下横梁3、后风窗框上横梁6、后窗台板8和后围板9；垂直承力构件有：前立柱（A柱）18、中立柱（B柱）16、后立柱（C柱）10等。车身主要板件有：前挡泥板23、前地板19、后地板15、前围板2、顶盖5、后轮罩12和后翼板11等。上述构件和板件经过周密筹划后，利用搭接、翻边连接等方式按预定先后点焊组装，最后由后地板总成，左、右侧围总成，前地板与前围总成，顶盖等拼装焊合成完整的空间结构。

现代轿车的承载式车身壳体前部都有副车架25（图1-35）。在副车架上安装发动机、传动系统、前悬架和前轮，组合成便于装配和维修的整体。副车架与承载式车身壳体前部底面用弹性橡胶垫连接，以隔离振动和冲击，提高车身的舒适性。

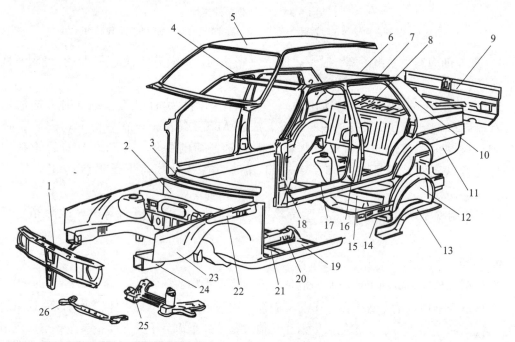

图1-35　捷达轿车的车身壳体

1—散热器框架；2—前围板；3—前风窗框下横梁；4—前风窗框上横梁；5—顶盖；6—后风窗框上横梁；7—上边梁；8—后窗台板；9—后围板；10—后立柱（C柱）；11—后翼板；12—后轮罩；13—后纵梁；14—地板后横梁；15—后地板；16—中立柱（B柱）；17—门槛；18—前立柱（A柱）；19—前地板；20—地板通道；21—前座椅横梁；22—前挡泥板加强撑；23—前挡泥板；24—前纵梁；25—副车架；26—前横梁

7. 电气设备

（1）汽车电器的主要组成部分

电源系统：包括蓄电池、交流发电机、调节器。其中发电机为主电源，发电机正常工作时，由发电机向全车用电设备供电，同时给蓄电池充电。调节器的作用是使发电机的输出电压保持恒定。

起动系统：汽车起动系统由蓄电池、起动机、起动继电器、点火开关及起动线路组成。

点火系统：点火系统按发动机工作顺序产生高压电并通过火花塞跳火，保证适时、准确地点燃气缸内的可燃混合气体。点火系统有传统点火系统及电子点火系统两种。现代汽车广泛使用的是无分电器式微机点火系统，采用计算机根据各传感器信号对点火提前角进行控制。点火系统一般由电源、传感器、ECU、点火器、点火线圈及火花塞组成。

照明系统：为了保证汽车行驶安全和工作可靠，汽车上所采用的照明装置包括车外照明装置和车内照明装置两部分。车外照明装置包括前照灯、雾灯、尾灯、牌照灯等。照明装置的数量、结构形式及安装位置因车型而异。很多汽车将示宽灯、前照灯和前雾灯组装在一起为前组合灯；将后转向灯、制动灯、尾灯、后雾灯和倒车灯等组装在一起为后组合灯。车内照明装置包括顶灯、仪表灯、车门灯、阅读灯和工作灯。

信号系统：为了保证汽车行驶安全和工作可靠，在现代汽车上装有各种信号装置，包括由转向灯、闪光器、转向开关等组成的转向信号装置；由制动开关和制动灯组成的制动信号装置；由倒车开关、倒车灯及倒车报警器组成的倒车信号装置；由应急开关、闪光器及转向灯组成的应急信号装置；汽车喇叭等用来保证车辆运行时的人车安全。

仪表系统：汽车仪表的作用是帮助驾驶员随时掌握汽车主要部分的工作情况，及时发现和排除可能出现的故障和不安全因素，以保证良好的行驶状态。仪表系统包括各种电气仪表（电流表、充电指示灯、电压表、机油压力表、温度表、燃油表、车速及里程表、发动机转速表等），用来显示发动机和汽车行驶中有关装置的工作状况。

辅助电气系统：随着汽车工业的发展和现代化技术在汽车方面的应用，现代汽车装用的辅助电气设备很多，除了汽车音响设备、通信器材和汽车电视等服务性装置外，都是一些与汽车本身使用性能有关的电气设备，如电动刮水器、电动洗窗器、电动玻璃升降器、暖风通风装置、电动座位移动机构、发动机冷却系统电动风扇、电动燃料泵、冷气压缩机用电磁离合器等。这些辅助电气设备大体可分三类：电机类、电磁离合器类和电动泵类。辅助电气设备包括电动刮水器、空调器、低温起动预热装置、收录机、点烟器、玻璃升降器等。

（2）汽车传感器

汽车传感器将有关汽车运行的变化量传递到对应的仪表或者控制器上，根据传感器的作用，可以分为测量温度、压力、流量、位置、气体浓度、速度、光亮度、干湿度、距离等功能的传感器。汽车传感器用于发动机、底盘、车身和灯光电气系统。

1）用在电控燃油喷射发动机上的传感器有：

①进气压力传感器：反映进气歧管内的绝对压力大小的变化，是向ECU（发动机电控单元）提供计算喷油持续时间的基准信号；

②空气流量传感器：测量发动机吸入的空气量，提供给ECU作为喷油时间的基准信号；

③节气门位置传感器：测量节气门打开的角度，提供给ECU作为断油、控制燃油/空气比、点火提前角修正的基准信号；

④曲轴角度传感器：检测曲轴及发动机转速，提供给ECU作为确定点火正时及工作顺序的基准信号；

⑤氧传感器：检测排气中的氧浓度，提供给ECU作为控制燃油/空气比在最佳值（理论值）附近的基准信号；

⑥进气温度传感器：检测进气温度，提供给 ECU 作为计算空气密度的依据；

⑦水温传感器：检测冷却液的温度，向 ECU 提供发动机温度信息；

⑧爆燃传感器：安装在缸体上专门检测发动机的爆燃状况，提供给 ECU 根据信号调整点火提前角。

2）用在底盘控制方面的传感器（主要应用在变速器、方向器、悬架和 ABS 上）：

变速器上有车速传感器、温度传感器、轴转速传感器、压力传感器等；

方向器上有转角传感器、转矩传感器、液压传感器；

悬架上有车速传感器、加速度传感器、车身高度传感器、侧倾角传感器、转角传感器等；

ABS 上有车轮转速传感器。

3）车身的传感器与安全性能息息相关，主要有安全气囊传感器、侧面防碰传感器、测距传感器等。

4）灯光及电气系统的传感器主要有光亮检测传感器、雨滴量传感器、空调温度传感器、座椅位置传感器等。

实施与考核

一、技能学习

1. 发动机备件认识

观察发动机备件结构，记录发动机各组成备件的名称，观察各组成备件的形状、位置及相互连接关系。

2. 底盘备件认识

底盘备件整体结构认识，就车查找传动系统、悬架及转向驱动桥的备件，观察各备件的结构关系；通过解体离合器备件认识离合器的结构；通过解体变速器备件认识手动变速器及自动变速器的备件组成、结构关系；通过解体制动系统备件认识各组成备件的组成、结构关系。

3. 车身备件认识

就车识别车身壳体种类，仔细观察记录各备件名称，认识车身板制件，认识车身附属装置。

4. 电气装置备件认识

就车查找电源系统、起动系统、点火系统、照明及信号装置等备件组成，仔细观察并记录各备件的相互位置关系。

二、任务实施与考核

1）两名学生自由组合为一个小组，分别互相扮演顾客及备件管理员，模拟业务接待洽谈现场，结合如图 1-36 所示发动机备件及相关实物进行介绍。在充分掌握上述知识与技能的前提下，要求至少对 20 种备件进行介绍，完成相应的工作单。

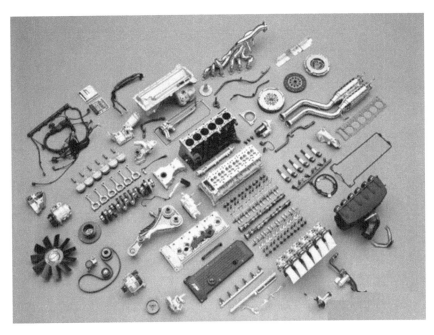

图 1-36 发动机备件分解图

2）学生根据业务洽谈的工作单记录，填写《备件记录单》。教师根据完成的情况填写考核表。技能学习工作单见表 1-2。

表 1-2 技能学习工作单

实训项目：__汽车备件认知__

班级		学号		姓名	
请描述你所介绍的 20 种备件的名称并简单介绍其功能。					
1					
2					
3					
4					
5					
6					
7					
8					
9					
10					

续表

11	
12	
13	
14	
15	
16	
17	
18	
19	
20	

自我评价（个人技能掌握程度）：□非常熟练　□比较熟练　□一般熟练　□不熟练

教师评语：（包括工作单填写情况、语言表达、态度及沟通技巧等方面，并按等级制给出成绩）

实训记录成绩_____　　教师签字：_____　　　　_____年____月____日

教师考核记录表见表1-3。

表1-3　教师考核记录表

实训项目：__汽车备件认知__

班级		学号		姓名	
项目	工作表现			分值	评分
与客户沟通情况				10	
工作态度				10	
工作单填写情况				30（工作单成绩折算）	
备件认知情况				40	
是否自主学习查阅相关资料				10	
总分					
				教师签字：_____年____月____日	

任务二 车辆信息查询

学习目标

①能够正确描述车辆识别代号（VIN 码）的含义；
②能够正确解释车辆铭牌的含义；
③能够正确快速地进行车辆信息查询。

任务分析

汽车信息查询是汽车备件管理人员最基本的一项工作。准确快速地查询到车辆相关信息是进行备件订货、仓库管理的基础。汽车信息查询的基本流程如图 1-37 所示。

了解车型、车辆 VIN 码信息及备件需求是备件查询的基础，是为下一步确认备件件号做准备。

图 1-37 汽车信息查询的基本流程

相关知识

一、车辆识别代号（VIN 码）

1. 车辆识别代号（VIN 码）的含义

VIN 为车辆识别代号（Vehicle Identification Number）的英文缩写，是汽车制造厂为了识别而给每一辆车指定的在国际上通行的一组字码，相当于机动车的"身份证"。我国机械工业部于 1996 年 12 月 25 日发布了《车辆识别代号（VIN）管理规则》，在管理方式上参照了美国机动车安全标准和联邦法规，1997 年 1 月 1 日生效，规定适用于我国境内新生产的汽车、挂车、摩托车和轻便摩托车。1999 年 1 月 1 日后，适用范围内所有新生产的车都必须使用车辆识别代号（VIN）。2004 年，国家发展和改革委员会发布《车辆识别代号管理办法（试行）》，并于 2004 年 12 月 1 日起实行，《车辆识别代号（VIN）管理规则》同时废止。

车辆识别代号（VIN）编码，是各国政府为管理机动车辆实施的一项强制性规定，共由 17 位字母和数字组成（注：VIN 码中不包含 I、O、Q、U 等易与数字 1、0 混淆的英文字母）。一车一码具有法律效用，30 年内不会重号。VIN 码包括了汽车的生产国别、制造公司或生产厂家、车型系列、车身形式、发动机型号、车型年款、安全防护装置型号、检验数字、装配工厂名称和出厂顺序号码等信息。车辆识别代号（VIN）带有很强的唯一性、通用性、可读性及最大限度的信息承载量和可检索性。VIN 码可具体应用于：

1）车辆管理：用于车辆注册登记、信息化管理；
2）车辆检测：用于车辆年检和排放检测；
3）车辆防盗：用于车辆盗抢数据库、识别车辆和零部件；

4）车辆维修：用于车辆故障诊断、车载电脑匹配、钥匙防盗器功能等匹配、备件订购及客户管理等；

5）二手车交易：用于车辆二手车交易中的历史信息查询；

6）车辆召回：用于生产厂召回车辆时对车辆、年份、车型、批次和数量等信息确认；

7）车辆保险：用于为车辆保险登记、理赔及保险费率的计算等提供信息查询。

车辆识别代号（VIN）一般以标牌的形式出现，装贴于汽车不同的部位。常见装贴部位有仪表板左侧、前横梁、行李舱内、悬架支架、纵梁、翼子板内侧及车辆铭牌。国内生产的轿车车辆识别代号（VIN）多在仪表板左侧、风挡玻璃右下方位置，在车外就能够方便地读出车辆的车辆识别代号（VIN）。VIN 码常见位置如图 1-38 所示。

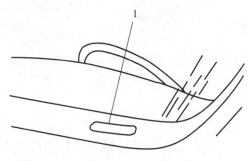

图 1-38　VIN 码常见位置
1—VIN 码

2. 车辆识别代号（VIN）的组成

每种汽车识别代号依次由 WMI（世界制造厂识别符号）、VDS（汽车说明部分）和 VIS（汽车指示标记部分）三部分组成，共 17 个字符。以上海通用车型 VIN 码为例说明车辆识别代号的组成，见表 1-4。

表 1-4　车辆识别代号（VIN）的组成

组成部分	位置	定义	字符举例	说明
WMI	1~3	制造厂识别	LSG	中国上海通用
VDS	4~5	车型和系列	WG WL WK	2.0 L 发动机； G、GL（2.5 L 发动机）； GS、GS+（3.0 L 发动机）
	6	车身款式	5	4 门轿车
	7	保护装置系统	2	安全带（手动）及驾驶员和乘客座辅助充气式保护装置
	8	发动机类型	C D Z	六缸多点燃油喷射高输出 3.0 L（选装件代码 LW9）； 六缸多点燃油喷射 2.5 L（选装件代码 LB8）； 直列四缸 DOHC 2.0 L（选装件代码 134）
	9	检查数字	—	检查数字（0~9 中的任一位或字母 X），用于代码核对
VIS	10	生产年份	3	2003
	11	生产厂位置	S	上海
	12~17	生产顺序号	—	

车辆识别代号中首字符代表的车辆生产国或地区具体见表 1-5。

表 1-5 车辆生产国或地区代码表

国家	代码	国家	代码	国家	代码	国家	代码
美国	1	澳大利亚	6	英国	G	泰国	M
加拿大	2	巴西	5	法国	F	德国	W
墨西哥	3	日本	J	意大利	I	中国	L
美国	4	西班牙	E	瑞典	S	韩国	K

车辆识别代号中第 10 位字符代表车辆的生产年份,是厂家规定的型年(Model Year),它可能不是车辆实际的出厂年份,但它与实际的出厂年份之差不超过 1 年。车辆生产年份对应的代码见表 1-6。

表 1-6 车辆生产年份对应的代码表

代码	年份	代码	年份	代码	年份	代码	年份
1	1971	B	1981	M	1991	1	2001
2	1972	C	1982	N	1992	2	2002
3	1973	D	1983	P	1993	3	2003
4	1974	E	1984	R	1994	4	2004
5	1975	F	1985	S	1995	5	2005
6	1976	G	1986	T	1996	6	2006
7	1977	H	1987	V	1997	7	2007
8	1978	J	1988	W	1998	8	2008
9	1979	K	1989	X	1999	9	2009
A	1980	L	1990	Y	2000	A	2010

3. 车辆识别代号(VIN)举例

(1) 车辆识别代号为 WDBGA57B6PB127810

W 表示德国;DB 表示戴姆勒·奔驰汽车公司;G 表示车身及底盘系列为 140 系列;A 表示发动机类型为汽油发动机;57 表示车型为 600SEL 4 门轿车 5.0 L;B 表示乘员安全保护装置为三点式安全带及防撞安全气囊;6 表示检验数;P 表示车型年款为 1993 年;B 表示总装工厂代码;127810 表示汽车的生产顺序号。

(2) 车辆识别代号为 JT1GK12E7S9092125

J 表示日本;T 表示丰田公司;1 表示车辆类型为乘用车;G 表示发动机为 1MZ-FE 3.0 L V6;K 表示车辆品牌为佳美;1 表示汽车种类为 MCV10L 型;2 表示汽车系列为 LE 系列;E 表示车身类型为 4 门轿车;7 表示检验数;S 表示车型生产年份为 1995 年;9 表示装配厂为日本;092125 表示汽车的生产顺序号。

二、车辆其他相关标志

1. 车型代码

在车辆发动机舱内或其他明显部位还贴有车辆识别标牌,标牌上标明了车辆的厂牌型号、发动机功率、车辆总质量、出厂日期、车辆识别代号等信息,如图 1-39 所示。

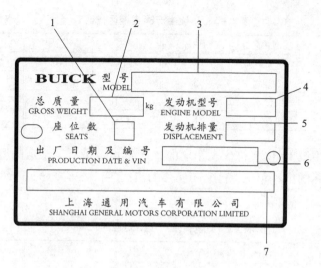

图1-39 车辆识别标牌
1—座位数；2—车辆总质量；3—车型型号；4—发动机型号；5—发动机排量；6—出厂日期及编号；7—车辆识别代号（VIN）

车型型号也是用代码形式表现的，以丰田公司的车型代码为例，如图1-40所示。

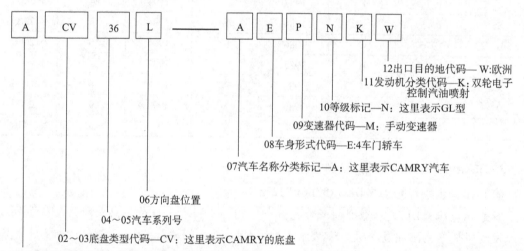

图1-40 丰田车型代码

1）01 发动机类型代码：表示所安装的发动机类型，见表1-7。

表1-7 发动机类型代码

代码	发动机类型	代码	发动机类型
A	1AZFE、2AZFE、5AFE、8AFE	R	3RZFE
Z	1ZZFE、1NZFXE	U	2UZFE
M	1MZFE	F	1FZFE、5VZFE
G	1GRFE、2GRFE、5GRFE		

2）02~03 底盘类型代码，见表1-8。

表1-8 底盘类型代码

代码	车型名称	代码	车型名称
CF	LS400 凌志	B	COASTER 柯斯达
CV	ES300 凌志、CAMRY 佳美	CR	PREVIA 普瑞维亚（大霸王）
CX	AVALON 亚洲龙	H	HIACE 海狮
S	CROWN 皇冠、GS300 凌志	J	LAND CRUSER 陆地巡洋舰 PRADO 普拉多（霸道）
E	COROLLA 花冠	HW	PRUIS 普锐斯
V	CAMRY 佳美	X	REIZ 锐志
XV	CAMRY 佳美	XP	VIOS 威驰

3）04~05 汽车系列号：根据改型（对于每一代车型）以及所装的发动机和轮距的差异，用2位或3位数字来表示。

4）06 方向盘位置：L——左侧驾驶的汽车；R——右侧驾驶的汽车。

5）07 汽车名称分类标记。

6）08 车身形式代码，见表1-9。

表1-9 车身形式代码

代码	车身类型	代码	车身类型
C	2车门跑车	R	5车门旅行车
D	2车门轿车	S	2车门、硬顶
E	4车门轿车	T	4车门、硬顶
F	高车顶、5车门旅行车	U	4车门厢式货车（2座）
G	3车门轿车	V	2车门厢式货车（2/5座）
H	5车门轿车	W	4车门旅行车
J	跑车车顶，T型材车顶	X	4车门厢式货车（2/5座）
L	可开闭倾斜式后车顶	Z	2车门旅行车

7）09 变速器代码，见表1-10。

表1-10 变速器代码

代码	手动变速器类型	代码	自动变速器类型
Y	3挡柱式变速	F	6挡柱式变速
U	3挡地板变速	C	2挡地板变速
B	4挡柱式变速（超速驱车）	R	2挡地板变速
J	4挡柱式变速（直接驱动）	N	3挡或4挡柱式变速
K	4挡地板变速	H	3挡或4挡地板变速
T	4挡地板变速（G型）	S	4挡柱式变速
Q	5挡柱式变速	P	4挡地板变速
L	5挡地板变速	A	5挡地板变速
M	5挡地板变速（G型）		

8）10 等级代码，如等级代码标记为N，表示车辆为GL型。

9）11 发动机分类代码，一般用K表示双轮电子控制汽油喷射。

10）12 出口目的地代码，见表 1-11。

表 1-11 出口目的地代码

代 码	出口目的地	代 码	出口目的地
无	国内市场和一般出口	Q	澳大利亚
A	美国	R	中国台湾制造中国台湾销售
B	土耳其	T	泰国
C	中国	U	中国台湾制造一般出口或中国台湾销售
G	德国	Y	不发达国家
J	中国台湾制造出口澳大利亚	V	中东、海湾地区
K	加拿大	W	欧洲
M	菲律宾	X	苏联
N	南非		

2. 车辆维修部件标识

维修部件标识贴在车辆上以帮助维修和备件管理人员识别车辆上的原装零件和选装件。车辆维修部件标识如图 1-41 所示。

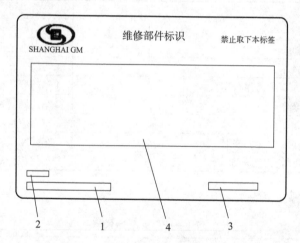

图 1-41 车辆维修部件标识
1—车辆识别号；2—工程设计型号、车辆分类车系和车身款式；
3—内部装饰件和装饰水平；4—车辆选装件内容

有的车辆上采用常规选装件代码（RPO），车辆的常规选装件列表印刷在维修件识别标签上。如通用车型常规选装件代码，见表 1-12。

表 1-12 通用车型常规选装件代码

常规选装件代码	说明	常规选装件代码	说明
AG1	驾驶员座椅 8 方位电动调节器	F40	悬架系统前后具有平稳行车操纵性
AG2	副驾驶员座椅 4 方位电动调节器	IPE	米色（52E）面料

续表

常规选装件代码	说明	常规选装件代码	说明
AG6	副驾驶员座椅 2 方位手动全程调节器	IPG	内部装饰设计 PG
AH3	驾驶员座椅 2 方位手动全程调节器	IP6	米色（526）真皮内部装饰
AK5	驾驶员和副驾驶员充气式保护装置	IP8	米色 52I 真皮内部装饰
AR9	豪华桶式前座椅	IQE	内部装饰设计 QE
AU0	遥控门锁	JAF	符合欧洲标准的制动器
A26	欧洲标准防炫目玻璃	JL9	带助力前后盘式制动器防抱死系统
BS2	增强型隔音隔热材料	KG7	125 A 发电机
BW1	后端外部装饰件	KG9	140 A 交流发电机
RYP	GS 车型设备组件	K05	加热器发动机机体
B18	豪华木纹内部装饰	K11	安装于前罩板的空气滤清器
B20	基本型木纹内部装饰	LB8	6 缸汽油发动机 2.5 L SFI V6　中国
B34	复合在地毯上的前地板脚踏垫	K34	巡航控制
B35	复合在地毯上的后地板脚踏垫	LW9	2.98 L SFI V6 发动机
CD5	间歇式刮水器	L34	1.99 L 直列 4 缸 DOHC 发动机
CF5	电动滑动天窗	L46	6 缸汽油发动机，3.0 L SFI V6 60 DEG　中国
CJ2	自动温度辅助控制前空调系统	MD7	4T65E－E 型 4 挡自动变速器
CJ4	电子控制前/后空调系统	PYO	16 in 镀铬轮辋（1 in＝2.54 cm）
CKD	车辆完全拆散	PH6	15×6.5 铝轮辋
CV5	出口日本	NP7	EEC 认证转向柱
C56	新外观手（前）单控空调	PG1	15 钢轮辋
C60	手动控制前空调系统	N30	皮革/木纹包覆方向盘带安全气囊
C68	新外观自动前后双控空调	N05	带锁加油口盖
C79	车内灯、车顶行李架、门控和单阅读灯	NW9	电子牵引力控制
DA1	后排座椅扶手并带储物箱	NT3	满足欧标准排放系统
DE5	左侧和右侧外部后视镜电动遥控带加热、可折叠	PH3	铸铝轮辋 15×6，螺栓分布圆直径 115 mm
DF4	光敏内后视镜信息双排显示	NP5	皮革包覆方向盘
DG7	左侧和右侧外部后视镜电动遥控彩色	NM8	含铅燃油兼容系统，能耐无铅燃油
D07	置于前地板的副仪表板中控制台	NK5	标准方向盘

续表

常规选装件代码	说明	常规选装件代码	说明
DH6	带化妆镜遮阳板	NF2	联邦一级法规排放系统
DL6	双向可折叠电动后视镜	M38	F25 手动变速器
D06	地排挡副仪表板带储物盒扶手	MXO	手自动变速器超速挡
D07	地排挡副仪表板中控制台	HMD	上海市
E28	辅助拉手	QVG	P225/60 R16H 轮胎
FE4	特定行车操纵性悬架系统	SHC	生产厂代码 中国上海
FR9	主传动比为 3.29 的变速器	T62	日间行车灯系统
QPK	轮胎 P215/70R15-97S	T79	后雾灯
T84	卤素前大灯总成	T89	尾灯和驻车灯 出口型
56U	车身主色 Jasper 绿色	51U	车身主色 Toreador 红色金属漆
51I	内部装饰中等	41U	车身主色黑
27U	车身主色蓝色	16U	车身主色亮白
461	复合皮革装饰浅灰色	14I	内部装饰，极深灰色（I）(97)
14G	浅灰色复合装饰布（G）(94)	VH5	车辆识别号标牌
14E	浅灰色复合装饰布（E）(92)	W83	中国市场专用
VH7	保险杠 中国	U18	车速表（公里）
U77	后窗收音机天线	U32	高档车型用收音机
U03	喇叭（噪声调节）	UV8	移动电话转接器
UV6	HUD 平视显示系统	US9	高档车型用收音机
UN0	基本型用收音机	UK6	后座音响控制并备有耳机插座
UH8	仪表组件、冷却液温度表、里程表、转速表	UD7	倒车雷达倒车辅助系统
T90	信号灯和示宽灯出口型		

3. 发动机号

车辆识别代号（VIN）的第 11 位字符用于识别发动机，上海通用车型所有发动机上都压印有部分车辆识别代号 VIN（衍生车辆识别代号），用来指示发动机单元号/日期代码。自粘标签贴在发动机上，激光蚀刻或压印在发动机缸体上。这些衍生车辆识别代号的基本位置 1 和可选位置 2，位于前面左下方的变速器驱动机构的装配表面，如图 1-42 所示。

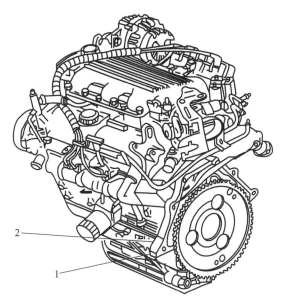

图 1-42 车辆维修部件标识
1—基本位置；2—可选位置

实施与考核

一、技能学习

1. 车辆车型认识

自主查找资料，通过实车了解车辆的品牌、产品型号及商标标志等信息。

2. 车辆识别代号（VIN）查询

练习车辆识别代号实车查询，对 VIN 码的含义进行解析。

3. 车辆选装件查询

根据车辆选装件查询信息，对应实车备件，了解车辆备件选择情况。

二、任务实施与考核

1）两名学生自由组合为一个小组，分别互相扮演顾客及备件管理员，模拟业务接待洽谈现场，对车辆识别代号、车型等信息进行实车查询。在熟练掌握上述知识与技能的前提下，完成相应的工作单。

2）学生根据业务洽谈的工作单记录，填写《车辆信息查询单》。教师根据完成的情况填写考核表。技能学习工作单见表 1-13。

表 1-13 技能学习工作单

实训项目：__车辆信息查询__

班级		学号		姓名	

车型名称_____
车型代码_____ 查询位置_____
车辆识别代号_____
车辆识别代号查询位置1 _____
　　　　　　　　　2 _____
　　　　　　　　　3 _____
介绍车辆信息查询结果（车辆生产地区、厂商、年份、发动机及底盘型号等）
_____
_____
_____
_____

查询至少 5 种选装件的 RPO 代码
1 部件名称_____ RPO 代码_____
2 部件名称_____ RPO 代码_____
3 部件名称_____ RPO 代码_____
4 部件名称_____ RPO 代码_____
5 部件名称_____ RPO 代码_____

自我评价（个人技能掌握程度）：□非常熟练　□比较熟练　□一般熟练　□不熟练

教师评语：（包括工作单填写情况、语言表达、态度及沟通技巧等方面，并按等级制给出成绩）

实训记录成绩_____　教师签字：_____　_____年____月____日

教师考核记录表见表 1-14。

表 1-14 教师考核记录表

实训项目：__车辆信息查询__

班级		学号		姓名	
项目	工作表现		分值		评分
与客户沟通情况			10		
工作态度			10		
工作单填写情况			30（工作单成绩折算）		
备件认知情况			40		
是否自主学习查阅相关资料			10		

续表

总分	
	教师签字： _____年___月___日

任务三 汽车备件查询

①了解主要车系汽车备件编号规则；
②了解汽车备件查询工具及使用方法。

任务分析

汽车备件的品种很多，一般具有一定规模的维修厂或汽车备件商行所涉及的汽车备件品种都在万种以上，甚至达到几十万种。部分备件在一定的范围内具有互换性，有的互换较强，如轮胎、灯泡等。也有很多备件不具有互换性，如汽车电脑、传感器等备件。汽车生产商为了方便查询和管理汽车备件，将自己公司生产的所有车型、汽车备件信息等资料编成软件，让备件管理人员直观快捷地了解备件的名称、形状、数量、安装位置、所属车型、备件编号（也称为备件件号）等信息。

相关知识

一、汽车备件的编号规则

为了提高备件管理人员的工作效率，保证订购备件信息的准确性，采用电子化或网络化的汽车备件管理系统是大势所趋。另外，不同生产厂家、车型和年款的汽车备件互换性非常复杂，技术人员只有通过计算机的数据库才能对备件的互换性匹配进行快速、准确地查找与对比。为了使备件能适应计算机管理，以便于提高备件采购时的准确性，汽车制造厂商都对所生产的汽车备件实行编号分类，编号的规定各不相同，但都有相对固定的规则。这些固定的编号通称为原厂编号，由英文字母和数字组成。每一个字符都有特定的含义，即每一个备件都用一组不定数量的数字和字母表示，不同的制造厂家表示的方法不同，每一个汽车制造厂商都有自己的一套备件编号体系，不能相互通用。

汽车备件编号一般采用10~15位数字或数字字母组合而成，构成汽车备件件号，件号是唯一的，一个备件对应一个件号。有些公司将备件编号分成若干段，以便于识别备件所属总成或大类。

1. 国产汽车备件的编号规则

在我国，汽车备件编号按中国汽车工业协会于 2002 年 3 月 12 日发布，2004 年 8 月 1 日开始实施的《汽车产品零部件编号规则》统一编制。

（1）汽车备件编号表达式

完整的汽车备件编号表达式由企业名称代号、组号、分组号、源码、备件顺序号和变更代号构成。备件编号表达式根据其隶属关系可按图 1-43、图 1-44、图 1-45 所示的三种方式进行选择（注：图中□表示字母，○表示数字，◇表示字母或数字）。

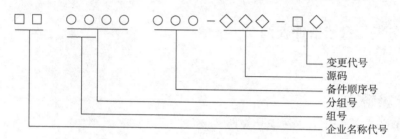

图 1-43　汽车备件编号表达式之一

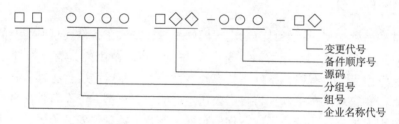

图 1-44　汽车备件编号表达式之二

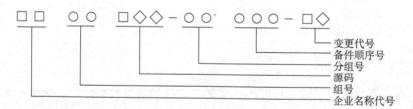

图 1-45　汽车备件编号表达式之三

说明：

1) 企业名称代号：当汽车备件图样使用涉及知识产权或产品研发过程中需要标注企业名称代号时，可在最前面标注经有关部门批准的企业名称代号。一般企业内部使用时，允许省略。企业名称代号由 2 位或 3 位汉语拼音字母表示。

2) 源码：源码用 3 位字母、数字或字母与数字混合表示，企业自定。

①描述设计来源：指设计管理部门或设计系列代码，由 3 位数字组成。

②描述车型中的构成：指车型代号或车型系列代号，由 3 位字母与数字混合组成。

③描述产品系列：指大总成系列代号，由 3 位字母组成。

3) 组号：用 2 位数字表示车各功能系统分类代号，按顺序排列。

4）分组号：用4位数字表示各功能系统内分系统的分类顺序代号，按顺序排列具体组号与分组号，见表1-15。

5）备件顺序号：用3位数字表示功能系统内总成、分总成、子总成、单元体、零件等顺序代号，备件顺序号表述应符合下列规则：

①总成的第3位应为零；

②零件第3位不得为零；

③3位数字为001～009，表示功能图、供应商图、装置图、原理图、布置图、系统图等为了技术、制造和管理的需要而编制的产品号和管理号；

④对称备件其上、前、左件应先编号为奇数，下、后、右件后编号为偶数；

⑤共用图（包括表格图）的备件顺序号一般应连续。

6）变更代号：变更代号为2位，可由字母、数字或字母与数字混合组成，由企业自定。

表1-15 组号与分组号

序号	组号	部件名称	分组号
1	10	发动机	1000～1030
2	11	供给系统	1100～1156
3	12	排气系统	1200～1209
4	13	冷却系统	1300～1314
5	15	自动液力变速器	1500～1508
6	16	离合器	1600～1609
7	17	变速器	1700～1722
8	18	分动器	1800～1807
9	20	超速器	2000～2004
10	21	电动汽车驱动系统	2100～2151
11	22	传动轴	2200～2241
12	23	前桥	2300～2311
13	24	后桥	2400～2409
14	25	中桥	2500～2513
15	27	支撑连接装置	2700～2741
16	28	车架	2800～2810
17	29	汽车悬架	2900～2965
18	30	前轴	3000～3011
19	31	车轮及轮毂	3100～3113
20	32	附加桥（附加轴）	3200～3203

续表

序号	组号	部件名称	分组号
21	33	后轴	3300~3303
22	34	转向系统	3400~3418
23	35	制动系统	3500~3568
24	36	电子装置	3600~3682
25	37	电气设备	3700~3792
26	38	仪器仪表	3800~3872
27	39	随车工具及附件	3900~3926
28	40	电线束	4000~4018
29	41	汽车灯具	4100~4136
30	42	特种设备	4200~4260
31	45	绞盘	4500~4509
32	50	车身	5000~5014
33	51	车身地板	5100~5174
34	52	风窗	5200~5207
35	53	前围	5300~5315
36	54	侧围	5400~5411
37	55	车身装饰件	5500~5532
38	56	后围	5600~5614
39	57	顶盖	5700~5713
40	58	乘员安全约束装置	5800~5834
41	59	客车舱体与舱门	5910~5902
42	60	车篷及侧围	6000~6005
43	61	前侧面车门	6100~6112
44	62	后侧面车门	6200~6212
45	63	后车门	6300~6312
46	64	驾驶员车门	6400~6409
47	66	安全门	6600~6608
48	67	中侧面门	6700~6712
49	68	驾驶员座	6800~6809
50	69	前座	6900~6903
51	70	后座	7000~7008
52	71	乘客单人座	7100~7109

续表

序号	组号	部件名称	分组号
53	72	乘客双人座	7200~7209
54	73	乘客三人座	7300~7308
55	74	乘客多人座	7400~7408
56	75	折合座	7500~7507
57	76	卧铺	7600~7611
58	78	中间隔墙	7800~7805
59	79	车用信息通信与声像设备	7900~7903
60	81	空气调节系统	8100~8123
61	82	附件	8200~8240
62	84	车前、后钣金件	8400~8405
63	85	车厢	8500~8516
64	86	车厢倾斜机构	8600~8617

（2）汽车组合模块编号表达式

汽车组合模块编号表达式如图1-46所示。

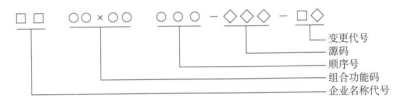

图1-46 汽车组合模块编号表达式

汽车组合模块组合功能码由组号合成，前两位组号描述模块的主要功能特征，后两位组号描述模块的辅助功能特征。例如：10×16表示发动机带离合器组合模块；10×17表示发动机带变速器组合模块；17×35表示变速器带手制动器组合模块。汽车组合模块组合功能码见表1-16。

表1-16 汽车组合模块组合功能码

组合模块号	组合模块名称
10×16	发动机带离合器组合模块
10×17	发动机带变速器组合模块
17×35	变速器带手制动器组合模块
18×35	分动器带手制动器组合模块
50×38	驾驶室带仪表组合模块

2. 进口汽车备件的编号规则

在发达国家，各汽车制造厂的备件编号并无统一规定，自行编制，其备件编号规则各不相同。下面以丰田备件编号的编排为例做简要介绍。

（1）丰田备件编号的组成

丰田备件的编号一共是由 10 个或 12 个数字和字母组成的，备件编号不是数字和字母符号的简单排列，每个编号都有其特定的意义。每个备件编号包括三个部分：基本号码、设计号码和辅助号码，如图 1-47 所示。

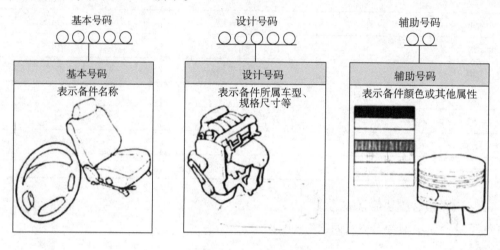

图 1-47 丰田备件编号

第一组为基本号码，表示备件的名称；第二组为设计号码，表示每个备件的所属车型、规格尺寸及设计改进顺序；第三组为辅助号码，当某一备件需要作颜色区别时，在此用数字表示其颜色或者其他属性。

丰田汽车备件的编号系统可以分为普通备件、组合件、修理备用备件（修理包）、标准件（半标准件）、工具 5 个主要类别。

（2）普通备件的编号规则

普通备件是指包括由单一件和 2 个以上的零件所组成的零件，即单一件、半总成件和总成件。其中单一件是指以最小单位供应的零件，如正时皮带、空调系统的干燥杯、水泵垫片等。

1）基本号码：即零件的品名编码，一个品名编码表示一个零件种类。一般用 5 位或 6 位数表示品名编码。通常品名编码就是备件编号的基本号码，即前 5 位（标准件和半标准件中用 6 位数，最末位是字母），如图 1-48 所示。例如发动机修理包的品名编码是 04111，前刹车片的品名编码是 04465，花冠的机油滤芯的品名编码是 15601 等。

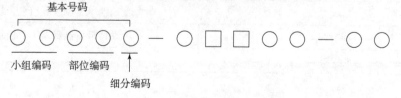

图 1-48 普通备件编号的规则

普通备件编号的第一位数字表示含义见表1-17。

表1-17 普通备件编号的第一位数字表示含义

第一位数字	内容
0	各种包类（大修包）
1	发动机和燃油系统的相关备件
2	发动机和燃油系统的相关备件
3	传动系统和底盘部分的备件
4	传动系统和底盘部分的备件
5	车身备件（车外板、车内饰件）
6	车身备件（车外板、车内饰件）
7	车身备件（车外板、车内饰件）
8	电气备件
9	标准备件，比如螺丝、胶圈、轴承、油封等

把汽车的普通备件按功能划分成若干个组，并给每组指定2位数字的代码，称为小组编码（见表1-18）。对于小组编码相同的备件，再按品种给予2位数字代码，称为部位编码（第3、4位）。当用前两项编码仍然不能确定一件备件时，则再给备件指定1位数字代码，称为细分编码。如有备件还需区分上下、左右、内外，以及加大或缩小尺寸，也在此位给予代码。需要说明的是第5位的细分编码，仅用于总成件或分总成件，不用于单一备件。

表1-18 小组编码

第1位数字	第2位数字									
	0	1	2	3	4	5	6	7	8	9
0				修理包			专用配件	附件	工具	
1		缸盖缸体	发动机安装件	曲柄连杆及配气机构		机油泵及机油滤清器	散热器水泵	进气与排气系统		点火系统
2		化油器	喷油泵	燃油泵及滤清器	增压器	废气再循环系统	发动机附件	发电机及调节器	起动机蓄电池继电器	真空泵
3		离合器	液力变矩器	变速器		自动变速器	分动器取力器	传动轴	绞盘自卸	
4		减速器差速器	后桥壳半轴车轮及制动鼓	前桥	动力转向制动装置	转向器	真空助力器	制动器总泵、分泵管路	前后悬架	液压助力制动器
5		车架	车身保险杠	发动机罩		仪表板	风挡玻璃	地板	地毯	

续表

第1位数字	第2位数字									
	0	1	2	3	4	5	6	7	8	9
6		侧围	内饰板	车顶			后围		车门	门窗玻璃	车门锁
7			座椅	可调式座椅		内饰件	外饰件		油箱	制动踏板	
8			灯具闪光器	线束	仪表	开关	刮水器	音响	暖风	空调	
9		标准件	六角螺栓	螺栓	螺钉	螺母垫圈	铆钉销键	紧固件密封件	轴承	轮胎	功能零件

2) 设计号码：丰田汽车公司的编号规则规定，当基本号码组前2位在11~29之间时，设计号码组中前2位数字或字母就是发动机型号代码，随后2位数字是设计代码，最后1位数字为主要的设计更改代码，如图1-49所示。

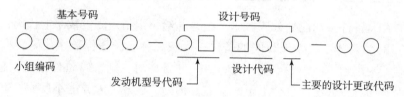

图1-49 普通备件的设计号码

3) 辅助号码：辅助号码中的第2位数字为颜色代号，见表1-19。

表1-19 颜色代号

颜色代号	颜色	颜色代号	颜色
1	黑	6	棕
2	红	7	绿
3	灰	8	乳白
4	蓝	9	黄
5	米黄色		

(3) 组合件（半总成备件）的编号规则

由几个零件组成的备件，称为组合备件或半总成备件，其基本号码组与普通备件编号规则相同，设计号码有区别。设计号码中第2位数字为9，如图1-50所示。例如水泵总成（带耦合器）的编号为16100—49835。

图1-50 组合件的编号规则

(4) 修理备用备件（修理包）的编号规则

由两个以上维修用的主要备件综合在一个包装内，称为修理备用备件（修理包件）。其编号规则除在基本号码组的前两位冠以"04"数字代号外，其余的编码均与普通备件相同，如图1-51所示。例如发动机大修包的编号为04111—46030；变速器大修包的编号为04351—30150。

图1-51　修理备用备件（修理包）的编号规则

(5) 标准件的编号规则

标准件是指那些材料质量、形状、尺寸等按照丰田汽车公司标准化后的零件，如：六角螺栓、螺母、垫圈、螺钉等。

在基本号码组中，第1位定位为9，这是标准件的专用代号；第2、3位是名称和种类的数字代号；第4、5位是再细分名称的数字代号，如图1-52所示。

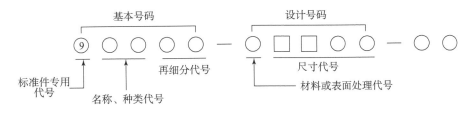

图1-52　标准件的编号规则

在设计号码组中，第1位是材料或表面处理的数字代号；其后4位是尺寸的数字代号。各种标准件的尺寸编号方式不完全一样，如螺栓、螺钉、铆钉类，第2、3两位数字是实物的直径尺寸（mm），第4、5两位数字是实物的长度尺寸（mm）；V形带第2~5位数字是实物圆周长度尺寸（mm）。

(6) 工具的编号规则

工具分为随车工具和专用工具两种。随车配备的各种工具称为随车工具，修理中使用的各种特制工具称为专用工具。它们的编号仅在基本号码组有区别。

1) 随车工具的编号是将基本号码组的前3位数字代号定为091，包括千斤顶、扳手、螺钉旋具等，如图1-53所示。

图1-53　随车工具的编号规则

2) 专用工具的编号是在基本号码组的前3位，按不同品种，分别冠以092~099的数字代号，如图1-54所示。

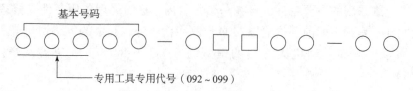

图1-54 专用工具的编号规则

二、汽车备件的查询

在汽车备件管理工作中，汽车备件的查询任务主要有两方面：一是查询并确认客户所需要备件的备件编号、名称、型号等信息；二是查询该备件的库存数量、价格、货位等信息。

1. 汽车备件查询工具

通过查阅备件目录确认备件编号。汽车备件查询工具主要有纸质版备件图册、微缩胶片备件目录和电子备件目录（CD光盘）3种形式。三者只是载体的形式不同，内容是相同的。

（1）纸质版备件图册

纸质版备件图册是人工查询汽车备件的工具，汽车制造厂根据每种车型编辑一本图册。内容包括该车型所有备件的名称、备件编号、单车用量及代用备件编号等详细信息，并附有多种查询方法，如按备件名称、备件编号、汽车总成分类及图形索引（爆炸图）等。备件图册使用方便，但查找效率较低且资料无法及时更新；体积大，需要较大的存放空间；容易损毁，资料完整性难以保证。因此，现在越来越多的汽修、汽配企业采用电子备件目录进行备件的查询。

（2）微缩胶片备件目录

微缩胶片备件目录是备件手册微缩制成的，一张A4幅面的胶片可以容纳96页A4幅面的纸质手册内容，信息量较大。微缩胶片备件目录中包括索引和正文两部分，正文部分由插图和备件一览表组成，正文按备件的类型及分类情况有机组合，依次排列。索引部分是查询备件的向导，包含内容指南、标记和缩略语一览表、备件编号变更一览表、插图索引、图号索引、备件编号索引、目录包含的车型和特征、VIN（或车架号）一览表等信息。

微缩胶片备件目录需要使用微缩胶片阅读机来阅读，使用不方便，现在已经逐步被光盘所取代。

（3）电子备件目录（CD光盘）

电子备件目录是帮助专业人员应用计算机管理系统正确查询或检索备件的图号、名称、数量、件号及装配位置、立体形状、库存信息、价格等的技术资料。计算机光盘容量大，一张光盘可以容纳多个车型甚至一家公司全部车型的备件手册内容。光盘系统查询方式灵活多样，非常方便。随着汽修、汽配企业计算机管理的普及，光盘应用越来越广泛。光盘存储形式的电子目录具有信息承载量大、查询简单、更新方便、成本低的特点，因此在备件经销领域得到了广泛应用。

目前各大厂商根据本身的需要开发了相应的备件服务系统，其结构和功能之间有较大的差异，但实际内容是一致的。使用电子备件目录系统后，备件就可以通过计算机很方便地被查询到，并且以装配图等多种方式显示出来，替代了传统查询手册的方式，更准确（因可定期和厂家修改技术资料同步升级）、方便和快捷。目前备件的检索与显示已经做成了三维立体视图，立体视图中的插图号与电子备件目录中的备件编号、备件名称、备注说明、每车件数、车型匹配，形成一一对应关系。被授权的经销商可与厂家建立良好的信息沟通渠道，通过联网或定期升级电子备件目录，及时掌握备件的变更信息，并实时地更新自己的备件信息库，实现资源共享，同步升级。

2. 汽车备件查询方法

一般的汽车备件电子目录查询软件都提供了多种查询检索途径，备件管理人员可根据具体情况选择不同的查询方法来获取所需的信息。常用汽车备件的检索方法有按汽车备件名称（字母顺序）索引、按汽车总成分类索引、按备件图形（图号）索引、按备件编号（件号）查询等。

（1）按汽车备件名称（字母顺序）索引查询

在进口汽车备件手册中均附有按备件名称（字母顺序）编排的索引，如果知道所需备件的英文名称，即使缺乏专业知识的人员，采用此种方法也能较快地查找该备件的有关信息。

（2）按汽车总成分类索引查询

把汽车备件按总成分类列表，如发动机、传动系统、电气设备、转向系统、制动系统、车身附件等，根据备件所属总成，查出对应的地址编号或模块编号，再根据编号查询出该备件的有关详细信息。不同的汽车公司，车系分法也有所不同，因此，汽车总成分类索引适用于对汽车备件结构较熟悉的专业人员，知道某一个备件属于哪个总成部分，才能够快速查询和确认客户所需要的备件。

（3）按备件图形（图号）索引查询

把汽车整车分解成若干个模块，采用图表相结合的方式，用爆炸图即立体装配关系展开图（如图1-55所示为减震器总成爆炸图），能直观、清楚地显示出各个备件的形状、安装位置及其装配关系，并在对应的表中列出备件名称、备件编号、单车用量等详细信息。按备件图形（图号）索引查询的特点是能直观、准确、方便迅速确定所需备件。

（4）按汽车备件编号（件号）查询

一般汽车备件上均有该备件的编号，如果所需备件编号已知，则采用本方法能准确、迅速地查询到该备件的有关信息。一个备件的名称可能因翻译、方言等而叫法不同，但备件编号是唯一的。备件编号索引是根据备件编号大小顺序排列的，根据已知的备件编号，可以查出该备件的地址编码或所在页码，然后查询其详细信息。

除上述几种外，还有根据汽车备件名称编码PNC（Part Name Code）查询等方法，不同汽车制造厂家的备件目录系统提供多种备件查询方法供备件人员根据需要选择。以上列举的只是常见的几种方法。

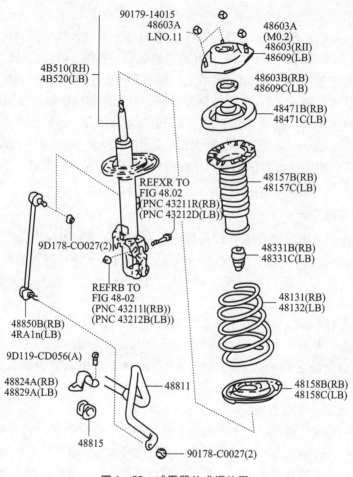

图 1-55 减震器总成爆炸图

一、技能学习

汽车备件查询方法的具体应用

下面以丰田汽车电子备件目录 EPC（Electronic Parts Catalog）查询系统的具体应用来说明常用的汽车备件的查询方法。

EPC 有两种功能：一种是已知备件编号[①]查询适用车型；二是根据备件特征查询备件编号。在备件管理工作中，第二种功能是备件管理人员主要使用的功能。

示例 1：已知备件编号为 90915—CA001，查询这个备件编号都适用于哪些车型。

第一步：进入操作主菜单，EPC 的主操作界面如图 1-56 所示。

第二步：在备件编号适用车型查询功能中输入备件编号信息，如图 1-57 所示。在输入备件编号后按回车键，进行备件编号确认，如图 1-58 所示。一次最多可查询 10 个备件编号。

---

① 电子备件目录查询系统中显示为零件编号。

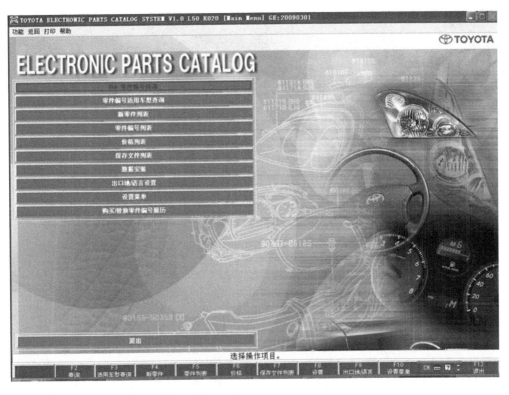

图 1-56　EPC 的主操作界面

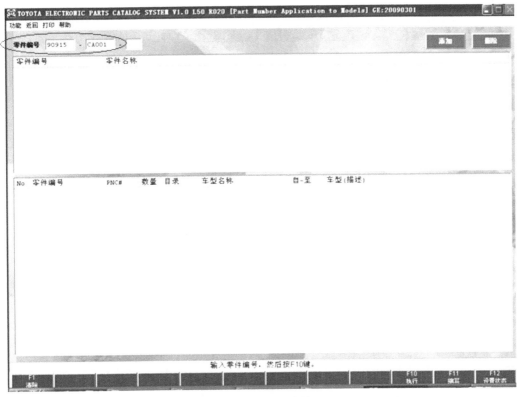

图 1-57　备件编号输入

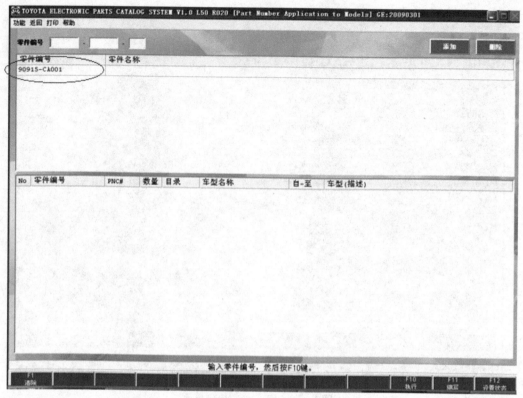

图1-58 备件编号确认

第三步:备件编号适用车型查询结果如图1-59所示,从查询结果中筛选出所需的车型信息。

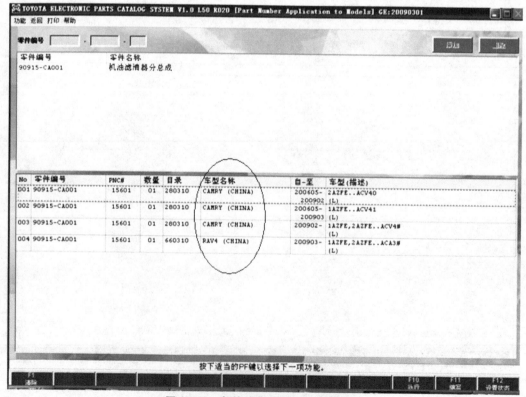

图1-59 备件编号适用车型查询结果

通过 EPC 进行备件编号查询的方法有多种:

方法一:可以图片查询。这需要查询者有较强的汽车维修经验,熟悉汽车的结构,了解各备件的形状、位置。

方法二:备件编号 (PNC) 查询。这是在查询者已知备件编号,但需要确认该备件的形状、位置或适用车型、生产日期、备件名称等信息时采用。

方法三:备件名称(关键字)查询。查询者需要掌握 EPC 中的备件名称(注:在 EPC 支持中文识别功能情况下才适用)。

方法四:"组"查询。查询者已熟练掌握 EPC 的各种查询方法,便可以根据自己的经验对常用备件进行分组设定,属于 EPC 高级应用方式,以提高查询效率。

查询备件编号的基本步骤:

1)须知的最基本参数;
2)确定备件所在的大类;
3)确定备件所在的小类;
4)确定显示备件的图号;
5)根据备件名称找到插图,确认备件编号;
6)根据车辆参数确定备件编号并记录下来。

示例 2:客户要求订购右前减震器,需要查询右前减震器的备件编号。通过车辆信息认证查询得知车型为 ACV40L—JEAGKC;VIN 码为 LVGBE42K17G059539。

采用方法一进行查询说明。操作步骤如下:

第一步:进入主菜单,输入车辆 VIN 码(见图 1-60),确认车辆信息(见图 1-61)。

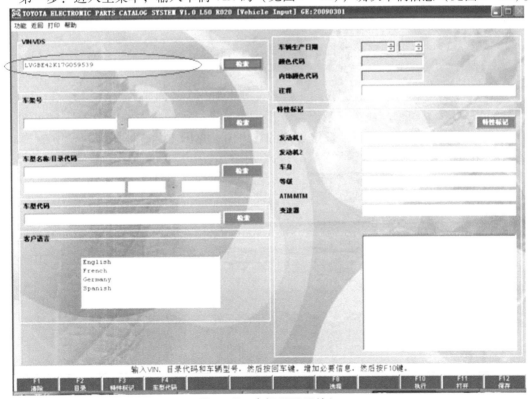

图 1-60 车辆 VIN 码输入

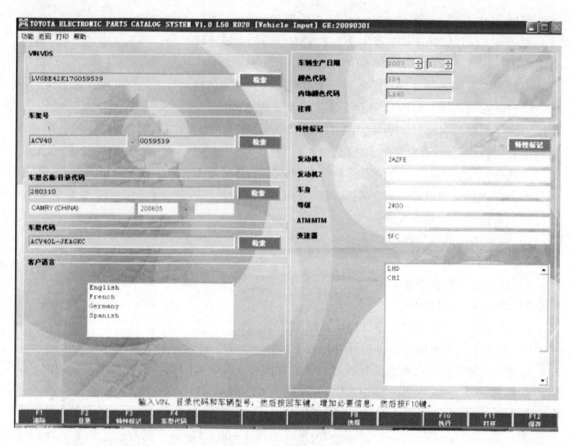

图 1-61 车辆信息确认

第二步：参考界面显示的查询条件（见图 1-62），选用适当的检索方式查询备件信息。

选择减震器所属"传动系统/底盘"图类，进入下一个界面底盘/传动系统部位图（见图 1-63），下拉滚动条，查找"减震器"图标。点击显示减震器局部分解图（见图 1-64），可以通过单击鼠标右键显示该组零件的放大图（见图 1-65），确认并得到查询结果（见图 1-66）。

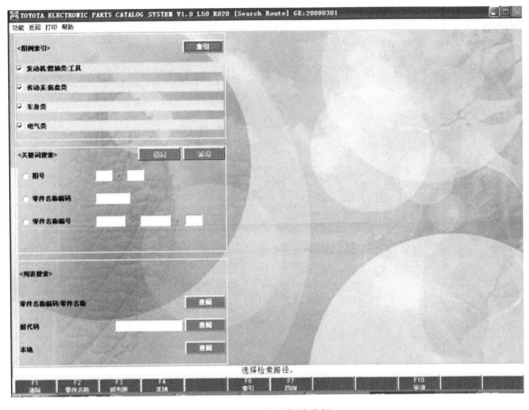

图1-62 查询条件选择

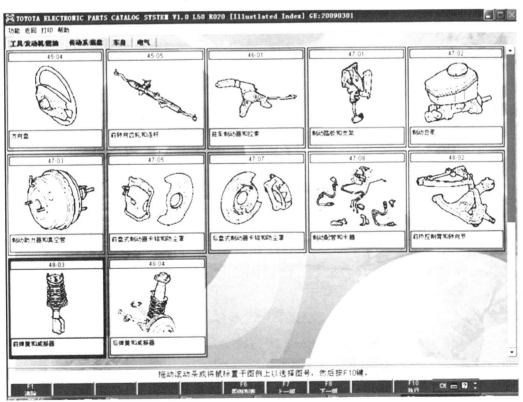

图1-63 底盘/传动系统部位图

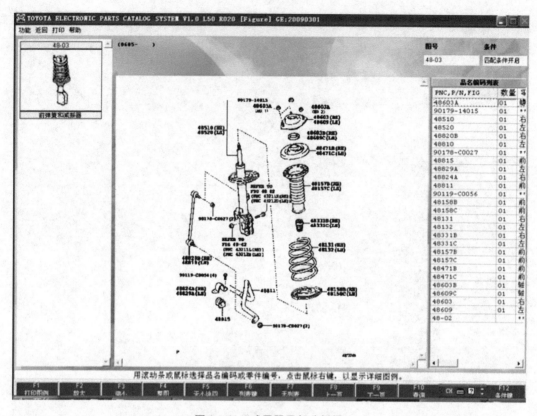

图1-64 减震器局部分解图

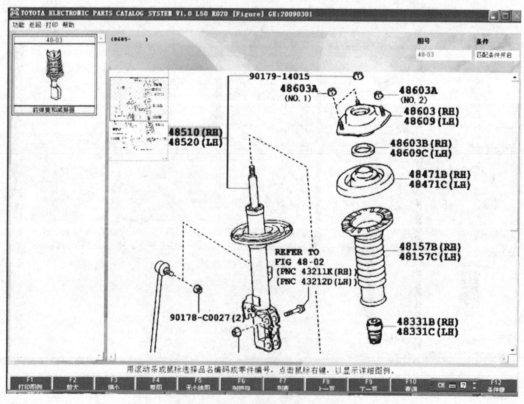

图1-65 减震器零件局部放大图

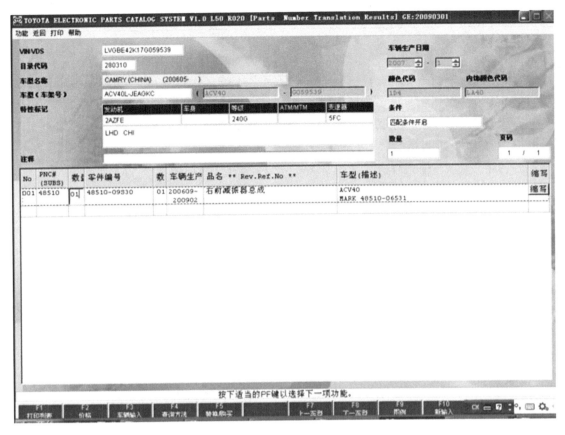

图 1-66 查询结果

二、任务实施与考核

1）两名学生自由组合为一个小组,分别互相扮演顾客及备件管理员,模拟业务接待洽谈现场,对车辆部分指定备件进行备件编号查询。在熟练掌握上述知识与技能的前提下,完成相应工作单。

2）学生根据业务洽谈的工作单的记录,填写《车辆备件编号查询单》。教师根据完成的情况填写考核表。技能学习工作单见表 1-20。

表 1-20 技能学习工作单

实训项目：___车辆备件编号查询___

班级		学号		姓名	

车型名称_____
车型代码_____　　查询位置_____
车辆识别代码_____

简述备件编号查询方法_____
_____
_____

续表

查询至少5种备件的备件编号
1 备件名称_____备件编号_____
2 备件名称_____备件编号_____
3 备件名称_____备件编号_____
4 备件名称_____备件编号_____
5 备件名称_____备件编号_____

自我评价（个人技能掌握程度）：□非常熟练　□比较熟练　□一般熟练　□不熟练

教师评语：（包括工作单填写情况、语言表达、态度及沟通技巧等方面，并按等级制给出成绩）

实训记录成绩_____　　　教师签字：　　　　_____年____月____日

教师考核记录表见表1-21。

表1-21　教师考核记录表

实训项目：___车辆备件编号查询___

班级		学号		姓名	
项目	工作表现			分值	评分
与客户沟通情况				10	
工作态度				10	
工作单填写情况				30（工作单成绩折算）	
备件认知情况				40	
是否自主学习查阅相关资料				10	
总分					

教师签字：　　　_____年____月____日

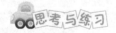

一、选择题

1. 除了车辆保养用到替换上，还有什么需要使用备件？（　　）
   A. 销售　　　　B. 修理　　　　C. 拆卸
2. 以下哪种车型是不带传动轴的车辆？（　　）
   A. FF　　　　　B. FR　　　　　C. AWD
3. 在以下各项中，哪一种车是最基本型客车？（　　）
   A. 两厢轿车　　B. 客车　　　　C. 轿车

4. 一辆车中使用的备件数量超过以下哪一个值？（　　）
   A. 15 000　　　　B. 35 000　　　　C. 55 000
5. 根据功能和结构划分，备件可分为几大分组？（　　）
   A. 7 大分组　　　B. 8 大分组　　　C. 9 大分组
6. 在以下发动机类型中，哪一种不是东风日产车型系列使用的？（　　）
   A. 直列式　　　　B. V 形　　　　　C. 平列式
7. 目前市场上使用最多的防冻液是（　　）。
   A. 甲醇防冻液　　B. 乙二醇防冻液　C. 乙醇防冻液　　D. 甘油防冻液
8. 滚动轴承的基本代号不包括（　　）。
   A. 内径代号　　　B. 直径系列代号　C. 类型代号　　　D. 前置代号
9. 车辆的 VIN 码由几位组成？（　　）
   A. 17 位　　　　 B. 18 位　　　　 C. 14 位　　　　 D. 10 位

二、填空题

1. 汽车备件包括（　　）、（　　）、（　　）、（　　）和通用备件。它包括车辆出厂使用及维修过程中所需的（　　）和（　　），还包括用于提高车辆安全性、舒适性及装饰性的产品。
2. 完整的汽车备件编号表达式由（　　）、（　　）、（　　）、（　　）、（　　）和变更代号构成。
3. 零部件分为（　　）、（　　）、（　　）、（　　）和总成。
4. 进口汽车备件编号由（　　）、（　　）、（　　）三部分组成。
5. 丰田车的进口件统一编号为（　　）。
6. VIN 码的第 10 位为（　　）。
7. 备件目录的查询方法有（　　）、（　　）、（　　）、（　　）四种方法。
8. VIN 码中第（　　）位代表发动机特征，第（　　）位代表车身类型，第（　　）位代表约束系统类型。
9. 车辆 VIN 码第 4 位表示品牌车系，如 G 代表（　　），K 代表（　　）。
10. 备件编号前 5 位代表（　　），后 5 位代表（　　）。

三、简答题

1. 什么是备件的索引号？
2. 备件编号由哪些部分组成？
3. 制动系统的主要备件及主要的易损件和易耗件有哪些？
4. 汽油发动机配气机构的主要备件及主要的易损件和易耗件有哪些？
5. 车辆识别代号标志的位置有哪些？
6. 在系统的信息查询中，都有哪些互换关系？
7. 常用油液的种类有哪些？
8. 汽车材料是什么？
9. 汽油发动机曲柄连杆机构的主要备件及主要的易损件和易耗件有哪些？

项目二
汽车备件采购

任务一 采购订单制订与更新

学习目标

①了解需求分析的原则及重要性；
②能够制订备件采购订单；
③能够确定订货数量和品种。

任务分析

汽车备件采购追求的目标是"良性库存"，是以最合理的库存最大限度地满足用户的需求。具体来说，良性库存就是在一定时间段内，以最经济合理的成本，取得合理的备件库存结构，保证向用户提供最高的备件满足率。备件采购计划员应该不断完善、优化库存结构，保持经济合理的备件库存，这样才能向用户提供满意的服务，才能赢得用户的信赖，争取最大的市场份额，获得最大的利润，保证企业的长久发展。

相关知识

一、汽车备件需求分析

汽车备件需求分析，主要是估计市场规模的大小及产品的潜在需求量。合理的备件需求分析能够满足客户的需求，促进汽车备件消费需求的增长，稳定客户群，减少客户流失；能够最大限度地优化库存，降低库存对企业资金的占用，以获得良好的收益。汽车备件占用汽车服务企业大部分的流动资金，因此，市场需求分析对提高企业的资金使用效率与效益有重要的现实意义。

备件需求分析的主要任务是确定企业生产经营的备件需求量及备件储备量，并以此为基础制订备件采购计划。采购计划制订得是否合理，对资金周转和经济效益起着决定性的作用。采购计划做得好，控制合理的备件库存，在满足企业生产经营需要的同时，尽可能地降低汽车备件的资金占用，可以加快资金周转、提高经济效益、减少库存积压，否则会增加库存成本、降低经济效益。

1. 汽车备件需求分析的目标

需求分析就是用最合理的库存（即良性库存）最大限度地满足客户需求。具体来说，就是以最经济的成本，取得合理的备件库存结构，保证向客户提供最高的备件满足率。需求分析应不断完善和优化库存结构，保持经济合理的备件储备，保证向客户提供满意的服务，赢得客户的信赖，争取最大的市场份额，获得最大的利润，保证企业的长久发展。

汽车备件销售的随机性很大，客户何时需要什么备件很难预测，一辆汽车的备件总数超过几十万个，不可能所有的备件都有库存。降低库存资金占有量与提高备件供货率是一对矛盾，作为汽车备件经销商，关键在于如何处理好"用最经济合理的成本，取得最大的经济效益"与"提供最高的备件供货率，不丧失每一个销售机会"的矛盾。

备件供货率和存储成本是衡量需求分析和存货管理水平的标志。库存成本包括订购成本（采购费、验收入库费）和存储成本（占用资金利息、仓库管理费、罚金）。订货时间过早，存货必然增加，使存储成本上升；订货时间过晚，存量可能枯竭、缺货，使成本上升。订货数量过多，资金必然被挤占，并将增加存储耗费；订货量过少，备件将会短缺，并要增加订购耗费。由上述分析可知，库存是对资源和资金的占用，然而为了防止或缓解供需矛盾，库存又必须存在。提高库存管理水平，制订正确的存货决策，关键是分析能保证企业发展需要的物资供应最合理的库存需求。寻找能保证企业发展需要的物资供应最合理的（而不是最低的）库存成本，库存与费用的关系曲线如图2-1所示。良好的需求分析能够平衡库存与费用之间的矛盾。

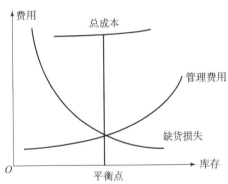

图 2-1　库存与费用关系曲线

要提高备件供货率，必须增加库存量，但库存品种和数量要适当。通常根据以往的销售记录和近期的市场反馈信息来确定库存备件品种的变化、库存量的大小。订购要适时、适量，从而保证企业的生产、维修和销售顺利进行。

2. 需求分析应考虑的因素

备件订货员制订订货计划，下订单之前必须对各备件现有的库存情况、销售情况有足够的了解。备件需求信息首先来自销售报表，分析备件的销售历史、销售趋势以及仓库的库存状态。需求分析还应考虑如下因素：

1) 企业经营影响区域内的品牌车辆的市场占有情况；
2) 企业营销计划、销售部门的销售能力、销售特点和销售趋势；
3) 企业售后维修客户的实际保有量、客户流失率、车型分布、使用年限和行驶公里数、维修技术特点；
4) 新的维修技术对备件的要求；
5) 企业的备件库存情况、库存结构以及已经签订合同的货源情况；
6) 备件是否是常用件、易损件，是否具有季节性特点，企业是否有促销活动；
7) 备件是否有替换件；

8）注意在备件管理系统上查询缺件备件，正常订单的缺件是潜在库存，订货时要加以考虑，避免重复订货；

9）备件的供货周期及交货时间、交货品种、交货数量误差；

10）节假日对备件需求和备件供货的影响。

3. 需求分析的原则

需求分析必须遵循备件采购勤进快销、以销定进的原则。

勤进快销可以加快资金周转，避免商品积压，提高经济效益。勤进快销要做到采购次数多，采购批量小，进货时间间隔短。根据采购成本、存储成本最小的原则确定采购时间和采购次数批量。

以销定进是按照营销状况确定订货的原则，需要考虑日平均营销量、最小安全库存量等因素。定货量是一个动态的数据，根据营销状况的变化确定进货量，使供货及时、库存合理。

二、备件采购品种的确定

良性库存的实现一方面提高了备件供货率，另一方面减少了库存、提高了收益。具体做法总结起来就是"精简库存"。实现良性库存的关键在于依据备件的特性和流通等级确定好库存哪些备件和每种备件库存多少，从而确定订货的品种和数量。

订货品种的确定取决于库存的项目数，即确定库存的最大项目数。可通过考察备件需求的历史记录，发现备件需求的某些规律，确定需要库存的备件范围。要确定库存的备件范围，首先需了解备件各生命周期的特点。

任何备件都会有增长、平稳、衰退的生命周期（见图2-2）。针对备件生命周期不同阶段的特点，进行备件需求库存分析确定。不同状态的备件项目应采取不同的原则：处在需求增长期的备件，应采取需一买一的原则；处在需求平稳期的备件，应采取卖一买一的原则；处在需求衰退期的备件，应采取只卖不买的原则，这样才能在保证最大备件供货率的同时，降低库存金额。

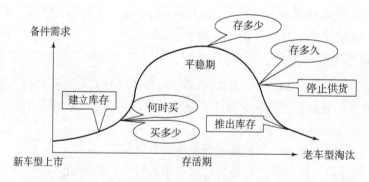

图2-2 备件生命周期图

三、备件采购时机与采购量

1. 备件采购时机的选择

目前汽车备件经营企业备件选择采购时间大多采用进货点法。确定进货点一般要考虑3

个因素：

1）进货期时间：进货期时间是指从备件采购到做好销售准备的间隔时间。

2）平均销售量：平均销售量是指日平均销售数量。

3）安全存量：安全存量是为了防止产销情况变化而增加的额外存储天数。

按照以上因素，可以根据不同情况确定不同的进货计算方法。

在销售和进货期时间固定不变的情况下，进货点的计算公式如下：

$$进货点 = 日平均销售量 \times 进货期时间$$

在销售和进货期时间有变化的情况下，进货点的计算公式如下：

$$进货点 = （日平均销售量 \times 进货期时间） + 安全存量$$

进货点可以根据库存量来控制，当库存汽车备件下降到进货点时就要组织进货。

2. 进货量的控制

进货量的控制方法有定性分析法和定量分析法。

（1）定性分析法

1）按照供求规律确定进货量。

①对于供求平衡、供货正常的备件，应勤进快销、多销多进、少销少进、保持正常周转库存。计算进货量的方法是：根据本期的销售实际数，预测出下期销售数，加上一定的周转库存，再减去本期末库存预算数，从而计算出每一个品种的下期进货量。

②对于供大于求、销售量又不大的备件，要少进，采取随进随销、随销随进的办法。

③对暂时货源不足、供不应求的紧俏备件，要开辟新的货源渠道、挖掘货源潜力、适当多进、保持一定储备。

④对大宗备件，则应采取分批进货的办法，使进货与销售相适应。

⑤对高档备件，要根据当地销售情况，少量购进、随进随销。

⑥对销售面窄、销售量少的备件，可以多进样品、加强宣传促销、严格控制进货量。

2）按照备件的产销特点确定进货量。

①常年生产、季节销售的备件，应掌握销售季节、季前多进、季中少进、季末补进。

②季节生产、常年销售的备件，要掌握销售季节，按照企业常年销售情况，进全进足，并注意在销售过程中随时补进。

③新产品和新经营的备件，应根据市场需要，少进试销、宣传促销、以销促进、力求打开销路。

④对于将要淘汰的车型备件，应少量多样、随销随进。

3）按照供货商的远近确定进货量。

本地进货，可以分批次，每次少进、勤进；外地进货，适销备件多进，适当储备。要坚持"四为主，一适当"的原则，四为主：即本地区紧缺备件为主，具有知名度的传统备件为主，新产品为主，名优产品为主；一适当：即品种要丰富，数量要适当。

4）按照进货周期确定进货量。

每批次进货能够保证多长时间的销售，这就是一个进货周期，进货周期也是每批次进货的间隔时间。

进货周期的确定，要考虑以下因素：备件销售量的大小、备件种类的多少、距离供货商的远近、备件运输的难易程度、货源供应是否正常以及企业存储保管备件的条件等。确定合理的进货周期,要坚持以销定进、勤进快销的原则,使每次进货量适当。既要加速资金周转,又要保证销售正常进行;既要保证备件销售的正常需要,又不使备件库存过大。

（2）定量分析法

定量分析法有经济批量法和费用平衡法两种。

1）经济批量法。

采购汽车备件既要支付采购费用,又要支付保管费（存储费）用。采购批量越小,采购的次数就越多,那么采购费用支出也越多,而保管的费用就越小。由此可以看出,采购批量与采购费用成反比,与保管费用成正比,运用这一原理可以用经济进货批量来控制进货批量。所谓经济进货批量是指在一定时期内在进货总量不变的前提下,求得每批次进货多少才能使进货费用和保管费用之和（即总费用）减少到最小限度。

在实际运用中,经济批量法可细分为列表法、图示法和公式法。三种方法各有其优点,在分析中可按实际需要选用或交替使用。

举例说明：设某备件企业全年需购进某种备件 8 000 件,每次进货费用为 20 元,单位备件年平均存储费用为 0.5 元,求该汽车备件的经济进货批量是多少？现分别采用上述三种方法计算。

①列表法。从表 2-1 中可以看出,如果全年进货 10 次（批）,每次进货 800 件,全年总费用最低为 400 元。就是说等分为 10 批购进,那年需要的该种备件费用是最省的,这就是最经济的进货批量。

表 2-1 经济进货批量计算表

年进货次数/次 A	每次进货数量/件 B	平均库存数量/件 $C = B \div 2$	进货费用/元 $D = A \times 20$	存储费用/元 $E = C \times 0.5$	年总费用/元 $F = D + E$
1	8 000	4 000	20	2 000	2 020
2	4 000	2 000	40	1 000	1 040
4	2 000	1 000	80	500	580
5	1 600	800	100	400	500
8	1 000	500	160	250	410
10	800	400	200	200	400
16	500	250	320	125	425
20	400	200	400	100	500
25	320	160	500	80	580
40	200	100	800	50	850

注：设每次进货后均衡出售,故平均库存数量 = 每次进货批量 ÷ 2。

列表法的优点是可以从数据上反映分析的过程,但列表和计算较为烦琐。

②图示法（曲线求解法）。按表 2-1 所列数据,可画出几条线。一条是进货批量和存储费用成正比关系的曲线 A,另一条是进货批量和进货费用成反比关系的曲线 B,A 与 B 相

交于 D 处，A、B 线上相应各点的纵坐标相加，连成曲线。即得出曲线 F，F 为总费用曲线，如图 2-3 所示。

从右图中不难看出，P 点为最低费用点，这一点处于 A、B 交点 D 的正上方。由于 $NP=ND+DP$，同时 $NP=2ND$，说明总费用为最低时，进货费用与存储费用必然相等，P 点的横坐标就是经济进货批量点 800 件，与列表法所得结论相同。

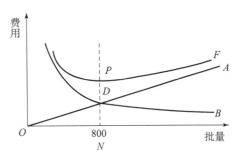

图 2-3 进货量控制的图示法

图示法的优点是比较直观，但仍需要以列表计算的数据作为基础。

③公式法。这种方法是通过建立数学模型来计算经济进货批量。

设：Q——每次进货批量（经济批量）；

R——某种备件年进货量；

K——每次进货的进货费用；

H——单位汽车备件年平均存储费用。

则：年进货次数为 R/Q。

每批进货后均衡出售，故平均库存数量为 $Q/2$。

从表 2-1 中可以看出，在进货费用与存储费用接近或相等时的进货总费用最低，可用公式表示为

$$\frac{R}{Q}K = \frac{Q}{2}H \tag{2-1}$$

移项整理得

$$Q^2 = \frac{2RK}{H} \tag{2-2}$$

即

$$Q = \sqrt{\frac{2RK}{H}}$$

以上就是最经济合理的进货批量计算公式。将表 2-1 所列数据代入上述公式，得

$$Q = \sqrt{\frac{2RK}{H}} = \sqrt{\frac{2 \times 8\,000 \times 20}{0.5}} = 800（件）$$

即最经济合理的进货批量为 800 件。

最佳进货次数 $= R/Q = 8\,000/800 = 10$（次）

最低年总费用 $= R/Q \times K + Q/2 \times H = 10 \times 20 + 400 \times 0.5 = 400$（元）

由计算结果可知，全年进货 10 次（批），每次进货 800 件。全年最低的总费用为 400 元。这是最经济的进货批量，与列表法所得结论相同。

公式法计算简捷，可以直接得出分析的结果，但不能反映分析的过程。

2）费用平衡法。

费用平衡法是以进货费用为依据，将存储费用累积和进货费用比较，当存储费用累积接近但不大于进货费用时，便可确定其经济进货批量。

存储费用 = 销售量 × 单价 × 存储费用率 ×（周期数 − 1）

由于第一周期购进备件时，不发生存储费用，因此上式中的周期数应减1。

例：某种备件预计第一到第五周期的销售量各为50、60、70、80、70，单价为12元，进货费用为65元，每周期的存储费用率为2.5%，求经济进货量Q。

第一周期：销售量为50，存储费用为0（元），存储费用累积为0（元）；

第二周期：销售量为60，存储费用 = $60 \times 12 \times 2.5\% \times 1$ = 18（元），存储费用累积为18 + 0 = 18（元）；

第三周期：销售量为70，存储费用 = $70 \times 12 \times 2.5\% \times 2$ = 42（元），存储费用累积为18 + 42 = 60（元）；

第四周期：销售量为80，存储费用 = $80 \times 12 \times 2.5\% \times 3$ = 72（元），存储费用累积为60 + 72 = 132（元）；

第五周期：销售量为70，存储费用 = $70 \times 12 \times 2.5\% \times 4$ = 84（元），存储费用累积为132 + 84 = 216（元）。

由此可见，第三周期存储费用累积60元，最接近并小于进货费用65元。所以，可将第一周期到第三周期销售量之和（50 + 60 + 70）作为一次进货批量，那么，本期的经济进货批量就是180。

 实施与考核

一、技能学习

备件采购需求分析对于企业控制成本有十分重要的意义，其主要任务是确定生产经营的备件需求量及备件储备量，以便以此为基础制订备件采购计划。对于不同的备件应根据不同的流通等级确定其需求量和储备量，既要保证满足企业生产经营需求，又要合理地控制好备件的库存量。

1. 看板

看板方式就是一种可视的拉动系统，能够方便地在正好对某个物品发生需求的时候传递信息。当流程工作站之间无法实现连续流动时，需要我们用看板和超市的模式实现拉动式生产。

在实际的生产活动中，看板可以多种形式存在，如卡片、盘子、盒子、信号灯、地上的记号等。而诸多形式当中，看板卡结合看板所构成的看板系统，因其适用面广和灵活性强的特点，在实际中应用最为广泛。企业不论是与上游供应商之间，还是与下游客户之间都可以通过建立看板作为采购和出货（交运）的授权进行物流管理，从而使整个价值流能够有序地以同一个拉动节奏稳步进行，确保最小的库存和最稳定的生产过程。

2. 看板信息

一个典型的看板应该包括的信息有：

1）什么：即看板所授权生产或移动什么部品（物料）；

2）数量：即看板授权单次生产或移动的部品（物料）的数量是多少；

3）取自：即从哪个工位或超市得到看板所授权生产或移动的部品；

4）送至：即看板授权生产或移动什么部品的需求工位或超市。

3. 备件采购订单控制看板示例

备件订货进度管理看板见表2-2。

表2-2 备件订货进度管理看板

序号	车牌号	车型	备件名称	备件编号	订货日期	预计到货日期	到货日期	订货人	备注

备件管理看板的管理流程，见表2-3。

表2-3 备件管理看板的管理流程

步骤顺序	步骤流程	信息来源			责任人
		前台接待	维修车间	备件库房	
1	用户预约维修：库房库存不足	服务顾问			备件经理
	车间维修：增项维修中缺少备件		维修工		备件经理
	用户直接到站问询，发现缺件	服务顾问		备件库管员	备件经理
2	订购备件，确定预计到货时间			备件库管员	备件经理
	其他服务站协调购买			备件库管员	备件经理
	经销商处协调借用				备件经理
3	到货通知，确认用户到站时间			备件库管员	备件经理
	维修更换		维修工		备件经理
4	跟踪确认	服务顾问			备件经理
	更新信息			备件库管员	备件经理

二、任务实施与考核

1）4~5名学生自由组合为一个小组，分别扮演备件经理、备件库管员、维修工及服务顾问，模拟备件部门制订备件采购计划，设计备件订购看板。在熟练掌握上述知识与技能的前提下，要求至少计划采购10种备件，完成相应工作单。

2）学生根据预先设定的备件采购计划，制作备件订货看板。教师根据完成的情况填写考核表。技能学习工作单见表2-4。

表 2-4 技能学习工作单

实训项目：__汽车备件采购计划__

班级		学号		姓名	

请描述你采购的 10 种备件名称，说明采购原因。

1 _____
2 _____
3 _____
4 _____
5 _____
6 _____
7 _____
8 _____
9 _____
10 _____

制作备件订货看板（添加附表）

自我评价（个人技能掌握程度）：□非常熟练　□比较熟练　□一般熟练　□不熟练

教师评语：（包括工作单填写情况、语言表达、态度及沟通技巧等方面，并按等级制给出成绩）

实训记录成绩_____　　　教师签字：_____　　　_____年___月___日

教师考核记录表见表 2-5。

表 2-5 教师考核记录表

实训项目：__汽车备件采购计划__

班级		学号		姓名	
项目		工作表现		分值	评分
与客户沟通情况				10	
工作态度				10	
工作单填写情况				30（工作单成绩折算）	

续表

备件认知情况		40	
是否自主学习查阅相关资料		10	
总分			
		教师签字： _____年___月___日	

任务二　备件质量鉴别

学习目标

①掌握备件货源质量鉴别的方法；
②掌握基本的备件质量鉴别方法。

任务分析

备件采购过程中，即便是选择优质的货源也可能出现所采购的备件质量不合格的情况，这就使得备件质量的鉴别变得十分重要。劣质的备件往往给企业带来客户流失、经济损失和声誉损失。如因为制动踏板的质量问题导致丰田公司全球召回数千万辆汽车，造成巨大的经济损失。

相关知识

一、备件货源质量鉴别

汽车备件货源质量的鉴别很重要，直接影响服务质量和客户的满意度及维修水平。备件采购过程中，即便是从货源采购也可能出现备件质量问题，所以在选定供应商之后，日常采购过程中还需要对货源进行有效的鉴别，以区分纯正备件和假冒伪劣备件，杜绝劣质备件进入企业。

1. 货源质量鉴别的常用工具

汽车备件质量的优劣，关系到消费者的利益和销售企业的商业信誉及维修企业维修水平的发挥。但备件产品涉及范围广，要对全部备件做出正确和科学的质量结论，所需的全部测试手段是中、小型汽配企业难以做到的。

企业可以根据实际情况，添置必备的技术资料，如所经营主要车型的图纸、汽车备件目录、汽车电子备件目录和质量保证书、使用维护说明书及各类汽车技术标准等，这些资料都是检验工作的依据。企业购置一些通用检测仪表和通用量具，如游标卡尺、千分尺、百分表、千分表、量块、平板、粗糙度比较块、硬度计、汽车万用表等，以具有一定的检测能力。

2. 汽车备件质量的鉴别方法

采购汽车备件要注意多"看"：看文件资料，看零件表面（或材料）的加工精度、热处理、颜色等。注意查看汽车备件的产品说明书及备件目录，产品说明书是生产厂家进一步向用户宣传产品，为用户做某些提示，帮助用户正确使用产品的资料。通过产品说明书，可增强用户对产品的信任感。一般来说，每个备件都应配一份产品说明书（有的厂家配用户须知）。电子备件目录是帮助专业人员用计算机管理系统快速准确查询或检索备件的图号、名称、数量及装配位置、立体形状、价格等的技术资料。书本备件目录是人工检索汽车备件的常备工具。

二、备件货源产品的分类检验

为了提高工作效率和达到择优进货的目的，可以把不同货源的产品分成几种不同的检验类型。

主机厂和名牌质量信得过的产品基本免检。车辆主机厂和名牌备件厂的货源质量较高，一般能够保证所供备件的质量，为了提高工作效率可以对这些货源免除质量检验，只进行备件数量、型号、规格的查验。另外，为了避免遇到假冒产品，应做到对这些厂家的产品十分了解，大宗进货时应进行抽样检查。在条件允许的情况下，最好定期抽检。

对长期合作的货源采取关键参数检验鉴别方法。多年多批进货，经长期使用发现存在某些质量问题的产品，可采用抽检几项关键参数项目的方法，以检查其质量稳定性。

对新货源、新备件应按规定全面检验。以前未采购过的新货源备件，按标准规定的数量抽检，在技术项目上尽可能做到全检，以求对其质量得出一个全面的结论，作为今后进货的参考。

对此前用户个别换货、少量或批量退货的货源，应尽可能采取全检，并对不合格部位重点检验的办法。若依旧发现备件质量问题，应及时进行合同索赔，并调整采购货源，不再采购该货源的备件产品。

对一些备件质量差、商业信誉低的货源，尽可能不采购其备件产品。如确需进货，备件质量检验时一定要严格把关，严格检验备件的各项参数。

实施与考核

一、技能学习

1. 普通备件鉴别

假冒备件是仿造原厂正品的备件，在标识、包装等细节上也尽可能地仿冒，因此很容易混淆视听。由于假冒品低价低质的本质，在感官上不可能做得与正品一样，因此第一步就是通过这些方面来进行辨认。在货源鉴别过程中最好能够准备好纯正备件用以对比观察。

1）看包装。从包装上识别假冒伪劣备件并不容易，因为高明的造假者往往能以假乱真，而且产品种类层出不穷。但是，如果仔细观察，还是可以对低劣假冒备件加以分辨。一般来说，原厂备件包装比较规范，统一标准规格，包装盒上字迹清晰，套印色彩鲜明，标有产品名称、规格型号、数量、注册商标、厂名、厂址以及电话号码等，有合格证和检验员章，有的厂家还在备件上打出自己的标记。一些重要部件和总成类，如汽油泵、起动机、发电机等，出厂时一般带有说明书、合格证，以指导用户安装、使用以及维修，若无这些多为假冒伪劣产品。

2）看外表。合格的备件表面，印字或铸字及标记清晰正规，既有一定的精度又有较亮

的光洁度,越是重要的备件,精度越高,包装防锈防腐越严格。选购时若发现备件有锈蚀斑点,橡胶件龟裂、失去弹性,或轴颈表面有明显车刀纹路,应予退换,还要注意备件几何尺寸有无变形。有些备件因制造、运输、存放不当而变形。

3)看材料。正宗产品的材料是按设计要求采用优质材料,而伪劣产品多用廉价低劣材料。汽车备件在存放中,由于材料本身材质、存储环境、存储时间等原因,容易引起干裂、氧化、变色、老化等现象。如果经销商售卖的备件上有锈蚀斑点,橡胶件出现龟裂、老化等现象,接合处有脱焊、脱胶现象,这样的备件多半有问题,要谨慎购买。

4)看油漆面。不法商人将废旧备件经简单加工,如拆、装、拼、凑、刷漆等处理,再冒充合格品出售,拨开表面油漆后则能发现旧漆。

5)看表面处理工艺。低劣产品外观有时虽然不错,但由于制作工艺差或故意缺漏工艺工序,其机械性能下降,容易出现裂纹、砂孔、夹渣、毛刺或碰伤。如气缸垫挤压变形时,使用过程中容易引起密封不严而烧蚀,导致漏油、漏气和漏水等现象。不同的表面处理有不同的工艺痕迹、不同的功用和不同的机械性能。所谓表面处理工艺,即镀锌工艺、油漆工艺、电焊工艺、高频热处理工艺、激光、喷丸、电刷度、热熔等表面处理工艺。常见的表面处理工艺如下:

①镀锌工艺。汽车备件的表面处理,镀锌工艺占的比重比较大。一般铸铁件、锻造件、铸钢件、冷热板材冲压件等大都采用表面镀锌。质量不过关的镀锌,表面一致性很差;镀锌工艺过关的,表面一致性好,而且批量之间一致性也没有变化,有持续稳定性。比较容易分辨真伪优劣。

②油漆工艺。现在一般都采用电浸漆、静电喷漆,有的还采用真空或高级静电漆房喷漆。采用先进工艺生产的零部件表面,与陈旧落后工艺生产出的零部件表面有很大差异。目测时可以看出,前者表面细腻、光泽色质鲜明;后者则色泽暗淡、无光亮,表面有气泡等现象,手感粗糙,有沙砾感觉,相比之下真假容易分辨。

③电焊工艺。在汽车备件中,如减震器、钢圈、前后桥、车架及车身等都有焊接工艺,专业化程度很高的汽车生产配套厂,它们的焊接工艺技术大都采用智能化或自动化焊接,能定量、定温、定速,有的还使用低温焊接法等先进工艺。产品焊缝整齐、厚度均匀,表面无波纹、直线性好,即使是点焊,焊距也很规则,手动焊接方式是无法做到的。

④高频热处理工艺。汽车备件产品经过精加工后才能进行高频淬火处理,因此淬火后各种颜色都原封不动地留在产品上。如汽车万向节、半轴内外球笼经淬火后,就有明显的黑色、青色、黄色和白色,其中白色面是受摩擦面,也是硬度最高的面。

⑤激光热处理工艺。激光热处理的表面有拉网状纹路,很明显。

汽车备件的表面处理是备件生产的后道工艺,不同的热处理方法有不同的表面情况。商品的后道工艺尤其是表面处理对技术和设备要求较高。制造假冒伪劣产品的货源,采取低投入掠夺式的短期经营行为,很少会在产品的后道工艺上投入技术和资金。

6)看非工作面的表面伤痕。从汽车备件非工作面的伤痕,可以分辨是正规厂生产的备件,还是非正规厂生产的备件。表面伤痕是在中间工艺环节由于备件相互碰撞留下的。优质的备件是靠先进科学的管理和工艺技术制造出来的。生产一个备件要经过几十道甚至上百道工序,而每道工序都要配备工艺装备,其中包括工序运输设备和工序安放的工位器具。高质量的备件有很高的工艺装备系数作保障,所以正规厂的备件是不可能在中间工艺过程中互相碰撞的。以此推断，凡在非工作面留下伤痕的备件，肯定是小厂、小作坊生产的劣质品。

7）看装配。由两个或两个以上零件组合成的备件，零件之间通过压装、胶接或焊接而成，不允许有松动现象。为保证备件的装配关系符合技术要求，一些正规零件表面刻有装配记号，比如正时齿轮记号、活塞顶部标记、液压阀箭头标记等装配标记，用来保证备件正确安装，若无记号或记号模糊则无法辨认，将给装配带来很大困难，甚至装错。

8）看缺漏。正规的总成部件必须齐全完好，才能保证顺利装车和正常运行。一些总成部件上有小零件漏装，则可能是"水货"，容易给装车造成困难。甚至可能因个别小零件短缺，造成整个总成部件报废。

9）看防护层。一般来说，为了便于保管，防止备件磕碰，大多数汽车备件出厂前都涂有防护层。如活塞销、轴瓦会涂有石蜡做保护；活塞环、缸套表面涂防锈油，并用包装纸包裹；气门、活塞等浸防锈油后用塑料袋封装或者用包装纸包裹。而假冒伪劣备件生产厂家由于生产工艺相对粗糙，通常不太注意一些细节上的处理，选购时若发现密封套破损、包装纸丢失，防锈油或石蜡流失，那么这些备件即便不是假冒伪劣备件，也是损坏备件，应谨慎购买。

10）看证件。一些重要备件，特别是总成类，比如高压油泵、起动机、发电机等，出厂时一般带有说明书、合格证，以指导用户安装、使用和维护。

11）看规格。大多数汽车备件都有规定的型号和技术参数。如选购电气设备时，应注意检查与被换备件的电压（12 V 或 24 V）、功率等参数及接口是否一致。规格型号是否符合使用要求。选购汽车备件时要查明其主要技术参数，特殊技术要求应符合使用要求。虽然有些外观相差无几，但装配过程会产生问题，或留下人为的故障隐患。

12）看商标。要认真查看商标上面的厂名、厂址、等级和防伪标记是否真实。另外在备件制作上，正规的厂商在备件表面有硬印和化学印记，注明了备件的编号、型号、出厂日期，一般采用自动打印，字母排列整齐、字迹清楚，小厂和小作坊一般是做不到的。

2. 进口备件鉴别

由于众多进口汽车的车牌、车型繁杂，而某一具体车型的实际保有量又不多，因此，除正常渠道进口的备件外，各种赝品、"水货"也大量涌现，转卖伪劣汽车备件以牟取暴利的现象屡见不鲜。企业在备件采购过程中应了解并熟悉国外汽车备件市场中的配套件（OEM parts）、纯正件（genuine parts）、专厂件（replacement parts）的商标、包装、标记及相应的检测方法和数据，以保护好自身和消费者的正当权益。到货后，一般应"由外到内、由大包装到小包装、由外包装到内包装、由包装到产品标签、由标签到封签、由备件编号到实物、由外观质量到内在质量"逐项进行详细检查验收，具体操作如下。

1）看外部包装。一般原装进口备件的外部包装多为 7 层胶合板或选材较好、做工精细、封装牢固的木板箱，纸箱则质地细密、紧挺不易弯曲变形、封签完好；外表印有用英文注明的备件名称、备件编号、数量、备件商标、生产国别、公司名称，有的则在外包装箱上贴有反映上述数据的产品标签。

2）看内部包装。国外备件的内部包装（指每个备件的单个小包装盒），一般都用印有该公司商标图案的专用包装盒。

3）看产品标签。日本的日产、日野、三菱、五十铃等汽车公司的正品件都有"纯正部品"的标签，一般印有本公司商标及中英文的公司名称、英文或日文备件名称编号。而配套件、专厂件的备件的标签无"纯正部品"字样，但一般有用英文标明适用的发动机型号或车型、备件名称、数量及规格、公司名称、生产国别，同时，标签形状不限于长方形或正方形。

4）看包装封签。进口备件目前大多用印有本公司商标或检验合格字样的专用封签封口。如德国 ZF 公司的齿轮、同步器等备件的小包装盒的封签，日本大同金属公司的曲轴轴承的小包装盒的封签，日产公司纯正件的小包装盒封签，五十铃公司纯正件的小包装封签等。也有一些公司的备件小包装盒直接用标签作为小包装盒的封签，一举两得。

5）看内包装纸。德国奔驰汽车公司生产的金属备件一般用带防锈油的网状包装布进行包裹，而日本的日产、三菱、日野、五十铃等汽车公司的纯正件的内包装纸均印有本公司标志，并用一面带有防潮塑料薄膜的专用包装纸包裹备件。

6）看外观质量。从日本、德国等地进口的纯正件、配套件及专厂件，做工精细，铸铁或铸铝备件表面光滑，精密无毛刺，油漆均匀光亮，而假冒备件则铸造粗糙、喷漆不均匀、无光泽。真假两个备件在一起对比有明显差别。

7）看产品标记。原装进口汽车备件，一般都在备件上铸有或刻有本公司的商标和名称标记。

8）看备件编号。备件编号也是签订合同和备件验收的重要内容。各大专业生产厂都有本厂生产的备件与汽车厂备件编号的对应关系资料，备件编号一般都刻印或铸造在备件上（如德国奔驰纯正件）或标明在备件的标牌上，而假备件一般无刻印或铸造的备件编号。在备件验收时，应根据合同要求的备件编号或对应资料进行认真核对。

3. 用简单技术手段鉴别汽车备件质量

在利益驱使下，各种假冒伪劣汽车备件充斥市场，假冒的汽车备件与正宗的备件虽然在外观上相差不大，但在内在质量和性能上相差悬殊，车辆装用假冒伪劣备件后会给车主造成极大的损失。对一些从表面上无法确定质量状况的备件可以采用简单技术手段鉴别。利用一些简单的计量工具、标准的产品样，从备件的表面硬度是否合格、几何尺寸是否变形、总成部件是否缺件、转动是否灵活、装配标记是否清晰、胶接备件是否松动、配合表面有无磨损等方面通过测量、敲击、对比等方式确定备件质量。

（1）检视法

1）表面硬度是否达标。备件表面硬度都有规定的要求，在征得厂家同意后，可用钢锯条的断茬去试划（注意试划时不要划伤工作面）。划时打滑无划痕的，说明硬度高；划后稍有浅痕的说明硬度较高；划后有明显划痕的说明硬度低。

2）结合部位是否平整。备件在搬运、存放过程中，由于振动、磕碰，常会在结合部位产生毛刺、压痕、破损，影响备件使用，选购和检验时要特别注意。

3）几何尺寸有无变形。有些备件因制造、运输、存放不当而产生变形。检查时，可将轴类备件沿玻璃板滚动一圈，看备件与玻璃板贴合处有无漏光来判断是否弯曲。选购离合器从动盘钢片或摩擦片时，可将钢片、摩擦片举在眼前，观察其是否翘曲。选购油封时用手来回搓几下应乌黑发亮，没毛刺飞边，带骨架的油封端面应呈正圆形，能与平板玻璃贴合无翘曲；无骨架油封外缘应端正、无毛刺，用手搓乌黑发亮，用手握使其变形，松手后应能恢复原状。选购各类衬垫时，也应注意检查其几何尺寸及形状。

4）总成部件有无缺件。正规的总成部件必须齐全完好才能保证安装和运行。总成件上小零件的缺失，将影响总成的正常工作，甚至导致总成无法运转。

5）转动备件是否灵活。在检验机油泵等转动备件时，用手转动泵轴，应感到灵活、有吸力、无卡滞。检验滚动轴承时，一手支撑轴承内环，另一手打转外环，外环应能快速自如转动，无沙哑声，然后逐渐停转。若转动备件发卡、转动不灵，说明内部锈蚀或产生变形。

6）装配记号是否清晰。为保证配合件的装配关系符合要求，有些备件刻有装配记号，如正时齿轮。如果记号缺漏或记号模糊，将给装配带来困难，甚至无法完成正确装配，影响备件使用。

7）接合备件有无松动。由两个或两个以上的零件组合成的备件，零件之间是通过压装、胶接或焊接的，它们之间不允许有松动现象。如离合器从动毂与钢片是铆接结合的，摩擦片与钢片是铆接或胶接的，纸质滤清器滤芯骨架与滤纸是胶接而成的，电气设备中电气元件是焊接而成的。检验时，若发现松动应予以调换。

8）配合表面有无磨损。若备件配合表面有磨损痕迹，或涂漆备件拨开表面油漆后发现旧漆，则多为旧件、翻新件；当表面磨损、烧蚀，橡胶材料变质时，在目测看不清楚的情况下可借助放大镜观察。

（2）敲击法

判定大壳体和盘形铸件是否有裂纹、用铆钉连接的备件有无松动以及轴承合金与钢片的结合是否良好时，可用小锤轻轻敲击并听其声音。如发出清脆的金属声音，说明备件状况良好；如果发出的声音沙哑，可以判定备件有裂纹、松动或结合不良。浸油加锤击是一种探测备件隐蔽裂纹最简便的方法。检查时，先将备件浸入煤油或柴油中片刻，取出后将表面擦干，撒上一层白粉（滑石粉或石灰），然后用小锤轻轻敲击备件的非工作面，如果备件有裂纹，通过振动会使浸入裂纹的油渍溅出，裂纹处的白粉呈现黄色油迹，便可看出裂纹所在。

（3）比较法

用标准备件与被检备件做比较，从中鉴别被检备件的技术状况。如气门弹簧、离合器弹簧、制动主缸弹簧和轮缸弹簧等，可以用被检弹簧与同型号的标准弹簧比较长短，即可判断被检弹簧是否符合要求。

（4）试装法

这是检查配套件或技术配对件是否匹配、质量是否合格、是否拿错配套件的最好方法，如销售某销轴，就可用销轴套试装一下，从而杜绝拿错易混配套件。

（5）测量法

借助测量工具，用正确的方法测量备件几何尺寸，然后依据不同备件的尺寸标准，判断备件质量是否合格。

类似的备件检查项目还有很多，具体操作参照国家、行业和车辆生产企业的检查要求及标准实行。汽车备件的验收方法多种多样，各种手段需要综合运用，根据不同的备件采用不同的验收方法，并综合运用。

二、任务实施与考核

1）两名学生自由组合为一个小组，分别扮演备件采购员及备件管理员，模拟备件采购及检验现场，对所准备的汽车备件进行识别和质量检验。在熟练掌握上述知识与技能的前提下，完成相应工作单。

2）学生根据要求做好工作单的记录，填写《备件质量检验单》。教师根据完成的情况填写考核表。技能学习工作单见表 2-6。

表 2-6 技能学习工作单

实训项目：__备件质量检验__

班级		学号		姓名	

车型代码_____   检验位置_____
检验至少 5 种常见备件。
备件 1 名称_____所用车型_____检验方法_____检验结果_____
备件 2 名称_____所用车型_____检验方法_____检验结果_____
备件 3 名称_____所用车型_____检验方法_____检验结果_____
备件 4 名称_____所用车型_____检验方法_____检验结果_____
备件 5 名称_____所用车型_____检验方法_____检验结果_____

自我评价（个人技能掌握程度）：□非常熟练　　□比较熟练　　□一般熟练　　□不熟练

教师评语：（包括工作单填写情况、语言表达、态度及沟通技巧等方面，并按等级制给出成绩）

实训记录成绩_____   教师签字：_____   _____年___月___日

教师考核记录表见表 2-7。

表 2-7 教师考核记录表

实训项目：__备件质量检验__

班级		学号		姓名	
项目	工作表现		分值		评分
与客户沟通情况			10		
工作态度			10		
工作单填写情况			30（工作单成绩折算）		
备件认知情况			40		
是否自主学习查阅相关资料			10		
总分					

教师签字：
_____年___月___日

任务三 汽车备件采购

学习目标

①了解汽车备件采购原则；
②理解备件采购合同的内容和条款。

任务分析

汽车备件市场中生产汽车备件的企业良莠不齐，同一型号的备件有很多不同的厂家在生产和销售。在利益驱使下，汽车备件市场难免有假冒备件、劣质备件存在。劣质的汽车备件与正宗的备件虽然在外观上相差不大，但在内在质量和性能上差距悬殊，车辆使用假冒伪劣备件后会给车主造成极大的损失，轻者造成经济损失，重则危及行车安全，甚至造成交通事故。对备件供货商进行区别和筛选对于企业的经营十分重要。劣质的备件可能直接导致企业经济损失和客源的丢失。

企业所需备件在选择优质货源，确保备件质量之后就要进行采购程序。合理的采购形式和采购合同能够最大限度地降低企业采购成本、避免企业经济损失。

相关知识

一、备件货源选择

选择优质的货源可以从源头上杜绝劣质备件进入本企业。通常情况下信誉高、质量好的备件供应企业其备件货源质量也相对较高，所以企业在备件采购初期就要对供应商进行仔细筛选，选取优质的供应商，这样货源质量能够得到有效的保证。

货源选择主要依据价格和费用、备件质量、交付情况、服务水平等方面来判定。

1) 价格和费用。价格和费用的高低是选择供应商的一个重要标准，企业生产经营的直接目的就是追求经济效益。备件市场中存在固定价格、浮动价格和议价。在选择供应单位时，要考虑价格因素，同时还要考虑运输费用问题。价格和费用低能降低成本，增加企业利润。进行货源选择时要做到货比三家、价比三家择优选购。

2) 备件质量。有些货源提供的备件价格和费用虽低，但供应的备件质量较次。如交货迟缓、备件质量低劣，势必会严重影响企业车辆服务质量和企业信誉。由于备件质量达不到要求而影响修车质量，给用户带来损失，所以要选择质量可靠的货源备件或质量要求满足规定的货源备件。

3) 交付标准。交付情况是供应单位按合同所要求的交货期限和交货条件交货的情况，一般用合同兑现率来表示。交货及时、信誉好的供应单位，自然是选择的重点对象。

4) 服务水平。备件在生产、运输、使用过程中都可能出现质量问题。即便是优质的备件货源商在进行交易过程中仍难免出现质量瑕疵、供货延时等备件合同纠纷，选择信誉好、售后服务优的供应商有利于企业处理备件质量索赔问题。考虑供应单位可能提供的服务，如服务态度、方便用户措施和服务项目等。

汽车备件采购应遵循如下原则：

1）坚持数量、质量、规格、型号、价格综合考虑的购进原则，合理组织货源，保证备件满足用户的需要。

2）坚持依质论价、优质优价，合理确定备件采购价格的原则；坚持按需采购，以销定购的原则。

3）采购的备件必须加强质量的监督和检查，防止假冒伪劣备件进入企业，流入市场。在备件采购中，不能只重数量而忽视质量，只强调工厂"三包"而忽视备件质量的检查，对不符合质量标准的备件坚决不采购。

4）采购的备件必须有产品合格证及商标。实行生产认证制的产品，购进时必须附有生产许可证、产品技术标准和使用说明书。

5）采购的备件必须有完整的内、外包装，外包装必须有厂名、厂址、备件名称、规格型号、数量、出厂日期等标志。

6）要求供应单位按合同规定按时发货，以防应季不到或过季到货，造成备件缺货或积压。

7）对价值高的备件和需求量相对较小的备件必须落实好客户方可采购，如发动机总成、车架等。

二、备件采购渠道

汽车备件经营企业大都选择以优质名牌备件为主的进货渠道，但为了适应不同层次消费者的需求，也可以进一些非名牌厂家的备件。通常按照 A 类厂、B 类厂、C 类厂顺序选择进货渠道。

1）A 类厂是主机配套厂。这些厂知名度高，备件质量优，大都是名牌备件。这类厂应是进货的重点渠道。合同签订形式可以采取先订全年需要量的意向协议，以便于厂家安排生产，具体按每季度、每月签订供需合同，双方严格执行。

2）B 类厂生产规模和知名度不如 A 类厂，但生产的备件质量有保证，备件价格也比较适中。订货方法与 A 类厂不同，一般只签订较短期的供需合同。

3）C 类厂是一般生产厂，备件质量尚可，价格较前两类厂家低。这类厂的备件可作为进货中的补充。如需签订供合同，以短期合同为宜。

三、供货方式的选择

1）对于需求量大、销量稳定、任务稳定的主要备件，应当选择定点供应、直达供货的方式。

2）对需求量大，但销量不稳定或一次性需要的备件，应当采用与生产厂签订合同直达供货的方式，以减少中转环节，加速备件周转。

3）对需求量在订货限额或发货限额以下的备件，宜采取由备件供销企业的门市部直接供货的方式，以减少库存积压。

4）对需求量少、货源近的备件，可由产需双方建立供需关系，由生产厂家按协议供货。

四、采购方式的选择

汽车服务企业在组织采购时,要根据企业的类型、各类汽车备件的采购渠道,以及汽车备件的不同特点,合理安排组织采购。汽车备件零售企业的采购方式一般有如下几种。

1. 现货与期货

现货购买灵活性大,能适应需要的变化情况,有利于加速资金周转。但对需求量较大而且消耗规律明显的备件,宜采用期货形式,签订期货合同。

2. 一家采购与多家采购

一家采购指对某种备件的购买集中于一个供应单位,有利于采购备件质量稳定,规格对路,费用低,但无法与他家比较,机动性小。多家采购是将同一订购备件分别从两个以上的供应单位订购,通过比较可以有较大的选择余地。

3. 向生产厂购买与向供销企业购买

这是对同一种备件既有生产厂自产自销又有供销企业经营的情况所做的选择。一般情况下,向生产厂购买时价格较为便宜,产需直接挂钩可满足特殊要求。供销企业因网点分布广,有利于就近及时供应,尤其是外地采购和小量零星用料从备件门市部购买更为合适。

4. 成立联合采购体,降低备件采购成本

联合采购就是几个备件零售企业联合派出人员,统一向汽车备件生产单位或到外地组织采购,然后给这几个备件零售企业分销,这样能够相互协作、节省人力、凑零为整、拆零分销、有利于组织运输。

5. 电子采购

电子采购也称为网上采购,具有费用低、效率高、速度快、业务操作简单、对外联系范围宽等特点,是当前最具发展潜力的企业管理工具之一。

6. 招标采购

招标采购是在众多的供应商中选择最佳供应商的有效办法,适合大量、大规模采购。体现了公平、公开和公正的原则,可能以更低的价格采购到所需的备件,更充分地获取市场利益。

7. 即时制采购

即时制采购是在恰当的时间、恰当的地点,以恰当的数量、优质的质量采购恰当的备件,如按季节采购备件。

五、备件的采购合同

1. 签订采购合同应遵循的原则

常见的关于汽车备件的合同有买卖合同、运输合同、保险合同等。其中最主要的是汽车备件买卖合同,即采购合同。在与备件供货商进行交易时,应当与供货商签订书面采购合同,采购合同是供需双方的法律依据,应是当事人双方真实意思的体现,因此,签订合同必须贯彻"平等互利、协商一致、等价有偿、诚实信用"的原则。合同依法成立后,当事人之间法律地位是平等的，权利和义务也是对等的。任何一方不得以大压小、以强凌弱、以上压下。经济合同必须建立在真实、自愿、平等互利、等价有偿的基础之上。国家法律不允许签订有损于对方合法权益的"不平等条约"或"霸王条款"。一切违背平等互利、协商一致、等价有偿、诚实信用原则的，都应确认为全部无效或部分无效的经济合同。

2. 汽车备件采购合同的关键条款

合同是约束双方的权利与义务的法律文书，合同的内容要简明、文字要清晰、字意要确切。有关备件的品种、型号、规格、单价、数量、交货时间、交货地点、交货方式、质量要求、验收条件、付款方式、双方职责、权利都要明确规定。签订进口备件合同时，更要注意这方面的问题，特别是备件的型号、规格、生产年份、备件编号等不能有一字差别。近几年生产的进口车，可利用标志码来寻找备件编号。此外，在价格上也要标明是何种价格，如离岸价、到岸价等，否则会导致不必要的损失。

为避免在执行合同时出现争议，在采购合同中必须写明一些关键性的条款。具体有以下几条：

1）汽车备件的品名、品牌、规格、型号（也称为"标的"）是合同当事人双方的权利和义务共同指向的对象。

2）汽车备件的数量和质量。

在确定汽车备件的数量时，应考虑汽车备件常见的包装规范，一般以个、件、付、千克等计算；质量是合同的主要内容，一般指型号、等级等。

3）汽车备件的价格、合同价款。

价格是指汽车备件的单件（位）价格，合同价款是指合同涉及汽车备件的总金额。

4）履行的期限、地点和方式。

履行期限是指当事人各方依照合同规定全面完成自己合同的时间。履行地点是指当事人依照合同规定完成自己的合同义务所处的场所。履行方式是指当事人完成合同义务的方法。

5）违约责任。

违约责任是指合同当事人因过错而不履行或不完全履行合同时应承受的经济制裁，如偿付违约金、赔偿金等。

此外，根据法律规定，以及当事人一方要求必须规定的条款，也是买卖合同的主要条款。

3. 签订备件采购合同时应注意的问题

备件采购合同依法成立之后即具有法律效力。当事人必须对合同中的权利和义务负责，必须承担由此引起的一切法律后果。因此在签订经济合同时一定要慎重、认真，不可马虎、草率从事。签订合同时应注意以下几个方面的问题。

1）尽可能了解对方。

为了慎重签订经济合同，使合同稳妥可靠，应该尽可能了解对方，知己知彼。了解对方，虽然不是签订经济合同的法定程序，但是根据实践经验来看是非常必要的。在签订合同以前，应该了解对方以下几个问题：第一，了解对方是否具有签订经济合同的主体资格；第二，合同主体是否具有权利能力和行为能力，是否具备履行合同的条件；第三，法定代理人签订合同是否具有合法的身份证明，代理人签订合同是否具有委托证明；第四，代签合同单位是否具有委托单位的委托证明等。只有了解对方，才能心中有数，合同才能稳妥可靠。

2）遵守国家法律法规的要求。

3）合同的主要条款必须齐备。

经济合同必须具备明确、具体、齐备的条款。文字表达必须清楚、准确，切不可用含混不清、模棱两可和一语双关的词汇，语言简练、标点正确，产生笔误不得擅自涂改。

4）明确双方违约责任。

合同的违约责任，是合同内容的核心，是合同法律效力的具体表现。当事人双方必须根据法律规定或双方约定，明确各自的违约责任。合同的违约责任规定得不明确或没有违约责任，合同就失去了约束力，不利于加强双方责任心，不利于严肃地、全面地履行合同；在发生合同纠纷时，缺少解决纠纷的依据。因此，当事人应该自觉地接受法律监督，明确规定各自的违约责任。

5）合同的变更与解除。

经济合同依法成立后，即具有法律效力，任何一方不得擅自变更或解除。但是，在一定条件下，当事人在订立经济合同后，可通过协商或自然地变更或解除合同。

实施与考核

一、技能学习

备件采购合同格式如下：

汽车备件购货合同

于_____年____月____日，_____有限公司（以下简称甲方），_____有限公司（以下简称乙方），鉴于甲方同意出售，乙方同意购买_____（以下简称合同货物），其合同货物的质量、性能、数量经双方确认，并签署本合同。其条款如下：

1）合同货物_____。

2）数量_____。

3）原产地_____。

4）价格_____。

5）装船：第一次装船应于接到信用证后_____天至_____天内予以办理。从第一次装船，递增至终了，应在一个月内完成。

6）优惠期限：为了履行合同，若最后一次装船时发生延迟，甲方提出凭证，乙方向甲方提供_____天的优惠期限。

7）保险：由乙方办理。

8）包装：用新牛皮纸袋装，每袋为_____千克；或用木箱装，每箱为_____千克。予以免费包装。

9）付款条件：签订合同后____天（公历日）内乙方通过开证行开出以甲方为受益人，经确认的、全部金额100%的、不可撤销的、可分割的、可转让的、允许分期装船的信用证，见票即付并出示下列证件：

①全套甲方商业发票；

②全套清洁、不记名、背书提单；

③质量、重量检验证明。

10）装船通知：乙方至少在货船到达装货港的_____天前，将货船到达的时间用电传通知甲方。

11）保证金。

①通知银行收到乙方开具的不可撤销的信用证时，甲方必须开具信用证____%金额的保证金。

②合同货物装船和交货后，保证金将原数退回给甲方。若出于任何原因（本合同规定的第12条除外），发生无法交货（全部或部分），按数量比例将保证金予以没收作为违约金支付给乙方。

③若由于乙方违约或乙方不在本合同第9条规定的时间内（第12条规定除外），开具以甲方为受益人的信用证，必须按保证金相同的金额付给甲方。

④开具的信用证必须满足合同所规定的条款内容。信用证所列条件应准确、公道，甲方能予以承兑。通知银行收到信用证后，应给开证银行提供保证金。

12）不可抗力：甲方或乙方均不承担由于不可抗力的任何原因所造成的无法交货或违约，不可抗力的任何原因包括战争、封锁、冲突、叛乱、罢工、雇主停工、内乱、骚动、政府对进出口的限制、暴动、严重火灾或水灾或人们所不能控制的自然因素。交货或装船时间可能出现延迟，乙方或甲方应提出证明说明实情。

13）仲裁：因执行本合同所发生的一切争执和分歧，双方应通过友好协商方式解决。若经协商不能达成协议时，则提交仲裁解决。仲裁交由仲裁委员会，按其法规裁决。仲裁委员会的裁决，对双方均有约束力。仲裁费用应由败诉方承担。除进行仲裁的那部分外，在仲裁进行的同时，双方应继续执行合同的其余部分。对仲裁结果不服者可到法院诉讼解决。

14）货币贬值：若美元货币发生法定贬值，甲方保留按贬值比率对合同价格予以调整的法定权力。

15）有效期限：本合同签字后，在一天内乙方不能开出以甲方为受益人的信用证，本合同将自动失效。但乙方仍然对第11）条中第②项、第③项规定的内容负责，支付予以补漏。

本合同一式两份，经双方认真审阅并遵守其规定的全部条款，在公证人出席下双方签字。

甲　　方：_____

乙　　方：_____

公证人：_____

二、任务实施与考核

1）两名学生自由组合为一个小组，分别互相扮演供货商与备件采购员，模拟业务接待洽谈现场，对指定部分备件进行采购操作。在充分掌握上述知识与技能的前提下，完成相应的供货合同。

2）学生根据业务洽谈的工作单记录，填写《汽车备件采购合同》。教师根据完成的情况填写考核表。技能学习工作单见表2-8。

表2-8 技能学习工作单

实训项目：__汽车备件采购合同__

班级		学号		姓名	

于_____年_____月_____日，_____有限公司（以下简称甲方），_____有限公司（以下简称乙方），鉴于甲方同意出售，乙方同意购买（以下简称合同货物），其合同货物的质量、性能、数量经双方确认，并签署本合同。其条款如下：
（1）合同货物_____
（2）数量_____。
（3）原产地_____。
（4）价格_____。
（5）运输方式_____。
（6）优惠期限：为了履行合同，若最后一次发货时发生延迟，甲方提出凭证，乙方向甲方提供_____天的优惠期限。
（7）保险：由乙方办理。
（8）包装：_____。予以免费包装。
（9）付款条件：签订合同后____天（公历日）内乙方通过开证行开出以甲方为受益人，经确认的、全部金额100%的、不可撤销的、可分割的、可转让的、允许分期装船的信用证，见票即付并出示下列证件：
①全套甲方商业发票；
②全套清洁、不记名、背书提单；
③质量、重量检验证明。
（10）发货要求：_____。
（11）其他：_____
_____
_____

自我评价（个人技能掌握程度）：□非常熟练 □比较熟练 □一般熟练 □不熟练

教师评语：（包括工作单填写情况、语言表达、态度及沟通技巧等方面，并按等级制给出成绩）

实训记录成绩_____ 教师签字：_____ _____年___月___日

教师考核记录表见表2-9。

表2-9 教师考核记录表

实训项目：__汽车备件采购合同__

班级		学号		姓名	
项目	工作表现			分值	评分
与客户沟通情况				10	
工作态度				10	

续表

工作单填写情况		30（工作单成绩折算）	
备件认知情况		40	
是否自主学习查阅相关资料		10	
总分			
		教师签字： _____年___月___日	

思考与练习

一、选择题

1. 当从客户处获得备件订单时，什么是最重要的信息？（　　）

　　A. 客户编号　　　　　　B. 客户预算　　　　　　C. VIN 码

2. 备件采购追求的目标是（　　）。

　　A. 良性库存　　　　　　B. 最大库存　　　　　　C. 零库存

3. （　　）是否合理，对资金周转和经济效益起着决定性的作用。

　　A. 采购计划制订　　　　B. 库存量分析　　　　　C. 需求量分析

4. 降低库存资金占有量与提高（　　）是一对矛盾。

　　A. 备件供货率　　　　　B. 备件种类　　　　　　C. 备件需求量

5. 备件需求信息首先来自（　　），分析零件的销售历史、销售趋势以及仓库的库存状态。

　　A. 销售报表　　　　　　B. 库存台账　　　　　　C. 销售订单

6. （　　）类配套厂知名度高，备件质量优，大都是名牌备件。这类厂应是进货的重点渠道。

　　A. A 类厂　　　　　　　B. B 类厂　　　　　　　C. C 类厂

7. 采购的备件必须有产品（　　）及商标。实行生产认证制的产品，购进时必须附有（　　）、产品技术标准和使用说明书。

　　A. 合格证　许可证　　　B. 许可证　合格证　　　C. 三包证　许可证

8. （　　）的备件必须有完整的内、外包装，外包装必须有厂名、厂址、产品名称、规格型号、数量、出厂日期等标志。

　　A. 出库　　　　　　　　B. 采购　　　　　　　　C. 入库

二、填空题

1. 备件订货员制订订货计划，下订单之前必须对各备件现有的（　　）情况、（　　）情况有足够的了解。

2. 备件编号一般由 10 位的（　　）和 3~4 位的（　　）组成。

3. 进货量的控制方法有（　　）和（　　）。

4. 备件的采购方式有（　　）、（　　）、（　　）、（　　）等方式。

5. 目前汽车备件经营企业选择进货时间大多采用进货点法。进货点是指（　　）乘以（　　）。

6. 备件订单分为（　　）订单和（　　）订单。

7. （　　）是以最合理的库存最大限度地满足用户的需求。

8. 备件采购需求分析的主要任务是确定企业生产经营的（　　）及（　　），并以此为基础制订备件采购计划。

9. 备件市场中存在（　　）价格、（　　）价格和议价。

10. 交付情况是供应单位按合同所要求的交货（　　）和交货（　　）交货的情况，一般用合同兑现率来表示。

三、简答题

1. 汽车备件的订货流程有哪些？
2. 从客户处获得订单需要哪些信息？
3. 填写备件订购销售卡时需要填写什么内容？
4. 使用订单控制板的填写内容有哪些？
5. 进行备件出库后，更新库存记录的目的是什么？
6. 拟订采购计划主要从哪些方面考虑？
7. 汽车备件质量鉴别的基本方法有哪些？
8. 简述在选择运输方式时应考虑的一般因素。
9. 专营店制订备件订货计划时，应综合考虑哪些因素？

项目三

汽车备件存储管理

任务一 备件仓库规划

学习目标

① 了解仓库的用途及功能；
② 能够利用有限的空间提高存放率；
③ 能够创造最佳的条件提高收发效率。

任务分析

汽车备件仓库是存放、保管、存储备件的建筑物或场所的总称，其功能主要是存放和保管备件。现代物流的发展，推动了立体仓库的发展。当节约成本、提高效率这些现代化的管理理念成为管理者的首要考虑因素时，合理选址、建立仓库，分析库存备件结构、合理规划仓库，有效地利用仓库空间、提高仓库的适用容积，根据库存规模选择仓储设备系统等都被提到了重要的地位。

相关知识

一、汽车备件仓储基础知识

仓储的含义是仓库和库存。仓库可以是房屋建筑物，也可以是大型容器以及特定场地等。它具有收存、保护、管理、及时交付使用的功能，如图 3-1 所示为仓储运作流程图。当货物不能即时消耗掉，需要专门的场所存储，就称为静态存储；如果为了用户的需求将货物存储、保管、控制，根据需求及时出货、订货、收货，循环进行，这种操作就称为动态存储。汽车备件采用的就是动态存储模式。为了用户的需求，仓库中所存储的备件要确保无损耗、无变质、无事故性损坏以及安全无丢失。

1. 仓储的功能

仓储是循环管理链中的一个环节，它的价值主要体现在以下几个方面。

（1）基本功能

仓储将入库备件进行有序存储、分类保管、按需发放作业，这种基础作业方式，是仓储所具有的最基本功能。其中，存储和保管是仓库最基础的功能。通过基础作业，使备件得到

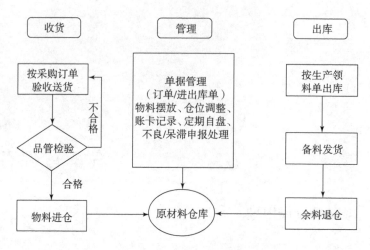

图 3-1 仓储运作流程图

了有效的存储处理,用户可及时得到所需的备件;可确保备件在出库使用前的完好性;可为备件再次流通提供保障。

(2) 增值功能

仓储的价值是通过基本功能的实现而获取的适当利益,这是经营商的目的之一。增值功能是指通过仓储高质量的管理、规范的作业和优质的服务,供需双方所获取的适当利益,也称为附加增值。表现方式如下:

1) 提高客户的满意度。

在用户需要备件时,随时出售库存备件,做到及时供货,不但供需双方都得到了利益,还提高了客户满意度;不但增加了客户的购买频次,还扩大了客户群体的宣传力度,从而增加了潜在的销售量和获得了附加增值。

2) 信息的传递。

在仓库管理的各项事务中,经营方和供需方都需要及时而准确的仓库信息。如仓库的地理位置、进出货频率、仓库的规划、专用设备系统的配置、管理人员技术水平等信息,都可为用户提供可靠的商业决策,提高了用户的信赖度、对市场的响应速度,从而增加了潜在的销售量,获得了附加增值。

(3) 社会功能

仓储的基础作业和增值作业会给整个社会物流过程的运转带来不同的影响,良好的仓储作业与管理可以保证生产、生活的连续性,反之则会带来负面的效应。这些功能称为社会功能,主要包括以下几个方面:

1) 时间调整功能。

用户需求的备件,要通过多个环节才能到达,生产制造商与用户之间存在一定的时间差。通过仓储建立库存,是接通产与销的链条,从而减小产销时间差。

2) 价格调整功能。

生产和消费之间也会产生价格差,供过于求、供不应求都会对价格产生影响,因此通过合理的仓储可以消除备件在产销量上的不平衡。供过于求时可以将暂时未销售的备件进行存储;而当供不应求时又可将原来存储的备件进行销售,达到调控价格的效果。

3）备件流通衔接功能。

建立仓储是备件流通的必要环节。它可以防范流通过程中的突发事件，用库存的备件保障用户的正常需求，从而衔接了流通环节。例如，运输过程被延误、卖主缺货。对供货仓库而言，这项功能是非常重要的，因为原材料供应的延迟将导致产品的生产流程的延迟。

2. 备件仓库的选择

（1）仓库形式的选择

汽车备件营销商可根据经营项目、营销规模、备件结构、经济实力等综合因素来选择仓库形式，主要有投资自建仓库、合同仓库及公共租赁仓库等形式。

对投资自建仓库和合同仓库而言，具有充分的使用权，可以满足经营商年度的基本需求；而公共租赁仓库可用来应付旺季需求。但是选择什么形式的仓库，要在权衡分析的基础上，做出合理选择。

（2）仓库数量的选择

仅有单一市场的中小型备件营销商，通常只需要一个仓库，其仓库形式根据实际情况分析自定；备件经营市场遍及全国各地的大规模备件营销商，要经过可行性综合分析后，决定仓库形式及仓库数量。仓库数量的多少，直接影响备件库存的各项成本指标。

一般来说，仓库数量增加，运输成本减少，而存货成本和仓储成本增加。只有当仓库数量控制在最佳点，总成本才可达到最低。

仓库数量的决策还要与运输方式的决策相协调。例如，多个合理性仓库选址，结合快捷的运输方式，就能在全国范围内提供快速优质的服务。尽管运输成本相对提高了，但降低了仓储成本和备件库存成本。由于运输方式的多样化、快捷性、便利性，使得仓库选址数量决策余地增大，但是整体控制过程也越加复杂。

（3）仓库的规模和选址

如果汽配经营企业租赁公共仓库，仓库选址决策的重要性相对小一些，因为可以根据经营需要随时改变。如果汽配经营企业自建仓库，尤其对于市场遍及全国的大型汽配经营企业来说，那么仓库的规模与选址就变得极为重要。

仓库选址需要对成本进行权衡分析，必须根据仓库在分销渠道中的作用来确定仓库的具体位置。例如，服务功能强的仓库设在市场附近，而保管功能强的仓库靠近货场。仓库选址必须综合考虑许多因素，如运输条件、市场状况和地区特点等；还需要评估设备安装和作业费用，如铁路货场、公路通道以及税金、保险费率等，这些费用在不同地点之间差异很大。此外，在确定仓库的选址之前，还必须满足其他几个要求，如：该地点必须提供足以扩充的空间；必要的公用设施；地面必须能够支撑仓库结构以及该地址必须有充分的排水系统等。

当然，最终的选择必须基于广泛的分析。对自建仓库来讲，决策一旦实施，变动成本将相当高。因此，适当考虑所有因素是非常重要的。

（4）仓库布局的选择

仓库布局要从库房整个立体空间进行全面考虑。

1）选择移动的距离短，则所需的时间就少，费用就越低；

2）仓库中的物流通道设计方案要合理，保持通道畅通，避免物流线路交叉，这样可以避免出现物流时间等待问题，以便提高仓库中备件的流通率；

3）提高备件存放的安全性和存放量，但有些备件不能选用堆积存放的方式，应考虑库房空间容积，可选用货架、空间加层等方式，增加存放量。

（5）仓储设备系统的选择

仓储设备系统是保障备件仓库顺利运营的必备环节。随着现代物流的发展和生产模式的转变，仓库的主要功能逐渐从存储备件向促进备件的流通转换。因此，在进行仓库的结构设计时，应该最大限度地为加速备件流通提供便利，尤其是在仓库设计的初期阶段，需要周密科学地设计装卸搬运系统。在仓库选址确定以后，就应对仓库布局、空间分布和装卸搬运系统进行设计。

1）利用有限的空间提高货物存放率，需要进行合理的货架结构设计及摆放规划的选择；

2）合理选用仓库专用设备和用具，可在仓库内有效地传递和搬运备件，以便加快收发货物的速度，提高工作效率；

3）选用备件管理电脑软件联网控制系统，科学有效地控制备件整体经营运行。

二、备件仓库规划

1. 备件仓库的整体构成

汽车备件仓库通常由备件存储区、备件卸货区、备件行政管理区三大部分组成。

（1）备件存储区

备件存储区是仓库的主体部分，是汽车备件存储放置的主要场所，具体分为货架、主通道、货架间通道三部分。

1）货架是用来摆放备件的，如图3-2所示为备件存储区平面图，货架按照2列3行单

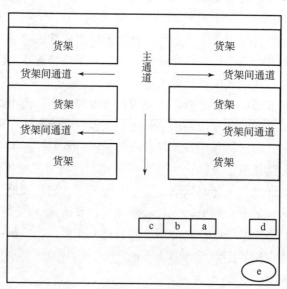

图3-2　备件存储区平面图

a—备件入库区柜台；b—备件购买区柜台；c—备件取货区柜台；
d—收款处柜台；e—客户咨询终端

层平面摆放，左右两边靠墙，中间为主通道。根据库房的平面区域及备件数量的多少，货架可摆放成其他形式，如多列多行式等；为了提高库房的利用率，根据库房的平面区域及库房高度，货架还可摆放成多层式，如阁楼式，也称为立体库房。

2）通道主要是供仓库管理人员行走和仓库内专用工具车运输备件使用。

货架间通道的宽度，常以使用的平板手推车宽度作为参考，一般常用宽度为130 cm，主通道必须可以容纳两辆平板推车顺利通过；两人并列行走无阻碍；理货作业手推车可以顺利通行。

（2）备件卸货区

备件卸货区是供备件运输车辆装卸备件的场地，为了便于备件入库，卸货区通常设在仓库备件入库门处，卸货区要求有一定的空间，用于备件卸货而未清点上架时暂时的堆放，其高度和宽度应根据运输工具和作业方式而定。该区域应有暂时存放货架、备件分拣区域、理货专用工具等。

（3）备件行政管理区

备件行政管理区是仓库行政管理所在区域。该区域的位置设定，通常要从多方面综合考虑。对于汽车备件存储仓库而言，行政管理区一般设在仓库与维修车间衔接的地方，是业务接洽和管理的办公区域及仓库对维修车间发货的窗口，主要设有出库前台和备件管理主管办公室。货架区、卸货区和行政管理区在仓库中的合理设计，能有效地利用空间位置，为企业减少不必要的浪费。

2. 货区布局

（1）货区布局的基本要求

1）适应仓储企业生产流程，有利于仓储企业生产正常进行，具体包括：

①单一的物流方向。仓库内备件的卸车、验收、存放地点之间的安排，必须适应仓储企业生产流程，按一个方向流动。

②最短的运距。应尽量减少迂回运输，专运线的布置应在库区中部，并根据作业方式、仓储备件品种、地理条件等，合理安排库房、专运线与主干道的相对位置。

③最少的装卸环节。减少在库备件的装卸搬运次数和环节，备件的卸车、验收、堆码作业最好一次完成。

④最大的利用空间。仓库总平面布置是立体设计，应有利于备件的合理存储和库容的充分利用。

2）有利于提高仓储的经济效益。

①要因地制宜，充分考虑地形、地质条件，满足备件运输和存放上的要求，并能保证库容的充分利用。

②平面布置与竖向布置相适应。所谓竖向布置，是指建设场地平面布局中每个因素（如库房、货场、专运线、道路、排水、供电、站台等）在地面标高线上的相对位置。

③总平面布置应能充分合理地利用目前普遍使用的门式、桥式起重机一类的固定设备，合理配置这类设备的数量和位置，并注意与其他设备的配套，以便于开展机械化作业。

3）有利于保证安全文明生产。

①库区内各区域间、各建筑物间，应根据《建筑物设计防火规范》的有关规定，留有

一定的防护间距,并有防火、防盗等安全设施,经过消防和其他管理部门的验收。

②总平面布置应符合卫生和环境要求,既满足库房的通风、日照等要求,又要考虑环境绿化、文明生产,保证员工的身体健康。

(2) 货区布局的基本方法

1) 根据备件特性分区分类存储,将特性相近的备件集中存放。

2) 将单位体积大、单位质量大的备件存放在货架底层,并且靠近出库区和通道。

3) 将周转率高的备件放在进出库装卸搬运最便捷的位置。

4) 将同一供应商或者同一客户的备件集中存放,以便于进行分拣配货作业。

(3) 货区的布局形式

1) 垂直式布局:垂直式布局(图3-3)分为横列式布局、纵列式布局和纵横式布局。

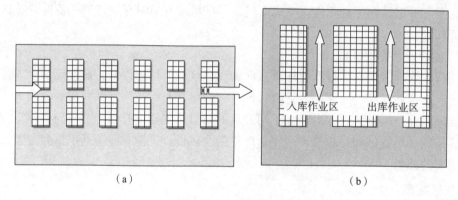

图3-3 垂直式布局

(a) 纵横式布局;(b) 纵列式布局

2) 倾斜式布局:倾斜式布局(图3-4)分为货垛倾斜式布局和通道倾斜式布局。

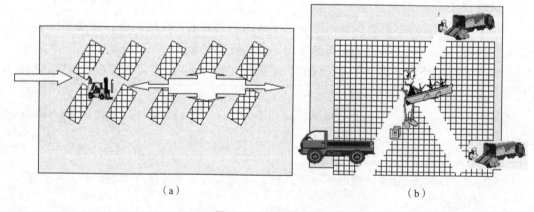

图3-4 倾斜式布局

(a) 货垛倾斜式布局;(b) 通道倾斜式布局

3. 汽车备件货架

在汽车备件仓库内摆放货架,就是为了充分利用空间提高存放率;收发货物方便,便于清点管理;便于保质、保量管理;便于防火、防盗、防霉管理;便于实现仓库的机械化和自

动化管理。货架的种类较多,分类的方法也不相同。根据各种货架系统的结构特点、应用范围,货架可以分为如下几种:

(1) 隔板式货架

隔板式货架通常采用人工式存取货方式,组装式结构、层间距均可调,所放备件也常为散件或不是很重的已包装备件(便于人工存取)。货架高度通常在 2.5 m 以下,隔板式货架的跨度(长度)及深度(宽度)要适宜,隔板主要有钢板或木板两种。

1) 微小型备件货架。

这种货架适合于存放螺栓类标准件、垫片、保险丝、水箱盖、车用扣等微小型备件。如货架设计为 12 层(隔板层数,可根据实际需求任意调整),每层放置 16 个备件储物箱,那么,存储备件项目数(即备件编号个数)的计算公式如下:

$$备件项目数 = 12 层 \times 16 个箱 = 192 个$$

2) 小型备件货架。

这种货架用来存放小型备件,备件最大长度为 290 mm,根据备件的数量,在一层中可放置不同尺寸的备件箱,尺寸请参考表 3-1 常用货架尺寸表。如图 3-5 所示为隔板式微小型、小型备件货架,这种货架层间隔板是可调的,可根据需要安装层数。

表 3-1 常用货架尺寸表

存放货物类别	货架尺寸/mm(长×宽×高)	备件箱尺寸/mm(长×宽×高)	备件箱个数/层数
微小型备件	1 800×300×2 500	100×290×110	16/12
小型备件	1 800×300×2 500	135×290×150	12/8
		200×290×150	8/8
		270×290×150	6/8
		410×290×150	4/8
中型备件	1 800×600×2 500	200×580×150	8/6
		270×580×150	6/6
		410×580×150	4/6
大型备件	1 800×900×2 500	420×900×450	4/4
		840×900×450	2/4
		1 680×900×450	1/4
		货物包装箱	1/2
车身备件	1 800×1 200×2 500	货物包装箱	2/4、3/2、1/2

3) 中型备件货架。

这种货架用来存放中型备件,备件最大长度为 580 mm,货架层数可调,每层还可根据

图3-5 隔板式微小型、小型备件货架

需要混放不同长度的备件箱,请参考表3-1常用货架尺寸表。如图3-6所示为隔板式中型备件货架。

图3-6 隔板式中型备件货架

4)大型备件货架。

这种货架用来存放大型备件,如图3-7所示,备件最大外包装长度为900 mm,通常包装底面带简易托盘,请参考表3-1常用货架尺寸表。

(2)挂件板

这种备件货架如图3-8所示,可存放一些轻量件,在洞孔中可以根据备件形体而嵌放形状各异的挂钩,再将备件挂上。如橡胶管、带形体的长铝管等,方便、实用性强。

货架长度有:600 mm、900 mm、1 200 mm,还可根据需求尺寸定做。

(3)长导管备件货架

这种无层板有隔栅的货架如图3-9所示,适合存放长度超过1 100 mm的备件,如:排气导管、保险杠等,这种货架可提高存放率和工作效率。

图3-7 隔板式大型备件货架

 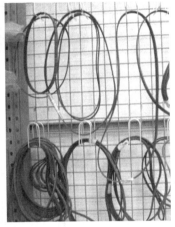

图3-8 挂件板

图3-9 长导管备件货架

货架尺寸（mm）：1 800×600×2 500，还可根据需求尺寸定做。

(4) 集装货架

如图3-10所示为集装货架，这种货架存放率很高，灵活性很强。使用时打开，不用时折叠放置。特别适合做预备货架。

货架尺寸（mm）：1 230×900×1 100。

图3-10 集装货架

(5) 备件存放盒

备件存放盒如图3-11所示，根据料盒材质可分为：塑料制品、硬纸板制品；料盒尺寸参考表3-1常用货架尺寸表。

图3-11 备件存放盒

上述所讲的各种货架，从尺寸表可以看出，货架的长度尺寸均为1 800 mm，高度尺寸均为2 500 mm，而货架宽度尺寸随备件长度尺寸调整。这种货架结构尺寸的设计规划，可使得仓库整体整洁、清新、通透性好、理货方便、管理效率高。

4. 仓储设备

1）平板手推车（见图3-12）、手动搬运车（见图3-13），这种搬运设备使用方便，可以在货架间通道顺利通行，用于收发理货、搬运备件包装箱。

图3-12　平板手推车　　　　　　　图3-13　手动搬运车

2）手推叉车（见图3-14），适用于一般叉车难以活动的小仓库，可搬运较重的货物箱，使用方便。

3）带梯作业台（见图3-15），是仓库内多用途工具设备。不但可以用作开箱验货的桌子，还可以用来搬运备件，并且人可直接站到梯子上将高层备件放置在标准货位处。使得高处作业更加安全、便利，提高了收发备件速度。

 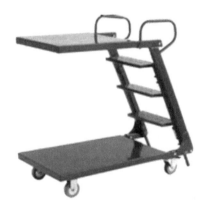

图3-14　手推叉车　　　　　　　图3-15　带梯作业台

4）办公设备。

电脑是管理系统的主要设备，也是业务管理员的工具。它是备件入库、理货、出库、销售、订购等管理人员的必备工具，是必不可少的管理系统设备。所有的仓库管理信息都要通过该设备汇总处理，以确保仓库各项工作有序运营。

三、仓库安全规划

仓库安全规划是仓库整体规划中的一个重要环节，直接涉及财产安全和人身安全。

1. 仓库消防安全

从危害仓库的因素分析,火灾可在很短的时间内,使整个库房变成一片废墟,对财产和人身安全造成极大的损失,预防火灾可保障仓库安全。仓库防火要点如下:

1)正确选用灭火器和灭火材料。

干粉灭火器不导电、不腐蚀、毒性轻,可用于扑救易燃液体、有机溶剂、可燃气体和电气设备引起的初期火灾。

二氧化碳灭火器不导电、不含水分、不污损仪器和设备,可用于扑灭贵重仪器、电气设备及其他忌水货物引起的初期火灾,但不能用于含碳物品的灭火,如木材、棉、毛、纸张等。

1211灭火器主要用于扑救可燃气体、可燃液体、带电设备及一般货物引起的初期火灾。

泡沫灭火器可导电,不能用于电气设备灭火,可用于扑救汽油、煤油等油类,香蕉水,松香水等易燃液体,木材及一般货物引起的初期火灾。

水是仓库消防的主要灭火剂。仓库中应有足以保证消防用水及给水、储水设备。仓库要合理规划设置消火栓,保障灭火区域用水,但要分辨不能用水扑救的货物区域。

沙土用于扑救电气设备及液体燃料的初期火灾,也可用于扑灭酸碱性货物的火灾、过氧化剂及遇水燃烧的液体和化学危险品的火灾。因此,仓库中应储备沙箱。

2)仓库要严格遵守《建筑设计防火规范》的规定,应设有消防安全设施、消防通道等,时刻保持畅通。在不妨碍工作的前提下,灭火器材要放置在显眼、易取的地方。

3)凡是存储易燃、易爆危险品的仓库,进出车辆和人员必须严禁带烟火;危险品应专库专储,入库时,防止剧烈振动和撞击。

4)电气设备要符合规范的要求。

设备与插座的容量要匹配,不应超负荷,以防超载引起线路失火;线路安装要严格执行电力安装标准,不能乱拉电线,避免因货物积压、挂碰引起线路短路而造成火灾。

2. 仓库防护措施

汽车备件种类繁多,由于使用的材料和制造的方法不同而各具特点,所以在仓库设计规划中,要充分考虑仓库的防护措施。主要防护措施有防潮、防腐、防尘、防鼠和防盗。

1)防潮。主要以通风为主,通风的方式有自然通风和强制通风。自然通风选用窗户,强制通风选用排风扇,通过通风可以控制仓库中的湿度。

2)防腐。防腐是仓库备件质量的保障,主要从仓库内湿度和日照两个方面考虑。湿度控制在防潮设计中已考虑,而仓库内采光设计,要避免阳光直接照射在备件上,要充分考虑采光口的四季照射位置。

3)防尘。合理控制仓库内湿度可以减少粉尘的产生;合理选择墙面、地面装饰材料可以减少粉尘的产生;控制产生粉尘的源头是防尘的最佳措施。

4)防鼠。在仓库设计中要充分考虑鼠患的防范。仓库门在关闭状态时,门的缝隙要适当,使老鼠不能从缝隙钻入仓库;窗户及通风管道应安装铁丝网,防止老鼠钻入;仓库内要整洁,避免有死角给老鼠筑窝的便利;切断鼠患路径。

5)防盗。仓库应该根据相关规定,配备保安人员,安装防盗设施,如防盗门窗、视频监控设备、自动报警设备、人工报警设备等,确保仓库安全性。

实施与考核

4~5 名学生自由组合为一个小组,依据提供的条件,讨论设计备件库房的总体布置方案,画出仓库平面结构图。技能学习工作单见表 3-2。

表 3-2 技能学习工作单

实训项目:__汽车备件仓库平面设计__

班级		学号		姓名	

某一品牌车型拟新建一家 4S 店,用作备件仓库的面积为 10 m×30 m,空间高度为 4 m。请对仓库的备件卸货区、备件存储区、行政管理区及主要通道的布置等总体结构设计一份平面分布图。
自我评价(个人技能掌握程度):□非常熟练　□比较熟练　□一般熟练　□不熟练
教师评语:(包括工作单填写情况、语言表达、态度及沟通技巧等方面,并按等级制给出成绩)   实训记录成绩_____　　　教师签字:_____　　　____年____月____日

教师考核记录表见表 3-3。

表 3-3 教师考核记录表

实训项目:__汽车备件仓库平面设计__

班级		学号		姓名	
项目	工作表现		分值	评分	
与客户沟通情况			10		
工作态度			10		
工作单填写情况			30 (工作单成绩折算)		
基础知识掌握情况			40		
是否自主学习查阅相关资料			10		
总分					
			教师签字: ____年____月____日		

任务二 备件的摆放与位置码

学习目标

①掌握备件管理原则；
②掌握备件物品堆码的基本方法；
③了解位置码的编排。

任务分析

货位是备件在仓库中存放的确切位置，便于迅速找到备件。汽车备件仓储要进行合理的货位设计，以便于提高备件出库的速度和规范备件仓储的日常管理。

相关知识

一、备件存储管理7原则

1. 按备件类型存放

为方便管理，设置合适的货架尺寸，选用合适的库存管理设备，优化存储空间。如相似备件摆放在一起，大型较重备件靠近入库口侧放置，小型备件及快流备件靠近出库口侧，慢流备件集中放置，以获得最短的出入库的路线，避免备件损坏，在库备件质量得到保证，从而提高工作效率。图3-16和图3-17对备件不同方式摆放的优劣进行了比较。

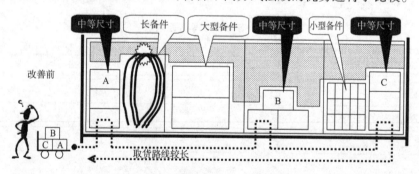

图3-16 改善前的备件摆放方式

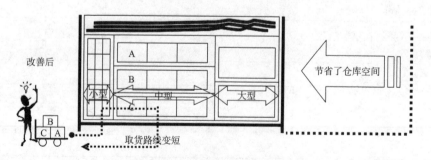

图3-17 改善后的备件摆放方式

很多备件不是单个摆放,而是很多备件堆放在一起。选择形状相同备件摆放时,要考虑备件的堆垛形状。不同尺寸备件、不同流动性备件存放位置如果没有进行整体规划,则会造成备件出入库效率降低。

2. 备件竖直摆放

备件竖直放置可以提高出入库效率,充分利用仓库空间,避免由于堆放造成备件损坏。图 3-18 及图 3-19 对备件不同摆放方式进行比较。

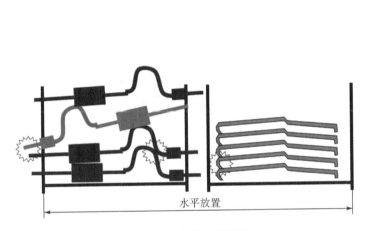

图 3-18 备件水平放置　　　　图 3-19 备件竖直放置

雨刷片、车身饰条、皮带等备件平放在货架上,浪费存储空间,建议利用墙壁悬挂此类型备件。大型细长备件(如排气管)摆放方式存在安全隐患,注意固定备件,同时避免备件损伤。

3. 备件放在伸手可及的区域

备件存取伸手可及可避免使用不必要的工具(如梯子),也避免了不必要的查找。快流件放在最易拿取的位置,如图 3-20 所示,提高了出入库效率,工作环境更加安全。同时注意:部门内部要遵循先进先出的原则。

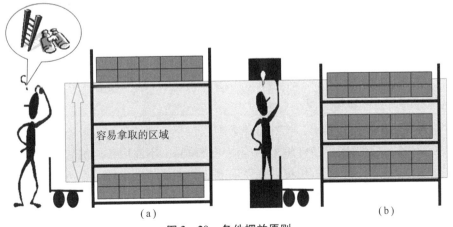

图 3-20 备件摆放原则
(a)未按原则摆放;(b)按照原则摆放

4. 重物放在货架下层

重物放在较低位置或腰部位置的货架，是从出入库作业的安全性和高效率方面来考虑的，如图3-21及图3-22所示。有些像缸体、蓄电池等较重备件放在货架的上方会有掉落的安全隐患，也不方便备件的上架及提取操作。

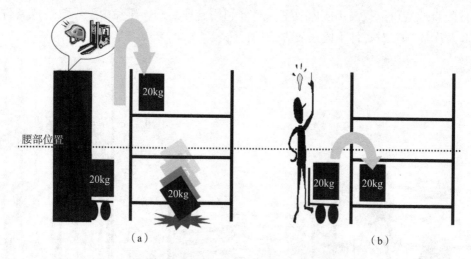

图 3-21 备件摆放原则
（a）未按原则摆放；（b）按照原则摆放

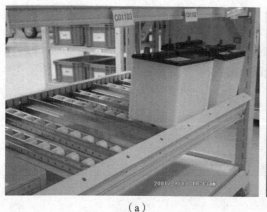 

图 3-22 备件摆放实例
（a）实例一；（b）实例二

5. 备件编号与货位要相对应

为避免入库和出库操作错误，提高工作效率，每个备件编号要有一个相对应的货位，如图3-23所示为货位存放图。备件编号不等同于货位号，不能用备件编号来替代货位号。货位号的位数少，更易辨别，空货位更便于及时利用，即使不懂备件，也可以简单完成出入库操作。如图3-24所示为货位号实例。

6. 目视化管理异常备件数量

目视化管理数量异常备件货位，容易发现异常状况，可以及时发现异常备件，避免库存

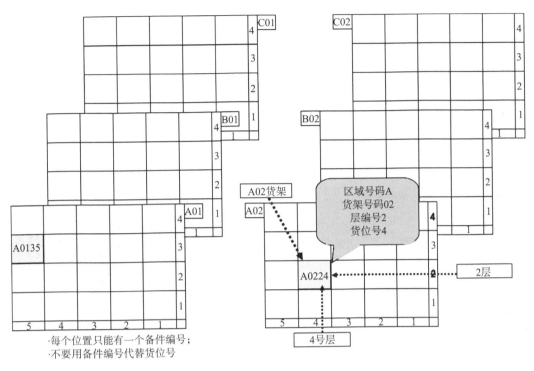

图 3-23 货位存放图

图 3-24 货位号实例

(a) 实例一；(b) 实例二

积压。通过目视化管理，可以及时发现并改善导致异常的原因。如图 3-25 及图 3-26 所示为备件目视化摆放。

7. 按备件周转速度存放

快流件不只是保养件，利用计算机分析快流件的项目，把它存放在靠近作业区和易取的货位位置。减少作业者的行走路线，方便出入库，提高工作效率，如图 3-27 及图 3-28 所示。

图 3-25 备件目视化摆放
(a) 未按目视化原则摆放；(b) 按目视化原则摆放

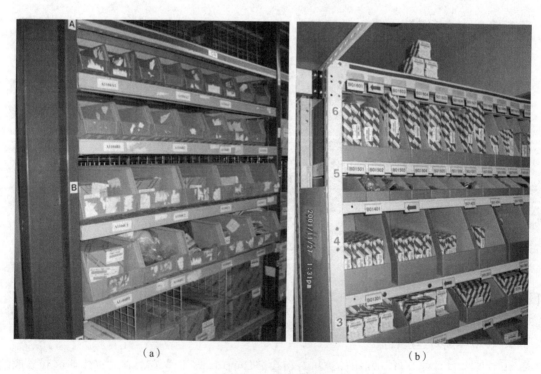

图 3-26 备件目视化摆放实例
(a) 实例一；(b) 实例二

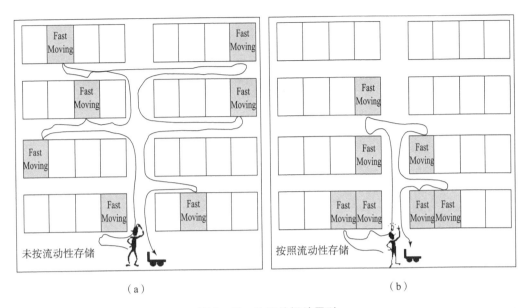

图 3-27 快流件摆放原则

(a) 未按流动性存储；(b) 按照流动性存储

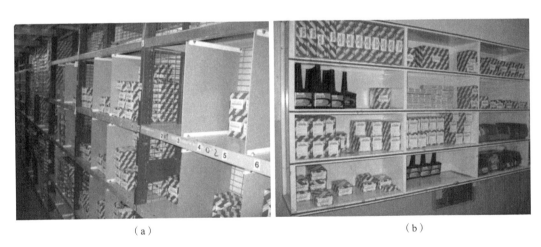

图 3-28 快流件摆放实例

(a) 实例一；(b) 实例二

二、备件的位置码

编制备件的位置码，是为了提高查找备件的速度，优化汽车备件仓库的管理。

1. 位置码编制的原理

（1）位置码的概念

一般说来，如果库存的备件编号个数少，就能记忆每个备件编号存放的位置；如果备件编号数量超万件，就很难记忆每个备件编号的库存位置。所以，为了快速准确地取件，就需要对仓库区域进行规划，建立一套有效的料位管理体系。

用位置码而不用备件编号代替的好处：使用备件编号编排，如图 3-29 所示，如果想增加或改变一个新备件编号,需要做调整。使用位置码编排,如图3-30所示,如果想增加或改变一个新备件编号,则不需调整。

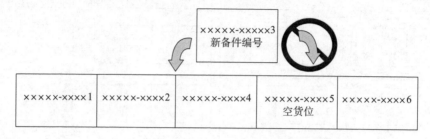

图3-29 使用备件编号编排

图3-30 使用位置码编排

1)位置码是标明备件存放位置的代码。

2)位置码是空间三维坐标形象的表现。对于空间三维坐标,任何一组数字都可以找到唯一的一点与它相对应,也就是一点确定一个位置,一个位置只能放置一种备件。

(2)位置码的编制依据

位置码编制依据三点系统:

1)三点系统是指由备件仓库、车间柜台和用户柜台构成的系统。它是仓库平面布置的基础。

2)三点系统的作用:保证使用较少的工作人员,走相对较短的距离,使各种控制便利。

2. 位置码编制的原则

1)使备件的存放位置与使用都易于查找。

2)流动量频繁的备件应存放在前排,方便备件管理人员查找及获取。

3)流动量相对比较缓慢的备件应存放在后排货架。

3. 位置码编制的具体步骤

位置码的组成:

如图3-31所示,位置码由区域号货架号、货架层号、货位号四种含义三组号码组成。位置码是4位码,根据"区、列、架、层"的原则进行安排。

1)按区分类:位置码的第一位是在仓库中的分区,区域号常用英文字母表示,用A、B、C…表示。英文字母代表货架所在区域,表示每列货架的第几个货架,还表示备件类型级别,如字母"A"通常代表微小型备件,区域编码为A。备件位置码示例见表3-4。

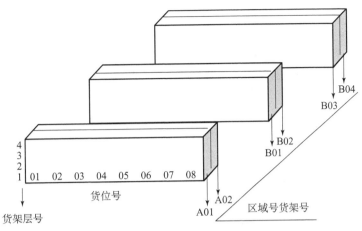

位置码组成：区域号货架号—货架层号—货位号

图 3-31 位置码示意图

表 3-4 备件位置码示例

区域号	货架号	区域号货架号	备件类型级别	货架层号	货位号	说明
A	01	A 01	微小型备件 A	12	01	根据备件编号个数选货架个数，此例微小货架个数：2个
A	02	A 02		03	16	
B	01	B 01	小型备件 B	08	12	货架为8层，每层设12货位、8货位、6货位、4货位，从安全性考虑，底层货箱大一些，为4货位；顶层货箱小、重量轻，为12货位
B	02	B 02		07	08	
B	03	B 03		06	06	
B	04	B 04		01	04	
C	01	C 01	中型备件 C	06	08	共6层，每层设8货位、4货位
C	02	C 02		02	04	

2）按列编排：位置码第二位表示第几列货架，货架编号常用数字1、2、3…表示，如"01"代表货架排列编号，即1号货架。实际编号，可根据货物的数量决定货架的个数，编制货架排列号，如A区域有：A01、A02、A03、A04…，并依次编号。

3）按层编排：层号通常用数字表示，编号的顺序由底层开始依次向上排列，如图3-32所示，即：01、02、03…层。层编号贴要粘在每个货架前面的立柱上，并靠主通道一侧，粘贴的位置要与层间位置相对应，库内所有货架安装的位置要统一。即位置码的第4位表示是每个货架的第几层，用1、2、3…表示。

4）货位号：货位号通常也用数字表示，编号的顺序从靠主通道一侧开始依次横向排列，如图3-32所示，即：01、02、03、04、05…货位。货位号贴要粘在每个货架每层前面的横梁上，粘贴的位置要与货位相对应，库内所有货架安装的位置要统一。

5）将"区域号"和"货架号"组合在一起，制成"标示牌"，最后把所有备件的位置码在指定位置标注出来，库内所有货架安装的位置要统一。标示牌通常安装在每个货架的顶层靠主通道一侧，这样做感觉格外整齐，位置码醒目，使得管理员理货清楚、取货准确，提高了工作效率。

以丰田备件为例，如图3-32所示，这是一个粘贴备件标签的料位盒。根据标签上"货位"一行信息可知：这个备件应存储在B区域、1号货架、第4层、1号位置，属于B级别小型备件。可见位置码可准确地确定备件存放点。

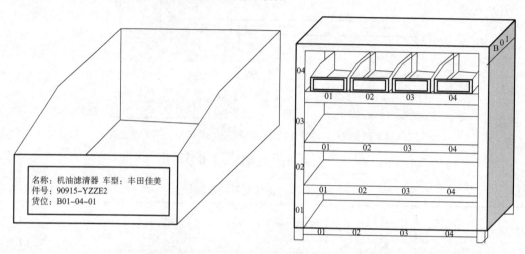

图3-32 料位备件盒及货架、货位、备件盒示意图

4. 位置码编制说明

1）位置码中的数字要通过英文字母分开书写。当26个英文字母不够用时，可将26个英文字母排列组合，以增加表示的范围，如：AA，AB，AC等；同一过道或同一货架，以下字母不要同时使用（Cc，Ii，Jj，Kk，Oo，Pp，Ss，Uu，Vv，Ww，Xx，Zz），否则容易发生混淆。

2）列号、货架号、层号一般按照下述方法进行排序：

①列号编排的顺序：以仓库的入门处为三维坐标的原点，位置码的列号依次增大，可以方便查找。

②层号编排的顺序：3层货架以上的号排顺序，一般采取从下至上法。

③备件存放在货架上，要考虑预留货位。它可作为备件编号的更改及品种增加时的补充，这些预留货位可以直线排列、对角排列或间隔排列。

3）位置码的编制，要根据具体的备件仓库结构形式进行编制。

 实施与考核

一、技能学习

1. 位置码编写

第一步输入备件初始数据，建初始备件库存明细；

第二步根据仓库区域规划方案，打印备件库存明细；

第三步建立位置码，并输入电脑保存。

按照下面要求进行操作练习：

使用电脑管理软件，输入备件初始数据，初始库存明细表见表3-5。

表3-5 初始库存明细表

序号	备件编号	名称	功能代号	功能属性	长/mm	宽/mm	高/mm	数量	位置码
1	12345-67890	垫片	1	发动机	30	30	3	10	
2	23456-78901	胶套	2	底盘	60	40	40	15	
3	34567-89012	开口胶套	2	底盘	50	40	40	5	
4	45678-90123	保险丝	8	电气	40	40	15	8	
…									

如某仓库备件的摆放规划要求为：
1）按照备件功能属性，即发动机件区域、底盘件区域、车身件区域、电气件区域等；
2）按照备件外形尺寸，即微小型备件、小型备件、中型备件、大型备件等。

按照"功能代号"升序显示（数字由小到大列表）、打印清单，库存明细表见表3-6。

表3-6 按"功能代号"升序显示库存明细表

序号	备件编号	名称	功能代号	功能属性	长/mm	宽/mm	高/mm	数量	位置码
1	12345-67890	垫片	1					10	A01-10-05
2	23456-78901	胶套	2					15	B01-02-01
3	34567-89012	开口胶套	2					5	B01-02-02
4	45678-90123	保险丝	8					8	A01-12-01
…				电脑选项内容					

注：表中功能代号"1"，表示垫片属于发动机类备件，胶套和开口胶套代号为"2"，属于底盘类备件，保险丝代号为"8"，属于电气类备件。

按照电脑的快速归类，管理员就可以在"位置码"栏编制填写位置码，填写完毕后，逐项录入电脑，一定要认真仔细、有耐性地完成全部操作。

按照"长"升序显示（数字由小到大列表）、打印清单，库存明细表见表3-7。

表3-7 按"长"升序显示库存明细表

序号	备件编号	名称	功能代号	功能属性	长/mm	宽/mm	高/mm	数量	位置码
1	12345-67890	垫片			30			10	A01-10-05
2	45678-90123	保险丝			40			8	A01-12-01
3	34567-89012	开口胶套			50			5	B01-02-02
4	23456-78901	胶套			60			15	B01-02-01
…				电脑选项内容					

如果按照备件"长"列出清单，就是以备件的外形尺寸的大小作为区域管理的依据，

编制位置码。要说明的是，在测量备件外形尺寸时，其中长、宽、高哪个尺寸最大，就选中哪个尺寸作为备件的"长"录入电脑中，有利于电脑排序及货物摆放。

由上表不难看出，备件"长"从30、40、50、60…数字由小到大列表显示，即升序显示。

最后，按照电脑的快速归类，管理员就可以在"位置码"栏编制填写位置码。填写完毕后，逐项录入电脑，一定要认真仔细、有耐性地完成全部操作。

2. 位置码读取

（1）入库位置码读取

例如新到一批备件，入库验收相关工作已完成，下一步是电脑入库录单，接下来是打印入库清单。假如该仓库是以备件外形尺寸进行区域化管理，那么，就会打印出按照"长"升序显示的清单，按照这张清单，管理员就可以理货上架。

如果业务非常熟练的管理员，可以不打印清单，直接操作电脑入库录单、理货上架。

（2）出库位置码读取

当管理员接到出库清单时，按照清单上的位置码取货、发货。

二、任务实施与考核

1）两名学生自由组合为一个小组，分别扮演备件采购及备件管理员，按照进货内容，将备件进行功能属性分类，并标注功能代号。在熟练掌握上述知识与技能的前提下，完成相应工作单。

2）如果按照备件功能属性规划仓库区域、货架，请简单勾画仓库货架摆放的平面图、编制位置码，并将进货清单上的备件逐项标注出存放位置（即位置码）。

汽车备件进货清单（内容虚拟）见表3-8。

表3-8 汽车备件进货清单

序号	备件编号	名称	适用车型	数量	单价/元	合计金额/元
1	12345-67890	机油滤清器		10	35.0	350.0
2	23456-78901	汽油滤清器		10	20.0	200.0
3	34567-89012	空气滤清器		10	75.0	750.0
4	45678-90123	刹车总泵		2	160.0	320.0
5	56789-11011	刹车片		3	110.0	330.0
6	67891-11012	保险丝5A		20	0.3	6.0
…						
累计金额						1 956.0

技能学习工作单见表3-9。

表 3-9 技能学习工作单

实训项目：__汽车备件位置编码__

班级		学号		姓名	
1. 按照进货内容，将备件进行功能属性分类，并标注功能代号。					
2. 按照备件功能属性规划仓库区域、货架，请简单勾画仓库货架摆放的平面图、编制位置码，并将进货清单上的备件逐项标注出存放位置（即位置码）。					
自我评价（个人技能掌握程度）：□非常熟练　□比较熟练　□一般熟练　□不熟练					
教师评语：（包括工作单填写情况、语言表达、态度及沟通技巧等方面，并按等级制给出成绩）					
实训记录成绩_____		教师签字：_____		_____年____月____日	

教师考核记录表见表 3-10。

表 3-10 教师考核记录表

实训项目：__汽车备件位置编码__

班级		学号		姓名	
项目	工作表现		分值		评分
与客户沟通情况			10		
工作态度			10		
工作单填写情况			30（工作单成绩折算）		
基础知识掌握情况			40		
是否自主学习查阅相关资料			10		
总分					
			教师签字：_____年____月____日		

思考与练习

一、选择题

1. 备件分区分类应贯彻的原则是（　　）。

A. 安全、可靠、方便　　　　　　　B. 可靠、方便、节约
　　　C. 节约、安全、可靠　　　　　　　D. 安全、方便、节约
2. 下列不是仓库管理任务的选项是（　　）。
　　　A. 保量　　　　B. 安全　　　　C. 准确　　　　D. 低耗
3. 卸货时，为什么应根据特定规则有序地放置包装箱？（　　）
　　　A. 因为看上去好看
　　　B. 因为可以准确快速地进行后续的工作
　　　C. 因为这样可以保持整法有序的环境
4. 卸货的那个地方叫（　　）。
　　　A. 客户柜台　　　B. 接收区　　　C. 仓库
5. 什么是正确进行接收和上架作业的最后一步？（　　）
　　　A. 更新记录　　　B. 上架　　　　C. 卸货
6. 什么样的先期准备可以使接收和入库作业准确而高效？（　　）
　　　A. 学习售后服务标准　　　　　　　B. 订购 B/O 备件
　　　C. 制订上架当日的工作安排
7. 什么是位置码？（　　）
　　　A. 备件识别号　　　　　　　　　　B. 汽车制造年份
　　　C. 备件上架位置的地址
8. 为何货架分配是重要的？（　　）
　　　A. 若备件有序组织，看上去会更好
　　　B. 使员工在仓库中来回走动更容易
　　　C. 更容易根据货位找到备件
9. 你能从小心处理备件和保持仓库清洁有序中获得哪些好处？（　　）
　　　A. 获得发展能力和扩展性高的工作场所环境
　　　B. 获得特别有趣且高效合作的工作场所环境
　　　C. 获得极高安全性和效率的工作场所环境

二、简答题
1. 仓储管理的内容主要包括几个方面？
2. 仓库安全管理措施有哪些？
3. 一个组织有序的仓库的标准是什么？
4. 备件位置管理的步骤是什么？
5. 编制位置码的要点有哪些？
6. 有效的仓库布置要点是什么？
7. 存储时的备件分类是什么？
8. 编制位置码的正确顺序是什么？

项目四
汽车备件库存管理

任务一 库存控制

学习目标

① 掌握库存控制概念;
② 掌握库存分析方法;
③ 能正确运用库存控制方法与系统。

任务分析

每辆汽车都有数万件备件,当汽车需要更换备件时,无论在任何时候、任何地点,都要按市场的变化和用户的需求及时供应备件,维持服务与销售的稳定性,因此要建立备件库存。

备件库存管理现已不是传统的老模式进、出、存的业务管理。库存管理是由一系列相关部门协同工作所完成的。在这条供货链中,要做到:衔接好而不停顿;供货与需求相适应;备件存储合理而不出现不良库存品;诚信服务于用户,获得适当利润。这就是库存管理要完成的任务,要达到的目标。

库存量过大会增加仓库面积和库存保管费用,占用大量的流动资金,造成备件的有形损耗和无形损耗,影响其合理配置和优化,掩盖企业经营全过程的各种矛盾和问题。库存量过小会造成服务水平下降、备件供应不足、订货间隔期缩短、订货次数增加、订货成本提高。因此库存控制系统必须解决3个问题:隔多长时间检查一次库存量?何时提出补充订货?每次订多少?

一、库存控制

库存控制,是对各种备件以及其他资源进行管理和控制,使其储备保持在经济合理的水平上。库存控制是使用控制库存的方法,得到更高盈利的商业手段。库存控制在满足顾客服务要求的前提下,通过对企业的库存水平进行控制,力求尽可能降低库存水平、提高效率,以提高企业的市场竞争力。

库存控制要考虑多方面因素，销量、到货周期、采购周期、需求等。库存控制需要利用信息化手段，把每次进货都记录下来。实物库存控制只是库存控制的一种表现形式，主要是针对仓库的备件进行盘点、数据处理、保管、发放等，达到使保管的备件库存保持最佳状态的目的。库存控制为了达到公司的财务运营目标，通过优化整个需求与供应链管理流程，合理设置企业资源计划（ERP）控制策略，并辅之以相应的信息处理手段、工具，在保证及时交货的前提下，尽可能降低库存水平，减少库存积压与报废、贬值的风险。

二、库存控制的定义

从广义的角度理解库存控制，应该包括以下几点：

1）库存控制的根本目的：所谓世界级制造的两个关键考核指标（KPI）就是，客户满意度以及库存周转率，而这个库存周转率实际上就是库存控制的根本目的所在。

2）库存控制的手段：库存周转率的提高，单靠所谓的实物库存控制是远远不够的，它应该是整个需求与供应链管理这个大流程的输出。而这个大流程除了包括仓储管理这个环节之外，更重要的部分还包括：预测与订单处理，生产计划与控制，物料计划与采购控制，库存计划与预测本身，以及成品、原材料的配送与发货的策略，甚至包括海关管理流程。伴随着需求与供应链管理流程整个过程的则是信息流与资金流的管理。也就是说，库存本身贯穿于整个需求与供应管理流程的各个环节，要想达到库存控制的根本目的，就必须控制好各个环节上的库存，而不是仅仅管理好已经到手的实物库存。

3）库存控制的组织结构与考核：既然库存控制是整个需求与供应链管理流程的输出，要实现库存控制的根本目的就必须要有一个与这个流程相适应的合理的组织结构。直到现在，很多企业只有一个采购部，采购部下面管仓库，这是远不能满足库存控制要求的。从需求与供应链的管理流程分析，采购与仓储管理都是典型的执行部门，而库存的控制应该以预防为主，执行部门是很难去"预防库存"的。原因很简单，他们的考核指标在很大程度上是为了保证供应（生产、客户）。如何根据企业的实际情况，建立合理的需求与供应链管理流程，从而设置与之相应的合理的组织结构，是一个值得探讨的问题。

三、适量库存的意义

1. 降低成本，增加流动资金

库存占用现金，且使开支急剧增加。在制订损益表时，不要把库存占用的现金列为储蓄，否则最高管理部门将立即把该笔现金收回公司，应该直截了当地如实记作"冻结的现金"。

2. 提高备件质量

每次生产较少的备件更有利于集中解决好质量问题。当备件库存随着备件流水线的改善而减少下来时，质量问题必定受到更多的关注，质量信息的反馈必然更及时，解决质量问题必定更有力，因此备件质量必然得到改进。

3. 缩短生产周期

生产周期是指一个生产过程的开始到结束所经历的时间。它可以由几个装配操作组成，也可以是从头至尾的一条备件流水线。随着生产周期的缩短，备件在队列中等候的时间少了，大批量的生产也减少了，生产流程更通畅了，备件库存也会随之减少。

四、库存分析

1. 库存分类

库存就是按用户的需求，在备件库房存储适当数量的汽车备件。为了这一目标，建立成套完整存储体系，缓解供需矛盾，降低供需双方成本，提高用户满意度，确保商家适当利润。库存按照不同分类方法分为如下几类：

（1）按照汽车备件类别

1）汽车零件类库存，如：发动机及燃油系列备件、动力及底盘备件、车身及内饰备件、电气备件、修理包、规格件、标准件。

2）汽车配件类库存，如：汽油、机油、齿轮油、自动变速器油、刹车油、润滑脂、防冻液、玻璃水、空调泵油、除臭剂、油漆等化工料。

（2）按照汽车备件外形

1）微小型备件库存，如：保险丝、继电器、电气开关、灯泡、喇叭、水箱盖、气门垫片、曲轴瓦、凸轮轴瓦、专用塑料扣、O形密封圈等。

2）中型备件库存，如：发动机大修包、气门、汽油滤清器、机油滤清器、空气滤清器、水泵、刹车总泵、刹车分泵、离合器总泵、离合器分泵、离合器压板、刹车片包、刹车盘、球头、拉杆、转向臂、方向盘、倒车镜、V形皮带、皮带、正时链条、螺旋减振弹簧等。

3）大型备件库存，如：发动机总成、发动机中缸总成、曲轴、变速器总成、变速器壳体、水箱、冷凝器、传动轴、车桥、差速器、半轴等。

4）车身备件库存，如：前机舱盖、翼子板、侧围板、前后保险杠、前水箱框架、前散热网、车体顶盖、前仪表台、座椅等。

5）其他备件库存，如：玻璃、线缆、镶条、消音器、各种形体的铝管件等。

（3）按照汽车备件暂存地

周期性库存、在途库存、安全库存、缓冲库存、季节性库存、地域性库存等。这些库存备件，由于仓库建筑规模及库存量规模不同，存储分类的过程也有差异。

2. 库存管理链分析

对一个存储系统来说，物流结构及周转速度是影响库存质量的因素之一，它是衡量库存质量的一种标准。如图4-1所示为库存管理链示意图。

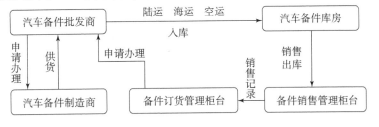

图4-1 库存管理链示意图

如果备件在库存管理链多个环节中，不以仓库存储的形式存在，而均是处于周转的状态，即零库存。这是所有商家期待实现的结果，但是"零库存"会加剧供需矛盾，不能满足用户的需求，那么，商家要得到的利益也无法实现。所以完全的零库存是不存在的、不现实的。

分析库存管理链示意图，不难看出，从备件制造厂到销售全过程，通过了多方的共同努力、协同管理，以确保这条循环链系统正常运转，这种管理称为备件库存管理。

3. 动态分析

库存分析与控制是计划人员的重要工作，探索总结库存分析与控制方法是提高计划业务水平的重要途径。

通过库存动态分析，将备件类别进行分析与控制，依据供需形势准确判断，充分发掘它们不同的特点，进行计划细分，采取恰当的策略，实现供货与需求相适应；备件存储合理，不出现不良库存；诚信服务于用户，获得适当利润。这就是管理要完成的任务，要达到的目标。为实现这一目标，就要提高库存周转率，降低库存投资。

备件的库存项目很多，库存多少才算适宜？所以库存管理的基本问题是——存什么，存多少。

（1）备件库存难点分析

1）用户需求量的差异，因库存不可能随时满足每个用户的需求。

2）新车型上市，旧车型淘汰导致备件不断更新。

3）用户需求类别的差异：

①需求保养件（汽油滤清器、机油滤清器、空气滤清器、各类皮带等）。

②需求维修件（发动机修理包、刹车泵修理包、自动变速器修理包等）。

③需求事故车件（灯具、车身件、车身装饰件等）。

④需求零售批发件。

4）资金投放量的额度。

5）业务人员的技能差异。

6）运输方式及运输时间的控制等。

这些因素管理不当，都会影响备件库存管理。通过掌握库存备件流动信息，提高全员管理水平，可以解决这一难题。丰田汽车公司从工作经验中总结出备件流动性分析法，以确保库存质量。下面设定以在库备件编号有3万个举例讲述。

（2）备件流动性分析

如图4-2所示，动态分析示意图是根据丰田汽车公司动态分析法绘制出来的，这个图的横向绘制了备件编号数量，纵向对应显示年销售量，由图可看出备件的流动性：

1）在3 000个备件编号里，年销售量可达19万件。

2）在8 000个备件编号里，年销售量可达4.8万件。

3）在1万个备件编号里，年销售量可达7 000件。

4）在9 000个备件编号里，年销售量为零，即无销量，处于压库滞销状态。

通过动态分析示意图，直观显示了销售量与在库备件编号的数量关系，由此分析得到如下结论：

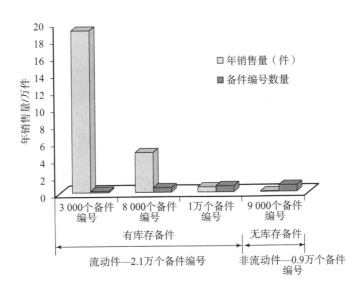

图 4-2 动态分析示意图

1) 得到收益的 3 000 个备件编号周转速度很快,市场流动性很好;
2) 得到收益的 8 000 个备件编号周转速度一般,市场流动性可以;
3) 得到收益的 1 万个备件编号周转速度慢,市场流动性一般;
4) 以上这些备件称为流动件;
5) 没有收益的 9 000 个备件编号,市场流动性很差,一年没有几次销货,有些备件甚至无销货,将这些备件称为非流动件。

从流动性分析得出:如果将资金平均投放,非流动件部分就会降低资金周转,而流动件出现资金不足,整体经营必定出现资金周转迟缓、收益下降的局面。

4. 备件年销售率分析

由上述列举可得到在库备件的年销售率,如图 4-3 所示为备件年销售率示意图。

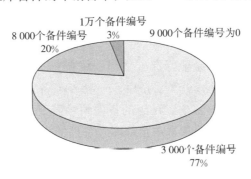

图 4-3 备件年销售率示意图

(1) 备件年销售率计算公式

$$备件年销售率 = 备件编号年销量/库存备件编号年销售总量 \times 100\% \quad (4-1)$$

通过直观动态分析示意图和库存年销售率计算公式得:

库存备件编号年销售总量 = 19 + 4.8 + 0.7 + 0 = 24.5(万件);

在 3 000 个备件编号里,年销售量可达 19 万件,年销售率 = $19/24.5 \times 100\% = 77\%$;

在 8 000 个备件编号里，年销售量可达 4.8 万件，年销售率 = 4.8/24.5 × 100% = 20%；

在 1 万个备件编号里，年销售量 7 000 件，年销售率 = 0.7/24.5 × 100% = 3%；

在 9 000 个备件编号里，年销售量为零，即无销量。

由上述分析得：

1）占年销售率最高的库存备件，出现在 3 万个备件编号内，占全年销售量的 77%，这是快速流动件部分，站在销售角度去分析，重点管理这一部分，可获得适当利润。

2）还有 8 000 个备件编号、1 万个备件编号，流动速度慢一些，那么销售获利就小。但是站在用户角度去分析，满意度就会增高。

3）还有 9 000 个备件编号在一年中无销售，处于压库滞销状态。

用上述指标去判断备件的库存量，是分析、修订、管理库存的方法之一，可提高销售利润。但是按照用户需求什么库房就存储什么，在现实库存管理工作中几乎做不到。

（2）库存管理基本规则

库存若想以最少的资金获取最多的收益，库存管理就要遵循下述的基本规则：

1）一定要库存流动件。采用不同的盘点频率、不同的管理方法，掌控进货备件信息、在库备件信息、出库备件信息、补货备件信息，以便确保库存数据准确率。

2）不要库存非流动件。如果非流动件库存量多，随着库存时间的递增，处理顺序是：等待出售、廉价出售处理、立即报废处理。

3）不要让流动件发生库存短缺。

4）接到非流动件订单，采用空运；时间允许（国内用户）可采用汽运。

如何实现供需适应、库存合理、用户满意、销售获利？美国通用公司采用 ABC 管理法，按级别重点管理库存。

5. ABC 分析法

ABC 管理法又叫 ABC 分析法，就是以某类库存备件品种数占库存备件品种总数的百分数和该类备件金额占库存备件总金额的百分数为标准，将库存备件分为 A、B、C 三类，进行分级管理。

ABC 管理法的基本原理：对企业库存（物料、在制品、产成品）按其重要程度、价值高低、资金占用或消耗数量等进行分类、排序，一般 A 类备件数目占全部库存备件的 10% 左右，而其金额占总金额的 70% 左右，A 组的备件编号需要用最大精力进行管理，高度注意周转，称为 A 级管理；B 类备件数目占全部库存备件的 20% 左右，而其金额占总金额的 20% 左右，B 组按照流动件正常管理，称为 B 级管理；C 类备件数目占全部库存备件的 70% 左右，而其金额占总金额的 10% 左右，C 组按照一般管理，库存充足就可适当放松，称为 C 级管理。

上面举例讲到，设定库存备件编号为 3 万个，而有销量的流动备件编号仅为 2.1 万个，如图 4-4 所示为分级管理示意图，分析显示：

3 000 个备件编号占有销量流动备件编号总数的 14%，而占总销量的 77%。（A 组）

8 000 个备件编号占有销量流动备件编号总数的 38%，而占总销量的 20%。（B 组）

1 万个备件编号占有销量流动备件编号总数的 48%，而占总销量的 3%。（C 组）

由此可见,快速流动件是极少的一部分。

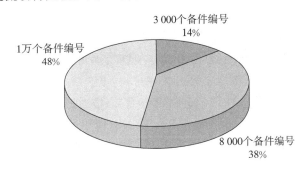

图4-4 分级管理示意图

按照ABC法去分析流动件的这种分级管理方式叫作按级别重点管理。按照这种ABC分析法,按级别重点管理库存流动件,正如前面所提到的"以最少的资金,获取最多的收益"。

A类库存备件:进货要勤、发货要勤,与用户密切联系,及时了解用户需求的动向;恰当选择安全系统,使安全库存量尽可能减少,与供应商密切联系。

B类库存备件:介于A类和C类备件之间,可采用定量订货为主,定期订货为辅的订货方式,并按经济订货批量进行订货。

C类库存备件:对于C类备件一般控制所占整个库存的比例,分析产生的原因,对比实际库存和理想库存,将不良的库存从整个库存中提取出来。采用比较粗放的定量控制方式,可以采用较大的订货批量或经济订货批量进行订货。

6. 不良库存分析方法

不良库存占据库房内的位置和空间,并增加业务人员管理工作量,产生资金积压,影响部门整体管理水平。要关注库存中不合理部分,包括其所占整个库存的比例,分析产生的原因,对比实际库存和理想库存,将不良的库存从整个库存中提取出来。根据数据仔细分析、具体管理、合理处理。

产生不良库存的原因有以下几条。

1)订货计划偏差产生不良库存。

市场需求的变动,总是遵循成长、稳定、衰败的变化过程。当部分备件在热销时,订购过量;随着时间的递增,新车型变成了旧车型,部分备件沉淀积压,形成不良库存。

2)市场预测偏差产生不良库存。

为了满足市场需求,要预测一定的库存,还必须有一定的在途库存和未到库存的订货备件。如果预测需求量高于市场需求量,也会产生不良库存。

3)结构性偏差产生不良库存。

为了应付个别车辆的维修冲击,对一些用量少、流动性很慢的备件,也需要做一定量的库存。一般来说,这些备件的周转速度要远远低于其他备件,造成库存增大。

4)工作失误产生不良库存。

在工作中,因意料之外的疏忽,造成备件损坏,形成不良库存;因为业务不熟练,将备件放错货位,造成滞销,形成不良库存;由于维修技师对车辆故障判断有误,使订购备件不能及时销售，形成不良库存。

5）专业管理技术水平不足产生不良库存。

订货时备件编号看错、备件编号选错、忽视备件目录中的说明栏内容，以及没有读懂目标说明栏中的内容，造成订回来的备件不适用。通常采用重新订货的补救方法。

6）补救方法，采用重新订货。

如果属于流动性较慢的备件补货，不但额外增大了资金投放量，还造成库存增加，库存工作量增大，费用增加；如果属于非流动性备件特约订货，由于订货时间的增长，供需双方产生矛盾，若用户提出退货，这部分属于销售率很低的库存，势必产生新的不良库存，甚至是死库存。

7. 不良库存常规处理

降低不良库存，要根据实际数据进行库存分析，提高全员管理技术水平；不能凭感觉预测市场；不能模仿订购热销备件，对已存在的不良库存要定期处理。

1）不良库存处理顺序类同非流动件，即：等待出售、廉价出售处理、立即报废处理。

2）不良库存处理费用是经营管理的必要费用。通常选用报废处理方法，其报废金额占年度销售金额3%左右（根据年度销售金额，可做适当调整）。

五、库存控制系统

库存量过大会产生诸多问题：增加仓库面积和库存保管费用，从而提高了备件成本；占用大量的流动资金；造成备件的有形损耗和无形损耗；造成企业资源的大量闲置，影响其合理配置和优化；掩盖了企业经营全过程的各种矛盾和问题，不利于企业提高管理水平。

库存量过小也会带来相应的问题：造成服务水平的下降，影响销售利润和企业信誉并造成备件供应不足，影响经营过程的正常进行；使订货间隔期缩短，订货次数增加，使订货成本提高。

因此库存控制系统必须解决3个问题：隔多长时间检查一次库存量？何时提出补充订货？每次订多少？按照对以上3个问题的解决方式的不同，可以分成三种类型的库存控制系统。

1. 定量库存控制系统

所谓定量库存控制系统就是订货点和订货量都是固定的库存控制系统。如图4-5所示为定量库存控制系统，当库存控制系统的现有库存量降到订货点（RL）及以下时，库存控制系统就向供应厂家发出订货单，每次订货量均为一个固定的量（Q）。经过一段时间，称为提前期（LT），订货到达，库存量增加Q，订货提前期是从发出订货至到货的时间间隔，其中包括订货准备时间、发出订单、供方接受订货、供方生产、备件发运、提货、验收和入库等过程。显然，提前期一般为随机变量。

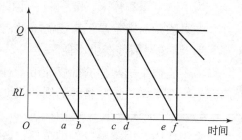

图4-5 定量库存控制系统

要发现现有库存量是否到达订货点 RL，必须随时检查库存量。定量库存控制系统需要随时检查库存量，并随时发出订货单。这样，增加了管理工作量，使得库存量得到严格的控制。因此，定量库存控制系统适用于重要备件的库存控制。为了减少管理工作量，可采用双仓系统。所谓双仓系统是将同一种备件分放两仓（或两个容器），其中一仓使用完之后，库存控制系统就发出订货单。在发出订货单后，就开始用另一仓的备件，直至到货，再将备件按两仓存放。

2. 定期库存控制系统

定量库存控制系统需要随时监视库存变化，对于备件种类多且订货费用较高的情况，是很不经济的。定期库存控制系统可以弥补定量库存控制系统的不足。定期库存控制系统就是每经过一个相同的时间间隔，发出一次订货单，订货量为将现有库存补充到一个最高水平 S。当经过固定间隔时间 T 之后，发出订货单，这时库存量降到 L_1，订货量为 $S-L_1$；经过一段时间（LT）到货，库存量增加 $S-L_1$；再经过固定间隔期 T 之后，又发出订货单，这时库存量降到 L_2，订货量为 $S-L_2$，经过一段时间（LT）到货，库存量增加 $S-L_2$，如图 4-6 所示为定期库存控制系统。定期库存控制系统不需要随时检查库存量，到了固定的间隔期，各种不同的备件可以同时订货。这样简化了管理，也节省了订货费。不同备件的最高水平 S 可以不同。定期库存控制系统的缺点是不论库存水平 L 降得多还是少，都要按期发出订货，当 L 很高时，订货量是很少的。为了克服这个缺点，就出现了最大最小库存控制系统。

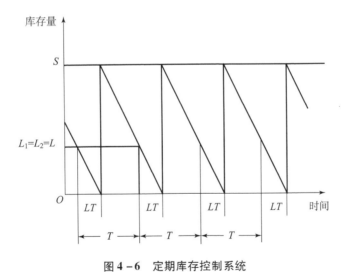

图 4-6 定期库存控制系统

3. 最大最小库存控制系统

最大最小库存控制系统仍然是一种固定间隔期系统，只不过它需要确定一个订货点 R。当经过时间间隔 t 时，如果库存量降到 R 及以下，则发出订货单；否则，再经过时间 t 时再考虑是否发出订货。最大最小库存控制系统如图 4-7 所示。当经过间隔时间 t 之后，库存量降到 I_1，I_1 小于 R，发出订货单，订货量为 $S-I_1$，经过一段时间 LT 到货，库存量增加 $S-I_1$。再经过时间 t 之后，库存量降到 I_2，I_2 大于 R，不发出订货单。再经过时间 t，库存量降到 I_3，I_3 小于 R，发出订货单，订货量为 $S-I_3$，经过一段时间 LT 到货，库存量增加 $S-I_3$，如此循环。

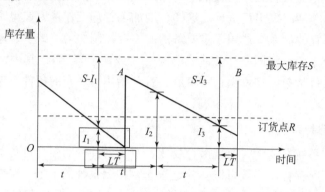

图 4-7 最大最小库存控制系统

 实施与考核

一、技能学习

备件库存管理不仅是传统的备件入库、出库、存储的业务管理，更是以提高用户满意度，确保利润为目的的存储、收发、计划与控制。一般将一年以上销量为零的备件称为死库存；半年以上销量为零的备件称为积压件；三月以上销量为零的备件称为滞销件。

由于销售部门的规模差异、经营项目差异、资金储备及投放差异，对上述备件销量为零的时间定义有所不同。

1. 库存控制方法的应用

在实际备件管理应用中按常规使用标准：6个月内发货次数不小于1的属于流动件；6个月内无发货次数的属于非流动件。

传统式的库存控制管理，保管员使用账簿记录并分析备件的进库、出库、在库数量及信息，计划员同样使用账簿记录备件的订货情况。记录方式是，账簿每页记录一个件，库存信息账簿甚多，汇总烦琐，反馈速度慢，库存控制总是不理想。随着汽车制造业的发展，车型的增多，账簿式库存控制管理已被淘汰。采用卡片式记录，将卡片插在卡片箱对应的编号区内。查库存信息较账簿快捷方便，但反馈速度仍然慢，库存控制管理依然不理想。目前，随着各类备件管理软件的出现，可以按照管理需要的模式，按照各部门的管理人员自己的管理项目授权操作。这种模式数据精确、管理速度快、信息反馈敏捷，已成为现代汽车备件管理领域最佳的管理模式。

（1）库存量计算公式的应用

$$库存月数 = \frac{月备件库存金额（进货价）}{月均备件销售金额（进货价）} \tag{4-2}$$

注：库存量通常使用库存月数表示，该公式是用来衡量库存效率的。

实际库存管理使用"标准库存月数"，主要包括3个方面：

1）订货周期：订货周期1次/月、2次/月、1次/2个月等。订货周期用库存：从本次订货到下次订货，这段时间内所需库存量。

2) 到货期间用库存：从订货至到货，这段时间内所需库存量。

3) 安全库存：为需求量变动或到货期推迟而准备的库存量。与到货期有关，到货期的长短会导致库存量波动，用简易法表示：安全库存 = 0.8 × 到货期间用库存的月数量。

上述 3 种情形的库存量，如果能同时满足，就称为总库存量，属于正常库存。

例 1：

平均月销售金额 = 10 万元；

库存总金额 = 60 万元；

利用库存量计算公式得：库存月数 = 60/10 = 6 个月；

解释：这个指标仅可衡量库存效率。

例 2：

如果某备件部门，每月订货 1 次，作为订货周期用库存；从订货到入库平均时间为 4 个月，则：

① 订货周期用库存　　　　1 个月；
② 到货期间用库存　　　　4 个月；
③ 安全库存　　　　　　　4 个月 × 0.8 = 3.2 个月；

① + ② + ③ = 8.2 个月，这个数值为"标准库存月数"，即总库存量。

安全库存与到货期长短有关，安全库存通常用复杂的高等数学计算，而用简易法表示。

即：安全库存 = 0.8 × 到货期间用库存的月数量。

(2) ABC 管理法的应用

运用"动态分析"法和"ABC"管理法，来确定级别标准库存数。

计算公式：标准库存数 = 平均月销售数 × 标准库存月数。(4 个月平均数)

备件的标准库存月数与标准库存数见表 4 - 1。

表 4 - 1　备件的标准库存月数与标准库存数

级别	备件编号	平均月销售数	标准库存月数	标准库存数
A 组	12345 - 10010	40	8	320
	12345 - 20010	30	8	240
B 组	23456 - 10011	10	10	100
	23456 - 20020	5	10	50
C 组	34567 - 10020	2	13	26
	34567 - 20030	1	13	13

表 4 - 1 内容解释：

1) 为了掌握库存控制方法的应用，表中的内容都是虚拟的。

2) 应用分析：

流动件按照 ABC 分析法，分为 3 组：A 组、B 组、C 组；

①标准库存月数（A 组）= 订货周期 + 到货期 + 安全库存 = 1 + 4 + 0.8 × 4 = 1 + 4 + 3 = 8 个月；

A 组流动件，周转速度最快，属于畅销件，订货周期 1 次/1 个月，标准库存月数为 8 个月；

②标准库存月数（B 组）= 订货周期 + 到货期 + 安全库存 = 3 + 4 + 0.8 × 4 = 3 + 4 + 3 = 10 个月；

B 组流动件，周转速度低于 A 组，订货周期 1 次/3 个月，标准库存月数为 10 个月；

③标准库存月数（C 组）= 订货周期 + 到货期 + 安全库存 = 6 + 4 + 0.8 × 4 = 6 + 4 + 3 = 13 个月；

C 组流动件，周转速度低于 B 组，订货周期 1 次/6 个月，标准库存月数为 13 个月；

④因 A 组件每月发一次，B 组件每 3 个月发一次，C 组件每 6 个月发一次，所以，每当发 A 组件时，就将 B、C 组的件一同发几件，确保 B、C 组的件在"标准库存月数"内，不出现短缺就可以。这样做，虽然增加了 B、C 组订货次数，但月投放资金减少了、费用降低了；

⑤如果 3 组按照相同的"标准库存月数"订货，销售速度慢的那些备件，就会造成整体库存量上升，降低资金周转率。

2. 库存备件周转率的应用

库存结构影响库存周转率，所以它也是衡量库存质量的一种标准。

库存周转率公式：

$$本月库存周转率 = \frac{当月出库总成本}{(月初库存 + 月末库存)/2} \quad (4-3)$$

实际运用这一公式控制库存结构，可减少不同环节的库存浪费，从而提高了库存周转率。当月在库总成本采用（月初库存 + 月末库存）/2，即平均库存值，是将已订货在月末之前才能到货的备件，计算在在库总成本里，这样分析本月库存周转率，可提高库存结构控制的精确率。在较低的库存条件下，也可得到较高的客户满意度。

3. 库存备件级别修正的应用

所有的指标分析，都是对备件库存结构的控制，以便设计出安全库存。比如，对流动件的分级管理，这种分级不是固定的、不是永恒不变的，它是随市场的需求在变，随备件的客观规律在变。

（1）影响库存备件级别修正的因素

备件的流通级别不是一成不变的，快流件可能变成中流件，甚至变成慢流件；而中流件和慢流件在一定时间内可能变成快流件。影响和决定备件流通级别的因素是多方面的，主要有以下几点：

1）车辆投放市场的使用周期。一般车辆使用寿命为 10 年，前 2~3 年备件更换少，中间 4~5 年是换件高峰期，最后 1~2 年更换又逐渐减少，如图 4-8 所示为汽车使用周期与备件需求供应关系。

2）制造、设计上的问题。材料选择不当、设计不合理，如日本三菱汽车公司生产的帕杰罗 V31 型和 V33 型越野汽车曾因制动器输油管的设计问题，导致制动失灵发生不少交通

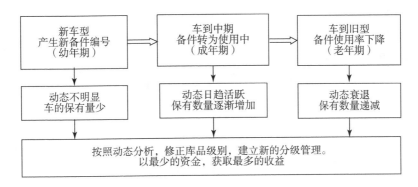

图 4-8 车辆使用周期与备件需求供应关系

事故。

3）使用不合理。如某汽车适用于寒冷地区，如果把它用于热带地区就容易出现故障，造成相关备件损坏。

4）燃油、机油选择不当或质量有问题，也会影响备件使用寿命。如喷油器堵塞、三元催化器的早期失效损坏，备件早期磨损等。

5）道路状况。如在山区、丘陵地区长期使用，制动系统备件的库存量应在正常基础上有所提高；如在矿区环境下长期使用，空气滤清器、活塞、活塞环等发动机备件库存量应适当提高；如本地区路况较差，则轮胎、减震器、悬架等备件应准备充分。

6）季节性。夏季来临时，冷却系统和空调制冷系统相关备件应多储备；冬季来临前，点火系统、起动系统及暖风控制系统相关备件要准备充足。

（2）修整方法

定期大规模修整。库存备件的级别划分，应每 6 个月进行一次最为适宜，最好在盘点库存时进行。根据实际销售量，还可及时修正备件级别。

备件级别划分标准见表 4-2。

表 4-2 备件级别划分标准

级别	备件编号所占比例/%	销售额所占比例/%
A	10	60
B	25	25
C	30	40
非流动件	35	—

在表 4-2 中：

1）用电脑备件管理系统，按 6 个月在库件显示；

2）参照最高的销售量值，排序备件编号；

3）当计算机一直算到备件编号所占比例（＝最高销量备件编号在库个数和/在库备件编号总个数）为 10% 为止，这个组就为 A 组；以大于 10% 小于等于 35% 的区间数为 B 组，余下流动件为 C 组，非流动件的列为一组；

4）销售额所占比例：销售额所占比例 = 单个备件销售总额/在库备件总销售额；

5）根据需要，确认是否打印列表清单。

参照最高销售量备件排序见表4-3。

表4-3 参照最高销售量备件排序

序号	备件编号	6个月销售数量	级别	序号	备件编号	6个月销售数量	级别
1	A	30	A	11	K	7	C
2	B	27	A	12	L	2	C
3	C	25	B	13	M	1	C
4	D	25	B	14	N	0	无动态件
5	E	24	B	15	O	0	无动态件
6	F	24	B	16	P	0	无动态件
7	G	24	B	17	Q	0	无动态件
8	H	22	C	18	R	0	无动态件
9	I	15	C	19	S	0	无动态件
10	J	8	C	20	T	0	无动态件

注：1）备件编号使用字母替代；

2）使用电脑备件管理系统，按6个月在库备件，累加每个备件编号6个月销售总数量，降序列表。

4. 备件库存的确定

备件库存是指在一定条件下，为保证生产（或销售）顺利进行所必需的、最经济合理的备件储备数量的标准。备件库存的确定是需求分析的主要内容。多储会造成"备而无用"，积压浪费；少储会造成"用而无备"，供不应求，影响生产（或销售）。需求分析就是要确定理想的备件库存数量。

需求分析中确定的备件库存一般有经常库存和保险库存两种。经常库存是指前后两批备件到货间隔期内，保证生产（销售）正常进行所需的备件储备数量。

$$经常库存 = 到货间隔时间 \times 平均每天需要量$$
$$保险库存 = 保险储备天数 \times 平均每天需要量$$

一个单位备件标准库存，由经常库存和保险库存两部分组成，经常库存是一个变化的量。备件库存有上限和下限，上限叫作最高库存，即经常库存与保险库存之和；下限叫作最低库存，即保险库存。用公式表示是：

$$最高库存 = 经常库存 + 保险库存$$
$$最低库存 = 保险库存$$

具体制订时，一般都是根据统计资料，计算得出统计期（如年度）内备件总耗用量，除以该统计期内的营运车数（或保修作业车数、次数等），计算出平均每天需要量，再据此计算备件标准库存。

二、任务实施与考核

4~5名学生自由组合为一个小组,依据提供的条件,完成库存分析表,画出动态分析示意图。技能学习工作单见表4-4。

表4-4 技能学习工作单

实训项目: <u>汽车备件库存分析</u>

班级		学号		姓名	
库存分析表（样表）					
序号	备件编号（个数）	件号所占比例	6个月销售额/万元	销售额所占比例	级别
1	A		16.0		A
2	B		14.0		A
合计	(2个)	10%	30.0	60%	
3	C		8.0		B
4	D		4.0		B
5	E		1.5		B
6	F		1.5		B
合计	(4个)	20%	15	30%	
7	G		1.2		C
8	H		1.0		C
9	I		1.0		C
10	J		0.7		C
11	K		0.6		C
12	L		0.5		C
合计	(6个)	30%	5	10%	
13	M (8个)	40%	0	—	非流动件
累计	(20个)		50		
1. 根据上表已知内容,请填写"备件编号所占比例"和"级别"两栏未知内容; 2. 根据上表"合计"栏所在行的已知内容,练习用电脑作动态分析示意图,并用文字解释图表含义。					
自我评价（个人技能掌握程度）：□非常熟练　□比较熟练　□一般熟练　□不熟练					
教师评语：（包括工作单填写情况、语言表达、态度及沟通技巧等方面,并按等级制给出成绩)					
实训记录成绩_____　　教师签字：_____　　_____年___月___日					

教师考核记录表见表4-5。

表4-5 教师考核记录表

实训项目：__汽车备件库存分析__

班级		学号		姓名	
项目	工作表现			分值	评分
与客户沟通情况				10	
工作态度				10	
工作单填写情况				30（工作单成绩折算）	
基础知识掌握情况				40	
是否自主学习查阅相关资料				10	
总分					

教师签字：
_____年___月___日

任务二　备件入库作业

学习目标

①了解备件入库常识；
②熟悉备件入库时应当履行的手续及工作内容；
③了解备件仓库管理员的主要职责。

任务分析

汽车备件类型繁多，除了金属材料制品外，还有橡胶制品、工程塑料、玻璃、石棉等；此外还有汽车美容用品、各种油品、液类、油漆类等。汽车备件在入库前一定要按照入库流程对其进行严格的检验再入库。

相关知识

入库是指仓库管理员依据入库计划，接受备件供应商入库申请，在收到备件和相应入库验收单时，按照库房管理制度清点货物，通过入库搬运、安排货位、堆码等工序，按照要求将备件存放在指定地点，并在入库验收单上签字。入库作业基本业务流程如图4-9所示。

一、入库作业计划

入库作业计划是根据仓储保管合同和备件供货合同来编制备件入库数量和入库时间进度

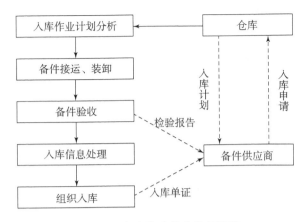

图 4-9 入库作业基本业务流程

的计划。它的主要内容包括入库备件的品名、种类、规格数量、入库日期、所需仓储容量、仓储保管条件等。仓库计划工作人员先对各入库作业计划进行分析，再编制出具体的入库工作进度计划。

二、备件接运与装卸

备件的运输过程不都是"门到门"的直达方式。有的是通过铁路、公路、水路等公共运输方式转运到达，需要仓库或配送中心从相应站、港接运备件，要求能够及时组织接收卸货入库。

备件的接运是其入库业务流程的第一道作业环节，也是备件仓库直接与外部发生的经济联系。它是备件入库和保管的前提，也影响到备件的验收和入库后的保管业务。

三、备件入库验收

备件入库验收是备件入库保管的准备阶段。备件一经验收入库，仓库保管工作就正式开始，同时也就划清了入库和未入库之间的责任界限。入库的备件情况比较复杂，有的在出厂之前就不合格，如包装含量不准确、包装本身不符合保管和运输的要求；有的备件在出厂时虽然是合格的，但是经过几次装卸搬运和运输，致使有的包装损坏、数量短缺、质量受损，有的备件已经失去了部分使用价值，有的甚至完全失去使用价值。这些问题都要在入库之前弄清楚，划清责任界限。否则，备件在入库保管之后再发现质量、数量问题，就会由于责任不清，给企业造成不必要的经济损失。

1. 入库验收流程

入库验收流程如图 4-10 所示。

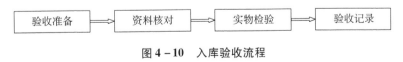

图 4-10 入库验收流程

（1）验收准备

首先需要熟悉入库凭证及相关订货的资料，准备并校验相应的验收工具，如磅秤、卡尺等，保证计量准确；准备堆码、搬运用的搬运设备、工具及材料；根据到货备件数量及保管

要求，确定备件的存放地点和保管方法等。

（2）资料核对

入库备件应该具备以下资料：

1）主管部门提供的产品入库通知单；

2）发货单位提供的产品质量证明资料；

3）发货明细表、装箱单；

4）承运部门提供的运单及证明其承运资质的必要证件。

上述资料核对准确无误后方可进行实物检验。

（3）实物检验

实物检验包括对备件数量和质量两个方面的检验。

1）数量检验。

数量检验是整个入库验收工作中的重要组成部分，是搞好保管工作的前提。数量检验是查对到货备件的名称、规格、型号、件数等是否与入库通知单、运单、发货明细表一致。在验收时，验收方应采取与供货方一致的计量方法，如供货方按重量供货，应以米、斤为单位进行验收；供货方以件数供货，应清点件数；供货方以长度换算供货，应以米计量换算等。

2）质量检验。

质量检验包括对备件的包装状况、外观质量和内在质量的检验。一般仓库只负责包装和外观质量的检验，通过检验外形判断备件质量状况。需要进行技术检验确定备件质量的，则应通知企业技术部门检验或者取样送至专业检验部门检验。

（4）验收记录

备件验收过程需要做好验收记录，及时记录验收结果。验收记录内容主要包括备件名称、规格、供货单位、出厂日期（或批号）、运单、到达日期、验收完毕日期、应收数量、实收数量、抽查数量及质量情况等。凡遇到数量短缺或包装破损的，应注明短缺数量及残损程度，并进行原因分析，附承运部门的现场验收签证或照片，应及时与供货商沟通或报与上级管理部门处理。处理期间，备件应另行存放，不得与合格备件混存，更不能发放使用，仍需妥善保管。

2. 备件的验收步骤

（1）清点数量

1）接收送货单（或货运单）。货运公司在备件送到时，首先要接收送货单（或货运单），一式两联，常见的送货单如图4-11所示，做收货准备。

2）确认送货单（货运单）内容。确认送货单（货运单）上收货单位为本公司名称，确认本次收货的日期和收货的数量，准备收货。

3）清点数量。按一个包装封签为一个件数进行清点，清点时确认备件包装上公司的名称是本公司的名称，确认发货日期和送货单（货运单）上的日期相符，清点后确认收到的件数与送货单（货运单）上件数一致。

4）过磅称重。凡是需要称重的备件，一律全部过磅称重，并要记好重量，以便计算、核对。

送货单

0039865

收货单位：______________

地　　址：　　　　　　　　　　　电话：__________　　　年　　月　　日

货号	名称及规格	单位	数量	单位	金额								备注
					十	万	千	百	十	元	角	分	
合计	佰　拾　万　仟　佰　拾　元　角　分				¥ ________								

收货单位及经手人　（盖章）　　　　收货单位及经手人　（盖章）

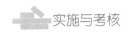

图 4－11　送货单

（2）检查包装

在点清大件的基础上，对包装物上的商品标志与入库单进行核对，逐一检查收到的备件外包装的完整性。只有在实物、标志与入库凭证相符时，方能入库。对包装物是否符合保管、运输的要求进行检查验收，如果经过核查发现票物不符或包装破损或异状时，应将其单独存放，并协助有关人员查明情况，妥善处理。

（3）开箱点验

凡是出厂原包装的备件，一般开箱点验的数量为 5% ～10% 。如果发现包装含量不符或外观质量有明显问题，如包装不完整备件（包括有明显碰撞痕迹、破损、漏油等）、易损件（如灯具件、钣金件等），可以不受上述比例的限制，适当增加开箱检验的比例，直至全部开箱。新备件入库，亦不受比例限制。对数量不多而且价值很高的汽车备件、非生产厂原包装的或拼箱的汽车备件、国外进口汽车备件、包装损坏或异状的汽车备件等，必须全部开箱点验，并按入库单所列内容进行核对验收，同时还要查验合格证。经全部查验无误后，才能入库。

3. 入库验收中发现问题的处理

1）在验收备件过程中，发现备件数量与要求不符，应及时与有关负责部门和人员联系，在得到他们同意后，方可按实收数签收入库。

2）备件质量有问题，或者名称、规格出错，证件不全，包装不符合保管、运输要求的，一律不能入库，应将其退回有关部门处理。

实施与考核

一、技能学习

备件入库流程。

1. 入库搬运

备件入库搬运包括备件在仓库设施内的所有移动。仓库收到备件后，为了库存管理和出库的需要，有必要在仓库内搬运备件并将其定位。当备件需要出库时，把所需备件集中起来将其送到备件发料区。一般说来，备件在出库前至少要有两次或两次以上的搬运。第一次搬运是将备件搬运入库并放置在指定的存储位置上。第二次搬运是将其搬运至拣货区，如果备件沉重或体积庞大，则第二次搬运可以省去。第三次搬运是把备件运至发料区。在搬运过程中应当注意的事项如下：

1）尽量使用工具搬运，如小型手推车、平板车等，以提高工作效率；
2）尽量减少搬运次数，减少搬运时间；
3）缩短搬运距离，节省人力；
4）备件应有明确的搬运线路，避免造成搬运混乱；
5）保持通道畅通，注意人身及备件安全。

2. 货位安排

货位就是指仓库中备件存放的具体位置，在库区中按地点和功能进行划分以存放不同类别的备件。货位的合理设置，可以方便仓库对备件的组织和出入库对备件的管理。备件仓库货位的安排主要遵循以下原则：

1）尽量充分利用库存空间，货位布置紧凑，提高库容利用率；
2）能够以最快的速度找到所需备件；
3）尽量缩短行走及搬运距离，提高工作效率；
4）分别存储相似备件，降低拿错备件的概率。

3. 堆码

堆码就是将备件整齐、规则地摆放成货垛的作业过程。要根据备件的性能特点，安排适当货位。一般按五五堆码原则（即五五成行、五五成垛、五五成层、五五成串、五五成捆）的要求，排好垛底，并与前、后、左、右的垛堆保持适当的距离。批量大的，可以另设垛堆，但必须整数存放、标明数量，以便查对。建卡时，注明分堆码寄存位置和数量，同时在分堆处建立分卡。

4. 入库信息登记

备件经验收无误后即应办理入库手续，进行登账、立卡等手续，妥善保管备件的各种证件、说明、账单资料。

1）登账。仓库对每一种规格及不同质量（级别）的备件都必须建立收、发、存明细账，以及时反映备件存储动态。登账时必须以正式的收发凭证为依据。
2）立卡。料卡是一种活动的实物标签，反映库存备件的名称、规格、型号、级别、储备定额和实存数量。一般料卡直接挂在货位上。备件入库或上架后，将备件名称、规格、数量等内容填在料卡上称为立卡。
3）建档。历年的备件技术资料及出入库有关资料应存入备件档案，以便查询，积累备件报告经验。备件档案应一物一档，统一编号，做到账、卡、物三者相符，以便查询。

二、任务实施与考核

4~5名学生自由组合为一个小组，依据提供的条件，完成备件入库操作。技能学习工作单见表4-6。

表 4-6 技能学习工作单

实训项目：__汽车备件入库__

班级		学号		姓名	
备件入库单					
序号	名称	库存数量/个	备件编号	规格型号	货位	入库数量/个
1	机油滤清器	50				10
2	汽油滤清器	32				10
3	空气滤清器	35				10
4	刹车总泵	5				2
5	刹车片	8				3
6	保险丝5A	39				20
…						

1. 根据上表中准备的备件，依照备件入库流程进行入库操作；
2. 仔细检查入库备件，完成备件入库单并立卡。

自我评价（个人技能掌握程度）：□非常熟练　□比较熟练　□一般熟练　□不熟练

教师评语：（包括工作单填写情况、语言表达、态度及沟通技巧等方面，并按等级制给出成绩）

实训记录成绩_____　　　教师签字：_____　　　_____年___月___日

教师考核记录表见表 4-7。

表 4-7 教师考核记录表

实训项目：__汽车备件入库__

班级		学号		姓名	
项目	工作表现		分值		评分
与客户沟通情况			10		
工作态度			10		
工作单填写情况			30（工作单成绩折算）		
基础知识掌握情况			40		
是否自主学习查阅相关资料			10		
总分					
			教师签字：_____年___月___日		

任务三　备件出库作业

学习目标

①掌握汽车备件出库管理工作的知识；
②掌握汽车备件出库作业操作的基本流程；
③掌握汽车备件出库的核算方法；
④熟悉备件出库的不同情况及处理事宜。

任务分析

对于备件出库，一定要根据出库凭证做到迅速和准确，同时要贯彻合理地发放金额出库原则，防止长期积压造成过期变质。通过不同的出库核算方法对库存进行核算，对出库凭证不全的备件一定不能出库，在出库后要做好备件的出库登记。

相关知识

一、备件出库的概念

备件出库作业是指备件存货的领用、消耗或交运至客户并过账的操作行为。出库作业的结果是导致仓库存货的减少。

备件出库作业是根据维修部门开出的备件出库凭证（提货单、调拨），按其所列的汽车备件编号、名称、规格、型号、数量等项目，组织备件出库一系列工作的名称。出库发放的主要任务是：所发放的备件必须准确、及时、保质保量地发给维修部门，包装必须完整、牢固、标记正确清楚，核对必须仔细。

备件出库必须依据维修部门开出的领料单进行，维修领料单如图4-12所示。不论在何种情况下，仓库都不得擅自动用、变相动用或者外借库存备件。领料单的格式不尽相同，不论采用何种形式，都必须是符合财务制度要求的有法律效力的凭证，要坚决杜绝凭靠信誉发货或无正式手续的发货。

二、出库核算方法

汽车维修企业一般采用先进先出法、加权平均法或个别计价法确定发出存货的成本。

1. 先进先出法

先进先出法是指根据先购进的存货先发出的成本流转假设，对存货的发出和结存进行计价的方法。采用这种方法的具体做法是先按存货的起初余额的单价计算发出的存货的成本，领发完毕后，再按第一批入库的存货的单价计算，依此从前向后类推，计算发出存货和结存存货的成本。

维修领料单

No.XXXXXXX   地址：XXXXXXX   电话：XXXXXXX

车辆号码：　　　　　　　　　客户：
厂牌型号：　　　　　　　　　联系电话：

序号	材料名称	规格型号	货位	库存量	单位	单价/元	数量	金额/元	出库
1	机油格	15208-ED50AB		32	个	25.00	4	100.00	是
2	机油	10W-40		40	桶	128.00	4	512.00	是
3	空气滤芯	16546-V0193		8	个	40.00	1	40.00	是
4	空调滤网	27277-JN00A		6	个	45.00	1	45.00	是
总　　计							10	697.00	

操作员：　　　　　　　　　　　　　　打印日期：

图 4-12　维修领料单

先进先出法是存货的计价方法之一。它是根据先购入的备件先领用或发出的假定计价的。用先进先出法计算的期末存货额，比较接近市价。

先进先出法是以购入的存货先发出这样一种存货实物流转假设为前提，对发出存货进行计价的一种方法。采用这种方法先购入的存货成本在后购入的存货成本之前转出，据此确定发出存货和期末存货的成本。

例：假设库存为零，1 日购入 A 备件 100 个，单价 2 元；3 日购入 A 备件 50 个，单价 3 元；5 日销售发出 A 备件 50 个，则发出单价为 2 元，成本为 100 元。

先进先出法假设先入库的备件先耗用，期末库存备件就是最近入库的备件，因此发出备件按先入库的备件的单位成本计算。

以先进先出法计价的库存备件则是最后购进的备件存货。市场经济环境下，各种备件的价格总是有所波动的，在物价上涨过快的前提下，由于物价快速上涨，先购进的存货其成本相对较低，而后购进的存货成本就偏高。这样发出存货的价值就低于市场价值，备件销售成本偏低，而期末存货成本偏高。但因备件的售价是按近期市价计算，因而收入较多，销售收入和销售成本不符合配比原则，以此计算出来的利润就偏高，形成虚增利润，实质为"存货利润"。

由于虚增了利润，就会加重企业所得税负担，以及向投资人分红增加，从而导致企业现金流出量增加。但是从筹资角度来看，较多的利润、较高的存货价值、较高的流动比率意味着企业财务状况良好，这可博得社会公众对企业的信任，增强投资人的投资信心；而且利润的大小往往是评价一个企业负责人政绩的重要指标，不少企业按利润水平的高低来评价企业管理人员的业绩，并根据评价结果来奖励管理人员。此时，管理人员往往乐于采用先进先出法，因为，这样做会高估任职期间的利润水平，从而多得眼前利益。

2. 加权平均法

加权平均法也称为全月一次加权平均法，是指用本月购入存货数量加上月初存货数量作

为权数或本月购入存货成本加上月初存货成本,计算出存货的加权平均单位成本,以此为基础计算本月发出存货的成本和月末库存存货的成本的一种方法。具体算法如下:

存货加权平均单位成本=(月初存货成本+本月购入存货成本)/
(月初存货数量+本月购入存货数量)

月末库存存货成本=月末库存存货数量×存货加权平均单位成本

本月发出存货的成本=本月发出存货的数量×存货加权平均单位成本
=月初存货成本+本月收入存货成本-月末存货成本

加权平均法在市场预测里,就是在求平均数时,根据观察期各资料重要性的不同,分别以不同的权数加以平均的方法。其特点是:所求得的平均数,已包含了长期趋势变动。

加权平均法的优点是计算手续简便。缺点是:第一,采用这种方法,必须要到月末才能计算出全月的加权平均单价,这显然不利于核算的及时性;第二,按照月末加权平均单价计算的月末库存备件价值,与现行成本相比,有比较大的差异。

事实上,资产负债表中的数据是一个时点数,而利润表中的数据是时期数,财务比率是财务报表中数据的比值。如果计算某一比率时,其中一个数据来自于资产负债表而另一数据来自于利润表,来自于资产负债表的数据在整个期间(如一年)内可能是变化的,如股本数、净资产、总资产等,由于取数方法的不同就出现了全面摊薄和加权平均的概念。全面摊薄是指计算时按照期末(如年末)数计算,不取平均数,如用年末股数计算的全年摊薄每股收益。加权平均法是计算平均值的一种方法,是按照权数来进行平均。还有一种就是简单平均法,如计算存货周转率时就采用了简单平均法。

3. 个别计价法

个别计价法又称为个别认定法、具体辨认法、分批实际法。采用这一方法是假设存货的成本流转与实物流转一致,按照各种存货,逐一辨认各批发出存货和期末存货所属的购进批次或生产批次,分别按其购入或生产时所确定的单位成本作为计算各批发出存货和期末存货成本的方法。

个别计价法的优点是计算发出存货的成本和期末存货的成本比较合理、准确。但在实际操作中工作量繁重、困难较大,适用于容易识别、存货品种数量不多、单位成本较高的存货计价。

个别计价法的计算公式是:

发出存货的实际成本=各批(次)存货发出数量×该批次存货实际进货单价

例:某工厂本月生产过程中领用A材料2 000 kg,经确认其中1 000 kg属第一批入库材料,其单位成本为25元;600 kg属第二批入库,单位成本为26元;400 kg属第三批入库,单位成本为28元。本月发出A材料的成本计算如下:

发出材料实际成本=1 000×25+600×26+400×28=51 800(元)

一般备件部门通过服务率来统计备件的出库效率。备件部门与维修部门协作旨在减少维修技工的闲置时间,增加维修车间和备件部门的生产力,提高顾客便利性和满意度,并提高经销商利润。

为了最大限度让顾客满意,关键之处在于4S店应依据承诺将完工车辆交还顾客。维修部门的服务率应在90%~95%,并且每月进行监控。在大多数情况下,维修部门是备件部门最重要的顾客，并且经销店最大的备件收益还是由维修部门的备件服务来获得的。因此，经销店库存水平能够持续稳定地向维修部门提供所需的备件是非常重要的。如果要检查上述执行情况，经销店应每月监控服务率。服务率的监控方法如下两个公式所示：

$$服务率 = \frac{当月出库总件数 - 缺货件数}{当月出库总件数} \times 100\%$$

或者按照每天的供应情况统计服务率，则更加精确。

$$服务率 = \frac{当天接收到的订货中立即出库率在50\%或以上的备件件数}{当天接收订单的总件数} \times 100\%$$

例：维修部门一个月的总施工单数为752，其中有728个施工单需要更换备件。此4S店备件库存可以满足的施工单有672个，则该备件部门当月的服务率为：

$$\frac{672（有备件库存的施工单）}{728（所有需要备件的施工单）} = 92\%$$

另外，除了统计服务率之外，销售备件的品种和数量对于备件的库存和订货也有重要的指导意义，所以备件部门要对每天销售的备件的品种和数量进行统计。

三、备件出库的依据和要求

1. 备件出库的依据

备件出库必须依据维修部门开得领料单进行。不论在任何情况下，仓库都不得擅自动用、变相动用或者外借库存备件。出库凭证的格式不尽相同，不论采用何种形式，都必须是真实、有效的。

2. 备件出库的要求

1）严格贯彻"三不、三核、五检查"的原则。"三不"即未接单据不翻账，未经审核不备货，未经复核不出库；"三核"即在发货时，要核实凭证、核对账卡、核对备件；"五检查"即对单据和备件要进行品名、规格、包装、件数、重量检查。

发货时必须先通过系统打印出库单，再由发货人和领料人共同验货、清点，确认货单相符、数量正确、质量合格后在出仓单上签字确认。

2）严格按照备件出库的各项规章制度和出库计划进行，出库凭证和手续必须符合要求。如未验收的备件以及有问题的备件不得发放出库，超过提货单有效期尚未办理提货手续，不得发货等。

不允许先发出备件，事后补办领料手续。打印出库单前，必须认真核对，确认相关位置码、备件编号、名称、适用车型等信息与需求备件完全一致，杜绝出库备件名实不符。仓库管理员发货时，应根据入库日期按照先进先出原则进行操作。仓库管理员每收发一项备件都必须及时准确录入系统，及时在进销存卡上准确记录收发时间和数量，进销存卡必须对应货位、备件名称、备件编号，不可乱放乱记。

维修车间因外出救援或判断疑难故障而借用备件时，应填写《备件借用出库表》，经服务经理签字确认后方可借用，并确保当日归还并且单据要整洁、完好。仓库管理员应主动跟进，及时收回借出的备件，备件主管必须在每天下班前，检查所借出的备件是否收回。

3）坚持先进先出原则。所谓先进先出就是根据备件入库的时间先后，先入库的备件先出库,以保持库存备件品质完好状态。尤其对于易变质、易破损、易腐败的备件,性能易退化、老化的备件,应加快周转,对变质失效的备件应妥善进行处理。

4)提高工作效率,提升服务质量。做好工作计划,高效完成每一发货环节;备件出库要做到准确、及时、保质、保量,要确保备件安全,防止差错事故的发生,减少客户损失;出库备件要符合运输要求,为客户提货创造方便条件,提升客户满意度。

3. 备件出库的形式

(1) 自提

即提货单位持出库凭证(提货单)自行到仓库提货,保管员根据提货单上所列的名称、规格、数量当面点交给提货人员。

(2) 送货

仓库受提货单位委托,将其所需备件,按提货单所列内容运送到使用单位,并在使用单位当场点交。

(3) 代运

仓库受外埠用户委托,按单将备件配齐后通过铁路、水运、航空、邮寄等方式,将备件发至用户所在地的车站、码头、邮局。此种出库形式的交接,是与铁路、水运等运输部门进行的,仓库按规定程序办理完托运手续并取得运输部门的承运凭证,将应发备件全部点交承运部门后,责任才开始转移。

 实施与考核

一、技能学习

1. 备件出库流程

(1) 验单

审核备件出库凭证,应注意审核备件提货单或调配单内容,确定提货单的合法性和真实性。需审核备件的品名、型号、规格、单价和数量。凡在审单的过程中,有备件的名称、规格型号不对的,印鉴不齐全、数量有涂改、手续不符合要求的,均不能发货。

(2) 登账

对于审核无误的出库备件,仓库会计即可对凭证所列项目进行登记,核存储量并在发货凭证上标注发货备件存放的货区、库房、货位编号及发货后的结余数等;同时,开备件出库单,连同货主开制的备件提货单一并交仓库管理员查对配货。在汽车4S店仓库发货业务中,一般采用先登账后付货的形式。采用这种方式,除了必须认真审单之外,还应根据仓储账页,在提货单上批注账面结存数,配合仓库管理员在付货后核对余数;对于移动货位的备件,需随即更正货位,以方便仓库管理员按位找货。这种登账方法可以配合仓库管理员的付货工作,起到预先把关的作用。

(3) 拣货

保管员对领料单进行复核,在确认无误后,按所列项目和标注进行拣货。拣货时应按"先进先出""易坏先出""已坏不出"的原则进行。汽车4S店仓库通常采用拣选式方式进行拣货。拣选式配货作业时分拣人员或分拣工具巡回于各个货位并将所需备件取出,完成拣

货任务，货位相对固定，而拣货人员或分拣工具相对运动。拣选式配货作业的基本流程是：储物货位相对固定，而拣货人员或工具相对运动，所以又称为人到货前式工艺。形象地说，类似人们进入果园，在一棵树上摘下熟了的果子后，再转到另一棵树前摘果，所以又形象地称为摘果式或摘取式工艺。

（4）包装

在备件出库时，往往需要对备件进行拼装、加固或换装等工作，这均涉及备件的包装。对备件包装的要求是：封顶紧密、捆扎牢固、衬垫适当、标记正确。包装工作在大型仓库中由专职人员负责。

（5）待运

包装完毕，经复核员复核后的出库备件均需集中到理货场所，与理货员办理交接手续，理货员复核后，在出库单上签字或盖章；然后填制备件运单，并通知运输部门提货发运。

（6）复核

复核备件出库凭证的抬头、印鉴、日期是否符合要求，经复核不符合要求的备件应停止发货。对备件存储的结余数进行复核，查看是否与保管账目、备件保管卡上的结余数相符。对于不符的情况应及时查明原因。为避免汽车备件拣货出错，应进行复核，复核的主要内容包括以下几个方面：①汽车备件名称、规格、型号、批次、数量、单价等项目是否同出库凭证所列的内容一致；②机械设备的备件是否齐全，所附证件是否齐全；③外观质量、包装是否完好。

（7）交付

仓库发货人员在备齐备件，并经复核无误后，必须当面向提货人或运输人按单列备件逐件点交，明确责任，办理交接手续。在备件装车后，发货人员应在现场进行监装，直到备件装运出库。发货结束后，应在出库凭证的发货联上加盖"发讫"印戳，并留据存查。出库汽车备件经复核后，要向提货员点交，具体点交的内容主要有以下几个方面：①将出库汽车备件及随行证件向提货人员当面点交；②对重要汽车备件的技术要求、使用方法和注意事项交代清楚；③汽车备件移交清楚后，提货人员应在出库凭证上签名，保管员应做好出库记录。

（8）销账

上述发货作业完成后，需核销保管账、卡上的存量，以保证账、卡、货一致。

汽车备件出库流程如图4-13所示。

2. 对备件出库时问题的处理

（1）出库凭证（提货单）的问题

1）发货前验单时，凡发现提货凭证有问题，如抬头、印鉴不符，或者情况不清楚，应及时与出具出库单的单位或部门联系，妥善处理。

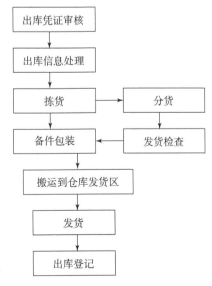

图4-13 汽车备件出库流程

2）出库凭证有假冒、伪造复制、涂改等情况，应及时与仓库保卫部门以及出具出库单的单位或部门联系，妥善进行处理。

3）提货时，若客户发现备件品种、规格、数量开错时，发货人员不能自行调换规格进行发货，必须通过制票员重新开票方可发货。

4）如客户因各种原因将出库凭证遗失，客户应及时与仓库发货员和账务人员联系挂失；未与仓库联系挂失，备件已被提走的，保管方不承担责任，但要协助货主单位找回备件。

（2）提货数与实存数不符

1）如属于入库时记错账，采取"报出报入"方式进行调整。

2）如属于仓库保管员串发、错发而引起的问题，应由仓库方面负责解决库存数与提货数之间的差数。

3）如属于货主单位漏记账而多开提货数，应由货主单位出具新的提货单，重新组织提货和发货。

4）如果是仓储过程中的损耗，需要考虑该损耗是否在合理范围内，并与货主单位协商解决。

5）提货数量大于备件实存数量，需与仓库主管部门及货主单位及时联系后再进行处理。

（3）串发货和错发货

串发货和错发货主要是指发货人员由于对备件的种类、规格不熟悉，或者由于工作中的疏漏，把错误规格、数量的备件发出库的情况。

1）备件尚未出库，如提货单开具某种备件的甲规格出库，而在发货时将该备件的乙规格发出。造成甲规格账面数小于实存数、乙规格账面数大于实存数。在这种情况下，应立即组织人力重新发货，如果备件已经提出仓库，保管人员要根据实际情况，如实向本库主管部门和运输单位讲明串发货、错发货备件的品名、规格、数量、提货单位等情况，会同货主单位和运输单位共同协商解决。

2）备件出库后，保管员发现账实（结存数）不符，是多发或错发的，要派专人及时查找追回，以减少损失，不可久拖不决。

3）在备件出库后，若有客户反映规格混串、数量不符等问题，如确属保管员发货差错，应予以纠正、致歉。

4）凡属客户原因，型号、规格、数量不符的，制票员同意退货，保管员应按入库验收程序重新验收入库。如属包装或备件损坏，保管员不予退货。待修好后，按有关入库质量要求重新入库。凡属易碎备件，发货后用户要求调换，应以礼相待，婉言谢绝。如果用户要求帮助解决易碎附属件，要协助其联系解决。

二、任务实施与考核

4~5名学生自由组合为一个小组，依据提供的条件，完成备件出库操作。技能学习工作单见表4-8。

表 4-8　技能学习工作单

实训项目：汽车备件出库

班级		学号		姓名	

备件出库单

提货人名称：　　　　存储凭证号：　　　　出货仓库：　　　　出货日期：

序号	品名	规格	单位	计划数	实发数	单价	小计金额
1	机油滤清器						
2	汽油滤清器						
3	空气滤清器						
4	刹车总泵						
5	刹车片						
6	保险丝 5A						
总计金额（人民币大写）							

1. 根据入库操作中库存装态，对 6 种备件各出库 5 个，完成出库操作；
2. 说明出库操作的注意事项。

自我评价（个人技能掌握程度）：□非常熟练　□比较熟练　□一般熟练　□不熟练

教师评语：（包括工作单填写情况、语言表达、态度及沟通技巧等方面，并按等级制给出成绩）

实训记录成绩________　　教师签字：________　　________年____月____日

教师考核记录表见表 4-9。

表 4-9　教师考核记录表

实训项目：汽车备件出库

班级		学号		姓名	
项目	工作表现			分值	评分
与客户沟通情况				10	
工作态度				10	
工作单填写情况				30 （工作单成绩折算）	
基础知识掌握情况				40	
是否自主学习查阅相关资料				10	

续表

总分	
	教师签字： 　　　年　　月　　日

🏁 任务四　备件库存盘点

学习目标

①明确库存盘点的含义；
②理解库存盘点的原则；
③熟练掌握盘点的内容。

任务分析

企业在营运过程中存在各种损耗，有的损耗是可以看见和控制的，但有的损耗是难以统计和计算的，如偷盗、账面错误等。因此需要通过盘点来得知企业的盈亏状况。通过盘点，其一可以管理系统中的备件数量与实际库存数量，确认在一定期间内库存数量及金额，控制存货，指导日常经营业务；其二通过定期盘点调整料位管理上的不正确现象，能够及时掌握损益情况，以便真实地把握经营绩效，并尽早采取防漏措施，及时纠正或消除不良库存。

相关知识

一、盘点的概念

所谓盘点，是指定期或临时对库存备件的实际数量进行清查、清点的作业，即为了掌握备件的流动情况（入库、在库、出库的状况），对仓库现有备件的实际数量与保管账上记录的数量相核对，以便准确地掌握库存数量。备件库存盘点是指定期对库存备件进行核对、清点。

二、盘点的原则

企业在进行备件盘点时，应该按照以下原则进行。

1）真实：要求盘点所有的点数、资料必须是真实的，不允许作弊或弄虚作假，掩盖漏洞和失误。

2）准确：盘点的过程要求准确无误，无论是资料的输入、陈列的核查、盘点的点数，都必须准确。

3）完整：所有盘点过程的流程，包括区域的规划、盘点的原始资料、盘点点数等都必须完整，不要遗漏区域、遗漏备件。

4）清楚：盘点过程多属于流水作业，不同的人员负责不同的工作，因此所有资料必须清楚，人员的书写必须清楚，备件的整理必须清楚，才能使盘点顺利进行。

三、盘点的内容

1）备件数量。通过点数计数查明备件在库的实际数量，核对库存账面资料与实际库存数量是否一致。

2）备件质量。检查在库备件质量有无变化，有无超过有效期和保质期，有无长期积压等现象，必要时还要对备件进行技术检验。

3）保管条件。检查保管条件是否与各种备件的保管要求相符合。如堆码是否合理稳固，库内温度是否符合要求，各类计量器具是否准确等。

4）库存安全状况。检查各种安全措施和消防、器材是否符合安全要求，建筑物和设备是否处于安全状态。

四、库存盘点的分类

1. 日常盘点

日常盘点也称为动态盘点，可以不定期盘点。根据备件的流动性，进行某个区域盘点、某个货架盘点、某个货位盘点，即对每天发出的备件随时盘点。这种盘点核对方式省时省力，发现问题可及时纠正；对于收益最大的流动件，可以做到及时补货，提高了资金周转率；对于备件的管理级别可随时调整，做到以最少的资金获取最多的利益。

2. 定期盘点

定期盘点是在一段时间内，定期对仓库内的备件进行盘点。通常在月末、季度末、年末进行。这种盘点方式除了对实存数与系统记录数进行核对外，还可以控制库存备件的流动性变化，尽力保持投资成本与缺货成本相平衡，与客户满意度相平衡。

定期盘点有以下4类：

1）月末盘点。发现有的备件在一个月内无销售，应做好记录，注意观察；通过盘点可掌握收发频次很高的备件，应做好记录、重点跟踪管理，这是属于高收益范围的备件，做好及时补货，不要出现短库。

2）季度盘点。发现有的备件在三个月内无销售，属于滞销件，要引起重视，应做好记录，并调整订货数量，调整服务营销手段来减少库存；由于季节的变化，通过盘点发现有的备件收发频次降低，有的收发频次增高，那么，就要做好库存的管理级别修正，保证那些流动性好、收益高的备件不出现短库现象。

3）双季度盘点。发现有的备件在六个月内无销售，属于积压件，应做好记录，并申请主管负责人折价销售，或者通过同行业之间调剂解决等；通过盘点，时刻掌握库存备件动态变化。

4）年末盘点。发现有的备件在一年内无销售，属于死库存，应做好记录，并申报给主管负责人，做报废、折价或其他处理方式。

盘点结束，要做好盘点汇总、处理、系统数据授权修正等工作。通过盘点可以有效控制库存结构，及时处理那些低周转备件、补充流动性好收益高的备件，从而保证资金周转率正常，保证仓库有效运营。

3. 重点盘点

重点盘点是指根据收、发、订货的需要，对某种备件进行盘点。这种盘点方式，要有相关人员参加，并做好记录。

实施与考核

一、技能学习

1. 盘点计划

（1）盘点计划书

月底盘点由仓库和财务部自发根据工作情况组织进行，年终盘点需要征得总经理的同意。开始准备盘点前一周需要制作好盘点计划书，计划书中需要对盘点的具体时间、仓库停止作业时间、账务冻结时间、初盘时间、复盘时间、人员安排及分工、相关部门配合及注意事项做详细计划。

1）时间安排。

①初盘时间：确定初步的盘点结果数据；初盘时间在规定时限内完成。

②复盘时间：验证初盘结果数据的准确性；复盘时间根据情况安排在初盘后第二天进行。

③查核时间：验证初盘、复盘数据的正确性；查核时间安排在初盘、复盘过程中或复盘完成后由仓库内部指定人员操作。

④稽核时间：稽核初盘、复盘的盘点数据，发现问题、指正错误；稽核时间根据稽核人员的安排而定，在初盘、复盘的过程中或结束后都可以进行，一般在复盘结束后进行。

盘点开始时间和盘点计划共用时间根据当月销售情况、工作任务情况来确定，总体原则是保证盘点质量和不严重影响仓库正常工作任务。

2）人员安排。

①初盘人：负责盘点过程中备件的确认和点数、正确记录盘点表，将盘点数据记录在"盘点数量"一栏。

②复查人：初盘完成后，由复盘人负责对初盘人负责区域内的备件进行复盘，将正确结果记录在"复盘数量"一栏。

③查核人：复盘完成后由查核人负责对异常数量进行查核，将查核数量记录在"查核数量"一栏中。

④稽核人：在盘点过程中或盘点结束后，由总经理和财务部、行政部指派的稽核人和仓库经理负责对盘点过程予以监督、盘点备件数量或稽核已盘点的备件数量。

⑤数据录入员：负责盘点查核后的盘点数据录入电子档的"盘点表"中。

根据以上人员分工，仓库需要对盘点区域进行分析，从而进行人员责任安排。

(2) 相关部门配合事项

1) 盘点前一周发仓库盘点计划书通知相关部门,并抄送总经理,说明相关盘点事宜;仓库盘点期间禁止备件出入库。

2) 盘点三天前要求采购部尽量要求供应商将备件提前送至仓库收货,以提前完成收货及入库任务,避免影响正常发货。

(3) 盘点工作准备

1) 盘点一周前开始追回借件,在盘点前一天将借件全部追回,未追回的要求其补相关单据;因时间关系未追回也未补单据的,借件数量作为库存盘点,并在盘点表上注明,借件单作为依据。

2) 盘点前需要将所有能入库归位的备件全部归位入库登账,不能归位入库或未登账的进行特殊标示注明不参加本次盘点。

3) 将仓库所有备件进行整理整顿标示,所有备件外箱上都要求有相应备件标示。同一货位备件不能放过远的距离,且同一货架的备件不能放在另一货架上。

4) 盘点前仓库账务需要全部处理完毕。

5) 在盘点计划时间只有一天的情况下,需要组织人员先对库存备件进行初盘。

2. 盘点会议及培训

仓库盘点前需要组织参加盘点人员进行盘点作业培训,包括盘点作业流程培训、上次盘点错误经验、盘点中的注意事项等。

盘点前根据需要进行模拟盘点。模拟盘点的主要目的是让所有参加盘点的人员了解和掌握盘点的操作流程和细节,避免出现错误。在盘点过程中需要本着"细心、负责、诚实"的原则进行盘点。盘点过程中严禁弄虚作假,虚报数据,盘点粗心大意导致漏盘、少盘、多盘,书写数据潦草、错误,丢失盘点表,随意换岗。

3. 盘点作业流程

(1) 初盘前盘点

因时间安排原因,盘点时间紧张的情况下,可安排合适人员先对库存备件进行初盘前盘点。初盘前盘点作业流程:

1) 准备好相关作业文具及盘点卡。

2) 按货架的先后顺序依次对货架上的箱装(袋装,以下统称箱装)备件进行点数。

3) 如发现箱装备件对应的盒内备件不够盘点前的点数时,可根据经验拿出一定数量放在备件盒内(够盘点前发货即可);一般拿出后保证箱装备件为"整十"或"整五"数最好。

4) 点数完成后在盘点卡上记录并确认签名。

5) 将完成的盘点卡贴在或订在外箱上,对已盘点备件进行封箱操作。

(2) 初盘

初盘作业流程如下:

1) 初盘人准备相关文具及资料(夹板、笔、盘点表),根据盘点计划的安排对所负责区域进行盘点。

2) 按备件盒的货位先后顺序对盒装备件进行盘点,盒内备件点数完成确定无误后,在盘点表中找出对应的备件行，并在表中备件盒盘点数量一栏记录盘点数量。

3）盘点箱装备件，按照箱子摆放的顺序进行盘点。

如果安排有初盘前盘点，此时只需要根据备件外箱盘点卡上的标示确定正确的信息和盘点表上的信息进行对应，并在盘点表上对应的箱装盘点数量一栏填上数量即可，同时需要在盘点卡上进行盘点标记，表示已经记录了盘点数量。

如果未安排初盘前盘点或发现异常情况（如外箱未封箱、外箱破裂或其他异常时）需要对箱内备件进行点数；点数完成确定无误后根据外箱盘点卡上信息在对应盘点表的箱装盘点数量一栏填上数量即可。

4）初盘完成后根据记录的盘点异常差异数据对备件再盘点一次，以保证初盘数据的正确性。在盘点过程中发现异常问题不能正确判定或不能正确解决时可以找查核人处理。

5）初盘完成后，初盘人在初盘盘点表上签名确认，签字后将初盘盘点表复印一份交给仓库经理存档，并将原件给到指定的复盘人进行复盘。

（3）复盘

复盘作业流程如下：

1）复盘人对初盘盘点表进行分析，快速作出盘点对策，按照先盘点差异大备件后盘点差异小备件、再抽查无差异备件的方法进行复盘工作；复盘可安排在初盘结束后进行，且可根据情况在复盘结束后再安排一次复盘。

2）复盘时根据初盘的作业流程对异常数据备件进行再一次点数盘点，如确定初盘盘点数量正确时，则盘点表的复盘数量栏不用填写数量；如确定初盘盘点数量错误时，则在盘点表的复盘数量一栏填写正确数量。

3）初盘所有差异数据都需要经过复盘盘点。

4）复盘完成后，与初盘数据有差异的需要找初盘人予以当面核对，核对完成后，将正确的数量填写在盘点表的复盘数量栏内，如以前已经填写，则予以修改。复盘人与初盘人核对数量后，需要将初盘人盘点错误的次数记录在盘点表的初盘错误次数中。

5）复盘人完成所有流程后，在盘点表上签字并将盘点表给到相应查核人。

（4）查核

查核作业流程如下：

1）查核人对复盘后的盘点表数据进行分析，以确定查核重点、方向、范围等，按照先盘点数据差异大备件后盘点数据差异小备件的方法进行查核工作；查核可安排在初盘或复盘过程中或结束之后。

2）查核人根据初盘、复盘的盘点方法对备件异常进行查核，将正确的查核数据填写在盘点表的查核数量栏中。

3）确定最终的备件盘点差异后需要进一步找出错误原因并写在盘点表的相应位置。

4）查核人完成查核工作后在盘点表上签字并将盘点表交给仓库经理，由仓库经理安排盘点数据录入员进行数据录入工作。

（5）稽核

稽核作业分仓库稽核和财务行政稽核，操作流程基本相同。稽核作业流程如下：

1）稽核人员用仓库事先做好的电子档盘点表，根据随机抽查或重点抽查的原则筛选，制作出一份稽核盘点表。

2）稽核根据需要在仓库进行初盘、复盘、查核的过程中或结束之后进行稽核。

3）稽核人员可先自行抽查盘点，合理安排时间，在自行盘点完成后，要求仓库安排人员（一般为查核人）配合进行库存数据核对工作；每一项核对完成无误后在稽核盘点表的稽核数量栏填写正确数据。

4）稽核人员和仓库人员核对完成库存数据的确认工作以后，在稽核盘点表的相应位置上签名，并复印一份给到仓库查核人员，由查核人负责查核；查核人确认完成后和稽核人一起在稽核盘点表上签名；如配合稽核人员抽查的是查核人，则查核人可以不再复查，将稽核数据作为最终盘点数据，若数据有差异需要继续寻找原因。

4. 编制盘点后库存清单

库存盘点清单举例：

库存盘点清单如图 4-14 所示。

库存盘点清单

区域：D02　　　　　　　　　　　　　　　　　日期：××××年××月××日

适用部门：备件部门　　　　　　　　　　　　　　　盘点人：王×× 李×

标牌号	备件编号	名称	数量	实存数（合格）	实存数（不良）	盘盈	盘亏
D02-01-01	A	前左门内板	2	2			
D02-01-02	B	前右门内板	2	2			
D02-01-03	C	后左门内板	2	2			
D02-01-04	D	后右门内板	2	1	1		
D02-02-01	E	前右挡泥板	3	2			1
D02-02-02	F	前左挡泥板	4	4			
D02-02-03	G	后右挡泥板	2	2			
D02-02-04	H	后左挡泥板	1	2		1	
…							
D02-04-01	M	前散热网	2	2			
D02-04-02	N	前散热网	1	1			
D02-04-03	O	前散热网	3	2	1		
D02-04-04	P	前散热网	2	2			

主管负责人签字：张××

图 4-14　库存盘点清单

注：上述内容中，备件编号、名称是为了便于理解而设定的。

1）盘点区域：A02，即 A 区域 2 号货架，该货架分 4 层，每层 4 货位；

2）这张清单仅适合备件部门盘点使用，因为没有列出金额项；

3）盘点实存数，备件编号 A、B、C、F、G、M、N、P，实存数=系统记录数；

4）盘点实存数，备件编号 D、O，实存数（合格）+（不良）=系统记录数，备件主管要调查不良件产生的原因，做出合理的解决方案，并将不良件放到"专放不良件处"；

5）盘点实存数，备件编号 E 盘亏 1 个，备件编号 H 盘盈 1 个，备件主管要调查原因，是否在出库时业务员将备件编号输入错了，或是其他原因，查明后做出适当修正。

6）在清单上要填写盘点人姓名，盘点结束，将清单当面交给主管负责人。负责人要进行抽检，如果发现问题，换人重新盘点。盘点合格主管负责人签字。

二、任务实施与考核

4~5名学生自由组合为一个小组，依据提供的条件，完成汽车备件库存盘点操作。技能学习工作单见表4-10。

表4-10 技能学习工作单

实训项目：　汽车备件库存盘点

班级		学号		姓名	
库存盘点清单（自制表格）要求如下： 1. 选择某一汽车备件库或工具库对全部或部分备件进行盘点操作； 2. 依照盘点流程，分工进行操作； 3. 做出相应盘点库存清单，并对盘点结果进行分析。					
自我评价（个人技能掌握程度）：□非常熟练　□比较熟练　□一般熟练　□不熟练					
教师评语：（包括工作单填写情况、语言表达、态度及沟通技巧等方面，并按等级制给出成绩）					
实训记录成绩_____　　　教师签字：_____　　　_____年___月___日					

教师考核记录表见表4-11。

表4-11 教师考核记录表

实训项目：　汽车备件库存盘点

班级		学号		姓名	
项目	工作表现		分值		评分
与客户沟通情况			10		
工作态度			10		
工作单填写情况			30 （工作单成绩折算）		
基础知识掌握情况			40		
是否自主学习查阅相关资料			10		
总分					
				教师签字： _____年___月___日	

一、选择题

1. 除了改善服务和高效地利用资产外，库存管理的另一个目的是（　　）。
   A. 整洁有序　　　　　　B. 标准化而高效工作　　　C. 与本地社会合作
2. 以下哪一项是经销商备件部门的职责之一？（　　）
   A. 服务客户　　　　　　B. 售后服务标准　　　　　C. 库存盘点
3. 以下哪一项是正确的库存管理方法，可以应对日益增多的备件类型和备件数量？（　　）
   A. 关键值　　　　　　　B. 分层控制　　　　　　　C. 备件及时满足率
4. 以下哪一项与库存备件具有相同的价值？（　　）
   A. 资金　　　　　　　　B. 信任　　　　　　　　　C. 服务
5. 以下哪一项是决算公司资产并向股东报告收入的基础？（　　）
   A. 客户服务　　　　　　B. 备件销售　　　　　　　C. 库存盘点
6. 在库存盘点中，你应使用什么工具？（　　）
   A. 售后经销商业务规程　　B. EDP 终端　　　　　　　C. 库存清单
7. 库存分层控制中最重要的是哪一层？（　　）
   A. 高流速的备件
   B. 低采购单价的周转快速备件
   C. 按照客户需求订购的非常用备件
8. 除了备件编号、名称和位置编号外，库存盘点时你需要将什么写在库存清单上？（　　）
   A. 库存中的备件数量　　B. 你的出生日期　　　　　C. 客户姓名
9. 除了库存周转天数外，评估库存管理是否适当的关键绩效指标是（　　）。
   A. 备件及时满足率　　　B. GDP　　　　　　　　　C. CS 客户满意度
10. 当你在接收检查过程中发现备件破损或备件编号错误时，你应当（　　）。
    A. 不需要处置它们　　　　　　　　　　　　　　B. 降价销售它们
    C. 向主管报告并根据标准流程处理它们
11. 为什么接收检查是必需的？（　　）
    A. 它可以检验备件数量和备件编号是否与文件记录一致
    B. 因为员工希望尽快地了解到达仓库的备件是什么
    C. 它表示备件保管完好
12. 在接收检查时你首先应处理哪种备件？（　　）
    A. 补充库存的备件　　B. 要交给服务部的备件　　C. 大而笨重的备件

二、填空题

1. （　　）和（　　）是实现高效操作和提高备件销售的基础。
2. 盘点的方法主要分为（　　）、（　　）、（　　）。
3. 备件的运输方式主要有（　　）、（　　）、（　　）。

4. 库存盘点事先将每个备件的（　　）、（　　）、（　　）编写在库存清单中。
5. 正确计算（　　）是维持最佳库存量的要点。
6. 根据（　　）确定基准库存量。
7. 备件库存量计算分为（　　）库存与（　　）库存。

三、简答题

1. 库存管理的目的是什么？
2. 库存盘点的目的是什么？
3. 库存盘点的初期要做哪些工作？
4. 库存盘点的正确步骤有哪些？具体怎么盘点？
5. 什么是卖一买一原则？

项目五
拣货作业

任务一 拣货流程与方法

学习目标

①能够正确阐述"摘果式"与"播种式"两种不同的拣货方式,准确说明两种方式所适用的场合;会将两种拣货方式与拣选辅助设备配合使用;

②会针对客户实际需求(订单状况)合理选择拣货方式;

③能够合理规划与选择拣货路径;

④能够对拣货任务进行合理分工、落实责任,协作配合共同完成拣货任务;

⑤能够合理选择与应用辅助拣选设备,提高拣选效率、降低出错率。

任务分析

如图5-1所示为上海通用公司全国备件配送中心。

图5-1 上海通用公司全国备件配送中心

近年来,中国汽车制造业与售后业在迅速发展,也面临不少问题。例如,随着总装新车型的不断导入，总装备件种类不断增加，作业者需要识别越来越多的备件，因此，出现错装、漏装的可能性大大增加。而售后服务在打价格战的同时，主要打的是效率战，节省客户的等待时间，提供准确、高效的服务是售后服务企业的目标。

拣货作业是依据顾客的订货要求或配货中心的送货计划，尽可能迅速、准确地将备件从其货位或其他区域拣取出来，并按一定的方式进行分类、集中、等待配装送货的作业流程。每张客户的订单中都至少包含一种以上的备件，将这些不同种类和数量的备件取出并集中在一起，是配送作业的中心环节。一般说来，在大型汽车制造厂的配货中心，拣选成本占相当大的比重。因此，采取科学的拣选方式，提高拣货作业效率是降低成本的关键。

拣货作业消耗的时间主要包括四大部分：
1）订单或送货单经过信息处理过程，形成拣货指示的时间；
2）行走与搬运备件的时间；
3）准确找到备件的货位并确认所拣备件及数量的时间；
4）拣取完毕，将备件分类集中的时间。

提高拣货作业效率主要是缩短以上4个作业时间。此外，防止发生拣货错误，提高存储管理账物相符率和顾客满意度，降低拣货作业成本也是拣货作业管理的目标。

相关知识

一、拣货作业的含义与功能

涉及备件拣货作业的汽车备件企业主要包括两大类，一类是小型企业，如汽车维修4S店、备件商店等；一类是大型汽车制造厂的配货中心。根据企业规模不同，拣货作业的含义与功能也略有不同。

对于小型汽车维修企业来说，拣货是指将所需备件从销售仓库将其交付给服务部维修人员等。而对于备件销售企业，拣货是指将所需备件从仓库中提取出，交付给单个客户。无论是或不是订购备件都没有关系，因为所有客户都希望尽快收到备件，将车修好。拣货是根据客户需求或维修站订单执行，表示有人正在等待应交付的备件，因此，准确快速的拣货作业十分重要。另外小型企业由于仓储受空间限制，备件数量不大，路径对拣货效率的影响不大，而准备率则显得更重要。

对于大型汽车制造厂的配货中心来说，拣货作业是依据顾客的订货要求或配货中心的送货计划，尽可能迅速、准确地将备件从其货位或其他区域拣取出来，并按一定的方式进行分类、集中、等待配装送货的作业流程。拣货作业是配送作业的中心环节。在配送中心搬运成本中，拣货作业的搬运成本约占90%；在劳动密集型的配送中心，与拣货作业直接相关的人力占50%；拣货作业时间占整个配送中心作业时间的30%~40%。因此，在配送作业的各环节中，拣货作业是整个配送中心作业系统的核心。合理规划与管理拣货作业，对配送中心作业效率的提高具有决定性的影响。

从全国的汽车备件配送实践来看，大体积、大批量需求多采取直达、直送的供应方式；配送多为多品种、小体积、小批量的物流作业，而且工艺复杂，特别是对于客户多、需求频率高、送货时间要求高的配送服务，拣货作业的速度和质量不仅对配送中心的作业效率起决定性的作用，而且直接影响整个配送中心的信誉和服务水平。因此，迅速、准确地将顾客要求的备件集合起来，并通过分类、配装及时送交顾客，是拣货作业最终的目的及功能。

一般情况下，小型企业的拣货作业与出库是合二为一的，在整个备件配送的工作环节中，并不占非常突出的位置，而大型配送中心则完全不同了，拣货过程是整个配送中心的核心，所以本项目内容主要以大型配送中心的拣货作业进行阐述。

二、汽车维修企业的拣货作业

汽车维修企业的拣货作业，简而言之，就是根据客户订单，快速、准确地从仓库中提取备件，交给服务部、销售部、单个客户、分公司的一种行为。以达到最大程度减少维修等待时间，促进服务的工作效率，提高客户的满意度，使网点收益最大化。

1. 拣货资料

拣货作业开始前，首先核对领料单，然后找到所需汽车备件的存放货位，填写货位信息。

2. 拣货的方法

汽车4S店仓库通常采用拣选式方式进行拣货。拣选式配货作业是分拣人员或分拣工具巡回于各货位并将所需备件取出，完成拣货任务，货位相对固定，而拣货人员与分拣工具相对运动。

拣选式配货作业的基本特点是：备件货位相对固定，而拣选人员或工具相对运动。所以又称为人到货前式。形象地说，就像人进入到果园，在一棵树上摘下熟了的果子后，再转到另一棵树前摘果，所以又形象地称为摘果式或摘取式工艺。

3. 拣货具体流程

1）准备备件订购销售卡（拣货卡）；
2）按照位置将备件订购销售卡（拣货卡）分类；
3）进行拣货工作；
4）验收检查；
5）将备件运送至交货区域。

4. 拣货工作中的要点

1）准备备件订购销售卡。

注意，每张备件订购销售卡至少由三张编号为1~3的清单组成，它们都有各自的用途。

编号1清单：将此清单和订购备件一起交给客户，使其支付资金。

编号2清单：将该清单提交至会计部门，并加以保存。

编号3清单：该清单保存在备件部门，并用于进行日常报告。此外，还可用作应收账款的销售分析。

2）确认库存供应情况。
3）从仓库分拣所购备件。

三、汽车制造企业的拣货作业

通常,汽车制造业中的备件配送有两种方式,一是由不同备件供应商分散直配到装配线旁;二是由不同备件供应商配送到为其服务的统一的第三方物流仓库中,再由第三方物流直配到线旁。这两种截然不同的配送方式对汽车装配线旁的员工都提出了较高的要求。

近年来,中国汽车制造业在迅速发展的同时,也面临不少问题。例如,随着总装新车型的不断导入,总装备件种类、状态不断增加,作业者需要识别越来越多的备件,因此,出现错装、漏装的可能性大大增加。为提高主线生产效率,降低物流打包环节的打包错漏率和减少碰划伤,并为进一步降低整车 DPU 做出贡献,需引入计算机辅助拣选系统来提高备件拣选作业的效率,降低差错率。其中,采用拣货标签系统不失为一个有效的解决之道。

1. 传统拣选方式

现阶段,传统的按工单人工拣货方式仍是我国绝大部分汽车制造厂的备件拣选作业方式。人工拣货虽然有打印的纸质工单作为指导,但需要作业人员对每种车型的不同种类备件非常熟悉,且精神需高度集中。由此会带来一些无法避免的问题:

1)浪费大量的等待时间,如等待单据打印等;

2)大脑长期处于紧张状态。制造业备件的拣选出错将导致整台车报废,或者耽误大量时间进行更正,所以,企业对员工拣选的准确性要求极高,通常会以处罚等方式来避免错误;

3)依赖熟练工。由于现场拣选有生产节拍的要求,因而对熟练工要求较高,如果更换非熟练作业人员,在拣选精度和速度上一定满足不了生产线的生产速度;

4)差错率高。据统计,现场作业人员每拣选 200 件备件就有可能拣错或者拣漏一个备件,因此,错拣和漏拣的现象时常发生;

5)拣选效率低。由于作业人员根据纸面单据作业,工作效率低,企业为了满足生产线的速度,需要耗费大量的人工进行简单的拣选作业,大大增加了企业的成本。

在这种情况下,一些自动化、半自动化的技术设备逐渐被开发并应用于拣选系统中,使生产力得到有效提高。

在汽车制造厂提升拣选系统工作效率的过程中,信息自动化和作业自动化的设备发挥了关键作用。信息自动化设备主要负责作业过程中信息流的产生、传递、分析和反馈,其突出的特点是无纸化、网络化和智能化,其中拣货标签系统(Pick to Light,又称为"防呆系统")正开始逐步承担生产的指挥和调度工作,在现代化制造体系中起到主干的作用。

2. 拣货标签系统

拣货标签系统是以拣货标签代表一个个备件货位,和生产管理系统配合使用。简单来说,生产管理系统发出拣货明细指示,拣货标签系统根据指示信息自动将需要作业的货位对应的拣货标签点亮,并在拣货标签上显示需要拣选备件的数量,拣货人员只要按照系统指示从亮灯的货位拣选出所需数量的备件即可完成拣货作业。

与传统拣货方式相比，采用拣货标签系统的优势在于：

1）不需等待——零闲置时间；

2）不需思考——零判断业务（不依赖熟练工，降低错误率）。统计资料分析显示，错误率可由原来拣货表单作业的千分之三降低为万分之二，拣货效率可提高2倍；

3）不需寻找——货位管理；

4）不需书写——免纸张作业；

5）数据信息采集、统计方便，准确率高；

6）方便做到人员管理、考核。

汽车制造行业一般存在以下特点：以装配为主，备件品种多；每个节拍内的备件数量少；根据生产节奏，拣货频次较高；对服务质量有很高要求。

相应地，对厂内的备件拣选作业提出以下要求：主生产线效率提升；无纸化作业；作业差错大幅降低；作业时间大幅缩短；多状态备件不需要识别。拣货作业的效率及准确性对企业的服务品质有着极大影响，因此，如何有效地提升作业效率、降低作业人员的误拣率成为拣货作业的最大课题。

基于上述特点，拣货标签系统是比较能够满足汽车行业拣选需求的拣选系统之一。在考虑人工成本及作业效率的前提下，拣货标签系统正在大量引进使用。特别是在新建汽车制造项目中，拣货标签系统是应用较多的备件拣选系统之一，其技术已比较成熟。

四、拣货作业的功能和基本过程

从实际运作过程来看，拣货作业是在拣货信息的指导下，通过行走和搬运拣取备件，再按一定的方式将备件分类、集中，因此，拣货作业的主要过程包括4个环节，如图5-2所示。

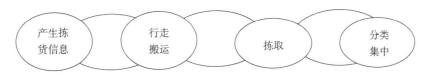

图5-2 拣货作业的主要过程

1. 拣货信息的产生

拣货作业必须在拣货信息的指导下才能完成。拣货信息来源于顾客的订单或配送中心的送货单，因此，有些配送中心直接利用顾客的订单或配送中心的送货单作为人工拣货指示，即拣货作业人员直接凭订单或送货单拣取备件。这种信息传递方式无法准确标示所拣备件的货位，使拣货人员延长寻找备件时间和拣货行走路径。在国外大多数配送中心一般先将订单等原始拣货信息经过处理后，转换成拣货单或电子拣货信号，指导拣货人员或自动拣取设备进行拣货作业，以提高作业效率和作业准确性。

2. 行走和搬运

拣货时，拣货作业人员或机器必须直接接触并拿取备件，因此形成拣货过程中的行走与备件的搬运，缩短行走和备件搬运距离是提高配送中心作业效率的关键。拣货人员可以步行或搭乘运载工具到达备件存储的位置，也可以由自动存储分拣系统完成。

1）人至物方式，即拣货人员以步行或搭乘拣货车辆方式到达备件货位，这一方式的特点是物静而人动。拣取者包括拣货人员、自动拣货机及拣货机器人。

2）物至人方式，与第一种方式相反，拣取人员在固定位置作业，而备件保持动态的存储方式。这种方式的特点是物动而人静，如轻负载自动仓储、旋转自动仓储等。

3. 拣取

无论是人工还是机械拣取备件，都必须首先确认被拣备件的品名、规格、数量等内容是否与拣货信息传递的指示一致。这种确认既可以通过人工目视读取信息，也可以利用无线传输终端机读取条码由电脑进行对比，后一种方式往往可以大幅度降低拣货的错误率。拣货信息被确认后，拣取的过程可以由人工或自动化设备完成。通常小体积、少批量、搬运重量在人力范围内且出货频率不是特别高的备件，可以采取人工方式拣取；对于体积大、重量大的备件可以利用升降叉车等搬运机械辅助作业；对于出货频率很高的可以采用自动分拣系统。

4. 分类与集中

配送中心在收到多个客户的订单后，可以形成批量拣取，然后再根据不同的客户或送货路线分类集中，有些需要进行流通加工的备件还需根据加工方法进行分类，加工完毕再按一定方式分类出货，分货过程如图5-3所示。多品种分货的工艺过程较复杂，难度也大，容易发生错误，必须在统筹安排形成规模效应的基础上，提高作业的精确性。在备件体积小、重量轻的情况下，可以采取人力分货，也可以采取机械辅助作业或利用自动分货机自动将拣取出来的备件进行分类与集中。分类完成后，备件经过查对、包装便可以出货、装运、送货了。

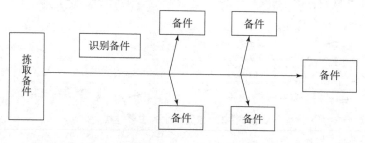

图5-3 分货过程

五、拣货作业管理的基本流程

拣货作业在配送作业环节中不仅工作量大、工艺过程复杂，而且作业要求时间短、准确度高、服务质量好。因此，加强对分拣作业的管理非常重要。在对拣货作业的管理中，根据配送的业务范围和服务特点，具体来说就是根据顾客订单所反映区域等信息，对分拣作业系统进行科学的规划与设计，并制订出合理高效的作业流程是拣货作业系统管理的关键。在此基础上确定分拣作业方式，设计分拣信息传递的单据，选择拣货方法和作业路径，将所订不同种类和数量的备件从货位或其他作业区域拣出，然后分区集中，完成分拣作业。拣货作业管理的基本流程如图5-4所示。

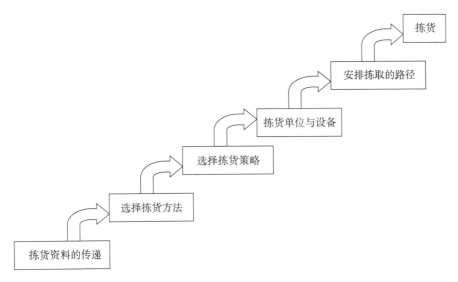

图 5-4 拣货作业管理的基本流程

六、拣货操作需要遵循的原则与重点

1. 拣货操作的原则

拣货作业除了少数自动化设备逐渐被开发应用外,大多是靠人工的劳力密集作业,因此拣货的过程遵循一定的原则,提高拣货效率、降低拣货人员的劳动强度都是非常必要的。拣货操作应当遵循以下原则:

1) 少等待:尽可能缩短闲置时间。

2) 少拿取:尽可能采用输送设备或搬运设备,减少人工搬运。

3) 少走动:做好拣货线路设计,尽可能缩短行走路径,消除迂回和交叉搬运。通常有两种拣货路径可供选择:

①无顺序拣货路径。

由拣货人员自行选择拣货顺序,也就是分派任务后,让拣货人员自行决定在库区的拣货顺序和路径。这种方式随意性大,拣货人员无须做过多的分析,但是这样很容易造成迂回重复,拣货效率较低。

②顺序拣货路径。

按照备件的货位分布,从入口向出口的顺序来拣选备件。这就要求首先对拣货单上的备件,按照直线顺序排列。

4) 少思考:尽可能做到操作简单化。

5) 少寻找:通过货位管理或电子标签等辅助拣选设备,尽可能缩短寻找备件的时间。

6) 少书写:尽可能不用纸制单据进行拣货,不但能够提高拣货效率,还能降低出错率。

7) 少检查:尽可能利用条码设备进行备件检查,减少人工目视检查。

8) 专复核:安排专门人员复核备件,减少错误率。

2. 拣货管理的重点

1）整理、分析拣货清单，确定拣货策略。

分清楚各个单据的备件种类相近程度，将单据分类，哪些适合单一拣取，哪些适合批量拣取。在此基础上，根据现有的设备和设备条件，再进行分区、分类策略的选择。正确的拣货策略是提高拣货效率的关键。

2）合理的任务分派。

拣货任务的分派，包含两个方面：

一是任务分派必须明确清晰，哪些人做哪些事情交代清楚，同时不能产生工作遗漏，即所有必需的工作都指定人员负责。

二是任务分派必须合理，防止任务量失衡导致员工不满。

3）注意交接。

备件拣取完毕后，必须与仓库管理员和出货区的配货组交接。与仓库管理员交接是确定库存调整，与配货组交接是确定拣货作业结束。

七、拣货作业的主要方法

拣货作业最简单的划分方式是将其分为单一拣取、批量拣取及复合拣取 3 种方式。单一拣取是分别按每份订单来拣货；批量拣取是多张订单累积成一批，汇总数量后形成拣货单，然后根据拣货单的指示一次拣取备件，再进行分类；复合拣取是充分利用以上两种方式的特点，并综合运用于拣货作业中。

1. 单一拣取

（1）单一拣取（摘果式、摘取式）的概念

单一拣取是针对每一份订单，作业员巡回于仓库内，按照订单所列备件及数量，将客户所订购的备件逐一由仓库货位或其他作业区中取出，然后集中在一起的拣货方式。

单一拣取的基本流程是：备件货位相对固定，而拣选人员或工具相对运动，故又称为"摘果式""摘取式"或"人到货前式"工艺。

摘取式拣选系统（Digital Picking System）简称 DPS，适合于备件种类较多，配送门店相对于种类较少的拣货作业环境。DPS 系统是在拣货操作区中的所有货架上，为每一种备件安装一个电子标签，并与其他系统设备连接成网络。控制电脑可根据备件位置和订单清单数据，发出出货指示并使货架上的电子标签亮灯，操作员根据电子标签所显示的数量及时、准确、轻松地完成以"件"或"箱"为单位的备件拣货。如图 5-5 所示为摘取式拣货系统流程图。

（2）单一拣取的几种方式

结合分区策略具体又可以分为单人拣取、分区接力拣取和分区汇总拣取 3 种方式。

单人拣取时可以一张订单由一个人从头到尾负责到底。此种拣货方式的拣货单，只需将订单资料转为拣货需求资料即可。

分区接力拣取是将存储区或拣货区划分成几个区域，一张订单由各区人员采取前后接力方式合力完成。

分区汇总拣取是将存储区或拣货区划分成几个区域，将一张订单拆成各区域所需的拣货单，再将各区域所拣取的备件汇集在一起。

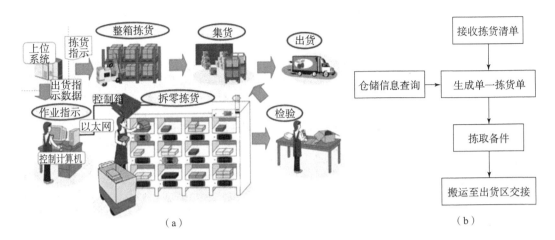

图 5-5 摘取式拣货系统流程图

(a) 摘取式拣货示意图;(b) 摘取式拣货系统流程图

(3) 单一拣取的特点

一般来讲,单一拣取的准确度较高,很少发生货差,并且机动灵活。这种方法可以根据用户要求调整拣货的先后次序;对于紧急需求,可以集中力量快速拣取;对机械化、自动化没有严格要求;一张货单拣取完毕后,备件便配置齐备,配货作业与拣货作业同时完成,简化了作业程序,有利于提高作业效率。缺点是备件种类多时,拣货行走路径加长,拣取效率较低;拣货区域大时,搬运系统设计困难。如图 5-6 所示为单一拣取示意图。

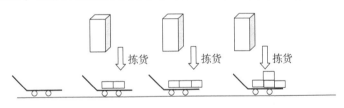

图 5-6 单一拣取示意图

(4) 单一拣取的主要适用范围

对于以下三种情况,比较适用单一拣取方式。一是用户不稳定,波动较大;二是用户需求种类不多;三是用户之间需求差异较大,配送时间要求不一。

(5) 单一拣选式工艺的装备设置

适应不同的配送中心装备水平及用户要求,以及业务量的大小。配送中心拣选式工艺有以下几种形式:

1)人工拣选。由人一次巡回或分段巡回于各货架之间,按订单拣货,直至配齐。适应质量轻、体积小的单件或数量少的备件拣选。

2)人力拣选+手推作业车拣选。人力拣选可与普通货架配合,也可与电子标签货架配合,按单拣货,直到配齐。如图 5-7 所示为电子标签摘果式拣货系统。

3)机动作业车拣选。拣选员操作拣选车为一个用户或几个用户拣选,车辆上分装拣选容器,拣选的备件直接装入容器,在拣选过程中就进行了备件装箱或装托盘的处理。

4)传送带拣选。传送带不停地运转,分拣作业人员只在附近几个货位进行拣选作业,按照电子标签的指令将备件取出放在传送带上，或放入传送运输带上的容器内，传输到末端时把备件卸下来，放在已划好的货位上，待装车发货，如图5-8所示。

图5-7 电子标签摘果式拣货系统

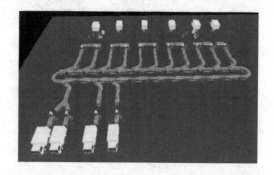

图5-8 传送带拣选

5）机械拣选。自动分拣机或由人操作的叉车、分拣台车巡回于高层货架间进行拣选。这种方式可以人随机械或车操作，也可以通过计算机控制使拣选机械自动寻址、自动取货。适用于重量和体积都较大且易形成集装单元的备件拣选。如图5-9所示为机械拣选。

6）旋转式货架拣选：拣货员在固定的拣货位置上，按用户的配送单操纵旋转货架，待需要的货位回转至拣货员面前时，则将所需的备件拣出。这种方式介于订单拣选方式和批量拣选方式之间，但主要是按订单拣选。这种配置方式的拣选适用领域较窄，只适用于旋转货架货格中能放入的备件。由于旋转货架动力消耗大，一般只适合仪表零件、电子零件等小件备件的拣选。如图5-10所示为旋转式货架拣选。

图5-9 机械拣选

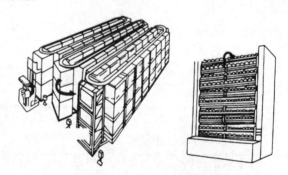

图5-10 旋转式货架拣选

2. 批量拣取

批量拣取是将数张订单汇总成一批，再将各订单相同的备件订购数量加总起来，一起拣取处理。

（1）批量拣取（播种式）的概念

批量拣取是将多张订单集合成一批，按照备件品种类别加总后再进行拣货，然后依据不同客户或不同订单分类集中的拣货方式。

批量拣取的基本流程是：用户货位固定，分货人员和工具相对运动，又称为播种式拣取。播种式拣取是集中取出众多用户共同需要的备件，再将备件分放到事先规划好的配货货位上。这就需要若干用户有共同需求，形成共同的批量之后，再对用户共同需求进行统计，同时规划好各用户的配货货位进行集中取出,分放配货的操作。所以,这种工艺难度较大,计划性较强,容易发生错误。

播种式拣选系统(Digital Assorting System)简称 DAS,适合于备件种类较少,配送门店相对于种类较多的拣货作业环境。DAS 中的每一货位代表每一张订单(各个商店,生产线等),每一货位都设置电子标签。操作员先通过条码扫描把将要分拣备件的信息输入系统中,下订单客户的分货位置所在的电子标签就会亮灯、发出蜂鸣,同时显示出该位置所需分货的数量,分拣员可根据这些信息进行快速分拣作业。如图 5-11 所示为播种式拣货。

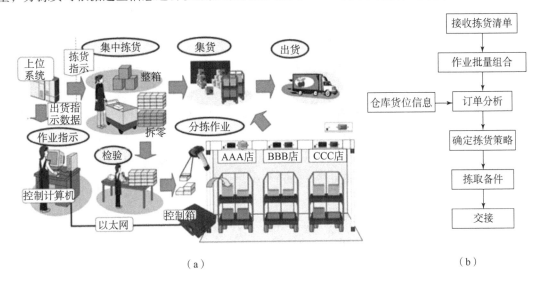

图 5-11 播种式拣货
(a)播种式拣货示意图;(b)播种式拣货系统流程图

(2)批量拣取的分批方式

批量拣取的分批方式主要有下述几种:

1)按拣货单位分批,也就是将同一种拣货单位的品种汇总一起处理。

2)按配送区域路径分批,也就是将同一配送区域路径的订单汇总一起处理。

3)按流通加工需求分批,将需加工处理或需相同流通加工处理的订单汇总一起处理。

4)按车辆需求分批,也就是如果配送备件需特殊的配送车辆(如低温车、冷冻、冷藏车),或客户所在地需特殊类型车辆者可汇总合并处理。

(3)批量拣取的特点

与单一拣取相比,批量拣取由于将用户的需求集中起来进行拣取,所以有利于进行拣取路线规划,减少不必要的重复行走,如图 5-12 所示为批量拣取示意图。但其计划性较强,规划难度较大,容易发生错误。其特点如下:

1)适合配送批量大的订单作业;

2)可以缩短拣取备件时的行走时间,增加单位时间的拣货量;

3)对订单无法快速反应,必须等订单累积到一定数量时才做一次处理,因此容易出现停滞现象。只有根据订单到达的情况做等候时间分析,才决定适当的批量大小,才能将停滞时间减到最短。

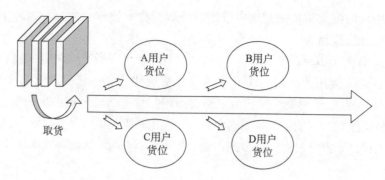

图 5-12 批量拣取示意图

4)批量拣选后还要进行再分配,容易出现错误。

(4)批量拣取的适用范围

批量拣取比较适合用户稳定而且用户数量较多的专业性配送中心,需求数量可以有差异,配送时间要求也不太严格,用户共性要求如下。

1)用户稳定,且用户数量较多的情况。

2)各用户需求具有很强的共同性,差异较小,在需求数量上有一定的差异,但需求的种类差异很小。

3)所有备件分放完毕后,需要对每个用户的备件进行统计,因此适用于用户需求种类有限,易于统计和不至于分货时间太长的情况。

4)用户配送时间要求没有严格限制或轻重缓急的情况。

(5)批量拣取的装备设置

1)人力+手推车作业:配货员将手推车推至一个存货点,将各用户共同需要的某种备件集中取出,利用手推车的机动性可在较大范围巡回分放。所分备件一般是小包装或拆零备件。

2)机动作业车分货:用台车、平板作业车、堆高机、巷道起重机以单元装载方式一次取出数量较多、体积和重量较大的备件,然后由配货人员驾驶车辆巡回分放。

3)传送带+电子标签系统:传送带一端和备件存储点相接,传送带主体和另一端分别与各用户的集货点相接,配合电子标签货架系统。传送带运行过程中,由存储点一端电子标签亮灯处集中取出各用户共同需要的备件置于传送带上,各配货员从传送带上取下该位置用户所需的备件,反复进行直到配货完毕。如图 5-13 所示为电子标签与传送带拣货系统。

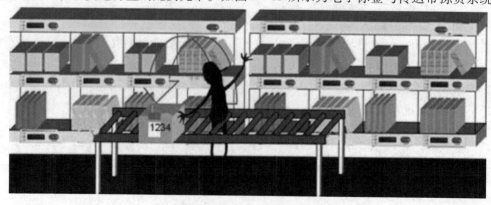

图 5-13 电子标签与传送带拣货系统

4）分货机自动拣货：这是分货高技术作业的方式，目前高水平的配送中心一般都有自动分拣机。分拣机在一端集中取出共同需要的备件，随着传送带的运行，按计算机预先设定的指令，通过自动装置送入用户集货终点货位。如图5-14所示为高速自动分拣机。

图5-14 高速自动分拣机

3. 汇整订单拣取

汇整订单拣取主要是应用在一天中每一订单只有一种备件的场合，为了提高运输配送的装载效率，故将某一地区的订单汇整成一张拣货单，做一次拣取后，集中捆包出库。汇整订单拣取属于单一拣取方式的一种变形方式。

4. 复合拣取

为克服单一拣取和批量拣取方式的缺点，配送中心也可以采取将单一拣取和批量拣取组合起来的复合拣取方式。复合拣取即根据订单的品种、数量及出库频率，确定哪些订单适应于单一拣取，哪些适应于批量拣取，分别采取不同的拣货方式。

 实施与考核

一、技能学习

1. 任务目标

1）能根据拣货单拣取备件。
2）能制订单一拣取的拣取计划并组织实施。
3）能制订批量拣取的拣取计划并组织实施。

2. 任务组织形式与步骤

1）准备训练场地和资料，确定配送管理系统的拣货数据资料是否齐全。
2）将学生分成5~6人一个小组，指定一名学生作为小组负责人，负责小组人员分工，

完成拣货任务。

3）操作由简单到复杂的任务：任务一为单个订单拣货作业；任务二为批量订单拣货作业。

4）对于教师提出的各小组的工作任务，小组指派1~2名同学按照拣货单及拣货要求完成拣货任务，小组其他同学对拣货过程进行观察，对设备的使用及拣货路径进行记录，并对拣货所用时间及拣货结果进行详细记录。

5）以小组为单位，教师组织学生共同对拣货作业过程及效果进行分析，找出影响拣货效率的原因，提出改进策略。

6）针对改进策略，对于同一（批）拣货单重新进行拣货操作，比较改进前后的拣货时间和拣货效果。

7）教师组织学生对改进策略进行评价；归纳出不同拣货方式的特点及适用场合。

8）学生根据实训过程、实训结果及实训结果分析撰写实训报告。

3. 设备条件与布置

1）网络机房和配送管理系统、打印机。
2）各拣选库区，拣货搬运设备：台车、平板推车。
3）拣货单据，库存信息。

二、任务实施与考核

（一）任务一：单个订单拣货作业

针对一家客户的一张单据，完成备件拣选的操作，并总结作业流程和内容，一起分析如何提高拣货的效率。

1. 演练步骤

1）明确任务：每个组负责一个客户的一张订单的备件拣选。
2）制订拣货单：小组通过配送管理系统接收订单处理的信息，制订拣货单。
3）小组讨论，制订拣选计划：
①拣货单所列备件的种类、数量以及所在库区分布，关键是要分清楚备件分布在哪几个区域。
②讨论拣选的方法和人员安排，着重在于如何迅速地拣选好备件。
③分析人员安排和拣货设备，即本组成员间或任务的分派（注：并不是有多少成员，就一定要派多少人拣货，既要达到迅速拣选好备件的目的，也要精减作业人员），以及选择适当的拣货设备包括设备数量。
4）按照制订的计划拣选备件，将备件集中于出货区，与管理员（指导老师）交接。
5）根据刚才的拣货作业，总结：
①拣货的流程以及各个环节的作业内容；
②提高拣货效率的方法。

2. 任务指导

1）参考拣货理论中的拣货策略，选择其中的一种策略；
2）制订的拣货计划，应根据作业实际修改；

3）出现拣货错误时，讨论处理的方法。

3. 总结

1）根据作业过程总结拣货的一般流程；
2）总结本次作业涉及的作业部门；
3）根据拣货中存在的问题，总结提高拣货效率的方法。

（二）任务二：批量订单拣货作业

集中 3 家客户的 3 张订单，组织本组成员完成备件拣选。要求小组分析拣货单，制订详细的拣货方案，再执行方案。

1. 演练步骤

1）明确任务目标：组织本组成员完成 3 家客户的 3 张订单备件的拣货组织工作。
2）分析订单：集中 3 张单据，分析其备件的种类、数量以及存储区域等。尤其是将各个单据的备件进行种类上和库区上的划分与集中。
3）确定拣选策略：小组讨论，参考拣货理论中的拣货策略，选择适当的拣货策略。
4）根据拣货策略，通过配送管理系统，生成新的拣货单。
5）确定人员分派以及设备选择。
6）根据上述讨论的结果，制订拣货组织方案，方案的内容包括：

①拣货分析。

a. 单据分析：单据数目、备件种类、拣货总量。通过这一部分的分析，可以确定拣货的单位和任务量，从而安排人手和选择搬运工具。如有整箱拣选区的备件拣选，且数量达到 5 箱以上，则必须使用台车。

b. 备件种类与存储区域分析。为后面拣货策略的选择做基础，是分类拣货还是分区拣货，必须首先做单据的分析。

②拣货人员和设备分析。

分析可以调派的人员和设备情况。

③拣货策略。

采取怎样的拣货策略，并对采用的拣货策略做出具体说明。

④任务分派。

哪些人做哪些事。

⑤拣货安排。

拣货的流程，以及每一步骤的作业内容，这是最重要的，尤其是步骤，每一个步骤都要写明做什么、谁去做以及怎样做。如交接这一环节，则必须写明由拣货组的复核人员复核拣选的备件，清点无误后，与出货区的理货员交接，并要求对方签字。

7）小组分批执行方案，在拣货过程中，必须严格按照方案进行，如果方案与实际不符，则必须通过小组讨论进行修改。

2. 任务指导

1）在方案制订过程中，应制订详细的步骤，首先是顺序要清晰合理，其次每一步要做的事情必须清楚详尽，不能只写一个大概的安排。
2）在方案执行中，应严格按照方案实施，出现问题先修改再继续操作。

3. 总结

1）根据本批拣货总结拣货组织的方法，如人员安排、出现问题时如何处理等。

2）总结拣货策略、拣货组织的注意事项。

4. 考核

拣货工作单见表 5-1。

表 5-1 拣货工作单

实训项目：__汽车备件拣货作业__

拣货单编号						用户订单编号				
用户名称：										
出货货位号：										
出货时间：	年	月	日至	年	月	日		拣货人：		
核查时间：	年	月	日至	年	月	日		核查人：		
序号	货位号码	备件名称	规格型号	备件编号	包装单位			数量	备注	
					箱	整托盘	单价			

拣货任务评价表见表 5-2。

表 5-2 拣货任务评价表

实训项目：__汽车备件拣货作业__

班级		学号		姓名	
项目	工作表现			分值	评分
熟悉拣货流程				10	
拣货方法正确				30	
合理配货				30	
团队合作				10	
工作单填写情况				20（工作单成绩折算）	
总分					
				教师签字：_____年___月___日	

任务二 拣货作业规划

学习目标

①能够正确规划拣货作业；
②能够正确描述不同拣货方式的特点、作业流程；
③会针对不同订单，结合拣货效率进行拣货方法、拣货路径、拣货策略的选择；
④能够合理选择与应用辅助拣选设备，提高拣选效率、降低出错率；
⑤会根据拣货要求对仓库布置、备件摆放提出合理化建议，以提高拣货效率；
⑥树立质量意识、规范操作，拣货过程中确保备件的质量不受损坏。

任务分析

电子拣货标签在汽车配送中心备件拣选中的应用如图5-15所示。

图5-15 电子拣货标签在汽车配送中心备件拣选中的应用

在汽车制造行业的生产车间里，由于旧车型的淘汰退出及新车型的不断导入，备件的种类在飞速增加，在响应生产节拍的前提下，对于装配工人的要求越来越高。因此，拣货作业成为节拍控制的重中之重，也是整车总装的基础。其扮演的角色相当于人体的心脏，动力则来自于客户的订单，拣货作业的目的是正确地并且在生产节拍内集合所需车型的备件。由此来看，若要提高整车总装的效率、降低差错率，从拣货作业着手改进，可达事半功倍之效。

相关知识

一、拣货作业系统规划

在配送中心整体规划中，拣货作业系统的设计与规划是最关键的，因为拣货作业系统必须满足在有限的配送时间内为顾客提供最佳服务的要求。由于拣货作业的指令来源于顾客订单资料，所以拣货作业系统的规划从顾客订单资料的分析开始，包括拣货包装单位的确定、拣货方式与拣货策略的运用、拣货信息的传递、分拣设备的选用及布置等环节和步骤。如图5-16所示为拣货存储系统规划程序。

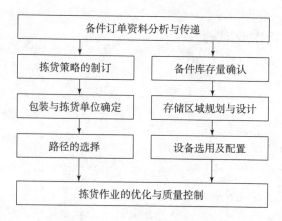

图 5-16 拣货存储系统规划程序

二、拣货信息（资料）的传递方式

拣货信息的主要作用是指示拣货操作如何进行，其信息来自于客户的订单，为了使拣货人员在既定的拣货方式下正确而迅速地完成拣货任务，拣货信息的传输与显示方式非常重要。通过信息来支持整个拣货系统。除使用单据来传递显示信息外，计算机、条码及一些自动传输的无纸化系统都已逐渐被使用。按照拣货信息的显示方式与应用设备不同有如下传递方式。

拣货作业开始前，指示拣货作业的单据或信息必须先行处理完成。

1. 订单传票

以传票来指导拣货操作的做法，即直接利用客户的订单（分页或影印本）或以公司的交货单来作为拣货指示凭据。使用此法的优缺点如下。

优点：无须利用电脑等设备处理拣货信息，适用于订购品项数甚少或小量订单的情况，比较符合单一拣取方式。

最原始的拣货方法并不意味着低效率。如果仓库场地能够做到有效规划，即便使用这种最原始的拣货方法，也会有较高的效率。适合规模小、业务较少的汽车维修站与备件商店拣货作业。

缺点：

1）此类传票易在拣货过程中受污损，或因存货不足、缺货等注记直接写在传票上，导致作业过程发生错误，甚至无法判别确认。

2）未标示货位的备件，必须靠拣货人员的记忆在储区中寻找存货位置，造成许多无谓的搜寻时间及行走距离。

2. 拣货单及分货单

1）拣货单：拣货单按照先客户后备件的顺序，将原始的客户订单输入电脑后进行拣货信息处理再打印拣货单的方式。在拣货单上可以标明货位，并按货位顺序来排列备件编号，缩短了拣货路径，提高了作业效率。拣货单一般按照客户进行打印，一张拣货单一定是一个客户的，其中包含多个备件明细，并且按照货位排序打印，一个货位放置一种备件。拣货员按照货位顺序从对应的货位取得相应数量的备件，并在拣货单上使用笔进行标记，直到这张单据上的所有记录标记完毕。拣货单格式见表 5-3。

表 5-3　拣货单

拣货单号码				顾客名称				
拣货时间				拣货人员				
核查时间				核查人员				
出货日期								
序号	货位编号	备件名称	备件编号	包装单位			拣取数量	备注
				整托盘	箱	单价		

2）分货单：一般按照先备件后客户的顺序进行打印，一张分货单一般包含多个备件，每个备件下包含多个客户，打印时按照客户的相对集货位顺序进行排序。分货时，分货员先取一种备件放在拖车上，按照客户顺序将备件逐个放到对应的货位上，并在分货单据上使用笔进行标记，直到这张单据上的所有记录标记完毕。分货单格式见表 5-4。

表 5-4　分货单

拣货单号				包装单位			货位号码
备件名称				箱	整托盘	单件	
规格型号			数量				
备件编号							
生产厂家							
拣货时间：	年　月　日至		年　月　日			拣货人：	
核查时间：	年　月　日至		年　月　日			核查人：	
序号	订单编号	用户名称	包装单位			数量	出货货位	备注
			箱	整托盘	单件			

此法的优缺点如下。

优点：

①可充分配合分批、分区、订单分割等拣货策略，提升拣货效率。

②备件的货位编号显示在拣货单上，同时可按路径先后次序排列货位编号，引导拣货员按最短路径拣货。

③避免传票在拣取过程中受污损，可使用原始传票查对拣货过程或拣货单打印过程中可能发生的错误。

缺点：

①拣货单处理打印工作耗费人力、时间，拣货时双手不能得到完全解放，拣货差错率高，难以统计拣货人员工作量。

②拣货完成后，仍需经过核查过程，以确保其正确无误。

3. 贴标签

此种方式取代了拣货单，由打印机打印出需要拣货的备件名称、位置、价格等信息的拣货标签，标签的数量等于备件的拣取量，在拣取的同时将贴标签在备件上，以此作为确认数量的方式。标签贴在备件上的同时，"备件"与"信息"立即同步一致，故拣货的数量不会产生错误。

作业过程：拣货员拉一辆拣货车到作业点旁边，将员工卡放在 ID 卡刷卡器上刷过，系统自动分配一张拣货单（属于一个客户的），并通过标签打印机打印出一串标签；这串标签中包含多个标签，每个标签代表一件备件，并且是按照货位排序打印的；拣货员根据标签上打印的货位顺序从相应的货位上拣取出备件，放置到拣货车上并将这张标签粘贴在备件外箱上，如果有多个标签指向是同一个货位，即代表要从这个货位取多件相同的备件，并将这些标签一一粘贴在这些备件上；直到拣货员手上的标签全部粘贴完毕，即代表该张拣货单已经拣货完成。如图 5-17 所示为拣货标签。

图 5-17 拣货标签

（a）整箱拣货标签；（b）单件拣货标签；（c）送货标签

优点：

1）结合拣取与贴标签的动作，缩短整体作业时间。

2）可在拣取时清点拣取量，拣取完成则标签也应该贴完，提高了拣货的正确性。

3）能够比较及时地和信息系统进行库存同步（因为在刷卡的时候扣除库存），非常方便统计拣货人员工作量。

缺点：

1）要同时印出价格标签，必须与下游的销售商统一备件的价格及标签形式。

2）价格标签必须贴在备件上，对于单件以上的包装作业则比较困难。

4. 电子标签辅助拣货方式

电子标签辅助拣选是一种计算机辅助的无纸化拣选系统，其原理是在每一个货位上安装数字显示器，利用计算机的控制将订单信息传输到数字显示器内，拣货人员根据数字显示器所显示的数字拣货，拣完货之后按确认钮即完成拣货工作，也称为电子标签拣货。这种拣货方式中，电子标签取代了拣选单，在货架上显示拣选信息，以减少寻找备件的时间，但分拣的动作仍由人力完成。

作业方法是：无须打印出库单，出/入库信息通过中央计算机直接下载到对应的电子标签上；电子标签发出光、声音指示信号，指导拣货员完成拣货；拣货员完成作业后，按动电子标签按键，取消光、声音指示信号，将完成信息反馈给中央计算机；拣货员按照其他电子标签指示继续进行拣货。

优点：
1）提升作业速度与品质。
2）降低了前置作业时间并大幅降低错误率。
3）实现无纸化、标准化作业。
4）缩短操作人员上线的培训过程。

缺点：投入成本高，维护费用高。

5. 无线手持终端拣货方式

这种拣货方式是基于无线局域网，采用移动式的无线手持终端进行拣货作业操作，这种方式比较多地应用在近几年新建设的一批物流中心。特点是全程无纸化，在整个过程中根据无线手持终端的指导进行拣货，多用于摘果式拣货方式。

作业过程：

拣货员开叉车或者拉拖车，先在无线手持终端上发出指令开始拣货，信息系统自动给该手持终端分配拣货单，拣货员根据无线手持终端的显示，来到相应的货位上将备件取下，同时扫描备件条码，如果备件无误则再点好具体拣货数量，然后在无线手持终端上进行确认；一条拣货指令确认完成后，系统自动跳出下一个货位的拣货指令，直到该拣货单全部拣货完毕。

无线手持终端拣货的优点是：由于使用扫描条码，一般情况下不可能出错，拣货备件出错率为零，拣货件数差错率也很低，接近于零，因为在确认的同时扣减了库存，能够非常及时地和库存管理信息系统进行库存同步，也可以非常方便地统计拣货人员的工作量，并且可以不受固定场地的限制，可以在整个仓库任何有无线信号的地方作业。

4种拣货方式的优势对比见表5-5。

表5-5 4种拣货方式的优势对比

拣货方案	纸制单据拣货	贴标签拣货	电子标签辅助拣货	无线手持终端拣货
所需设备	普通打印机	标签打印机 ID卡设备	全套电子标签拣货系统	全套无线网络和手持终端设备
拣货效率	较低	较高	较高	一般
拣货差错	高	很低	低	极低
信息及时性	差	较好	较好	好
工作量统计	不方便	方便	较方便	方便
投资情况	低	较低	高	高
仓库规划要求	拣货流水线规划	拣货流水线规划、安装标签打印机	拣货流水线规划、安装电子标签、使用流动式货架或搁板式货架	拣货流水线规划、安装无线局域网

续表

拣货方案	纸制单据拣货	贴标签拣货	电子标签辅助拣货	无线手持终端拣货
应用场景	没有限制，适合于所有类型物流仓库	超市、便利物流仓库整件拣货	超市、批发物流仓库整件拣货	超市、批发物流仓库整件拣货
拣货员使用	拣货员手脚得不到解放；对拣货员要求低，上手快，培训简单；需要拣货员能够熟练运用各种拣货策略	拣货员双手得到部分解放；对拣货员要求低，上手快，培训简单	拣货员双手得到完全解放；对拣货员要求较低，只需一般培训即可	拣货员双手得不到解放；对拣货员要求高，需要经过专业的培训

6. 其他辅助设备拣货方式

（1）无线通信方式

此方法是在叉车上安装无线通信设备，通过这套设备把应从哪个货位拣取何种备件及拣取数量等信息指示给叉车上的司机以拣取备件。这种传递方式适应于大批量出货时的拣货作业。

（2）电脑随行指示

电脑随行指示是指在叉车或台车上设置辅助拣货的电脑终端机，拣取前先将拣货信息输入电脑或软盘，拣货人员依据叉车或台车上电脑屏幕的指示，到正确位置拣取备件。

7. 自动拣选系统

拣货的动作由自动机械负责，电子信息输入后自动完成拣货作业，无须人工介入，这是目前国外在拣货设备研究发展上所努力的方向。自动拣选方式有 A 形自动拣选系统、旋转仓储系统、立体自动仓储系统，如图 5-18 所示。因为设备成本高，此种拣货方式常被利用在价值高、出货量较大且频繁的 A 类备件上，其具有效率高、错误率极低的特点。

(a)

(b)

(c)

图 5-18 自动拣选系统

(a) A 形自动拣选系统；(b) 旋转仓储系统；(c) 立体自动仓储系统

8. 语音拣选

语音辅助拣选（Voice Picking），简称语音拣选，是一种利用语音的播报和识别并且调动操作人员的听觉达到自动拣选的作业方式。在欧美很多国家中，企业通过实施语音技术提高员工拣选效率，从而降低了最低库存量及整体运营成本，并且大幅减少错误配送率，最终提升企业形象和客户满意度。

三、拣货策略

拣货策略是影响拣货作业效率的关键，主要包括分区、订单分割、订单分批、分类 4 个因素，这 4 个因素相互作用可产生多个拣货策略，所以在进行拣货规划时，必先考虑备件订单特性来决定应采用订单分区，之后再考虑如何进一步实行订单分割或分批。

1. 分区

分区是指将拣货作业场地进行区域划分，主要的分区原则有以下 4 种：

（1）按备件特性分区

按备件特性分区就是根据备件原有的特殊性质，将需要特别存储或者搬运的备件分隔拣选。

（2）按拣货单位分区

如将拣货区分为箱装拣货区、单品拣货区等，基本上这一分区与存储单位分区是相对应的，其目的在于将存储与拣货单位分类统一，以便拣取与搬运单位化。但与入库存储单位不同时，补货作业需求增高，设备费用可能增加，空间需求加大。

（3）按物流量分区

这种方法是按各种备件出货量的大小以及拣取次数的多少进行分类，再根据各组的特征，决定合适的拣货设备及拣货方式。这种分区方法可以减少不必要的重复行走，提高拣货效率，但拣货信息处理较为复杂，系统设计难度增加。

（4）按工作分区

这种方法是指将拣货场地划分为几个区域，由专人负责各个区域的备件拣选。这种分区方法有利于拣货人员记忆备件存放的位置，熟悉备件品种，缩短拣货所需时间。同样拣货信息处理较为复杂，系统设计难度增加。

2. 订单分割

当订单所订购的备件种类较多，或设计一个要求及时快速处理的拣货系统时，为了能在短时间内完成拣货处理，需要将一份订单分割成多份子订单，交给不同的拣货人员同时进行拣货。要注意的是将订单分割要与分区原则结合起来，才能取得较好的效果。

3. 订单分批

订单分批是将多张订单集中起来进行批次拣取的作业。订单分批的方法有多种。

（1）按照总合计量分批

在拣货作业前将所有订单中订货量按品种进行累计，然后按累计的总量进行拣取，其好处在于可以缩短拣取路径。缺点是必须经过功能较强的分类系统完成分类作业，订单数不可过多。

(2) 按时窗分批

存在紧急订单的情况下可以开启短暂而固定的 5 或 10 min 的时窗，然后将这一时窗的订单集中起来进行拣取。这一方式非常适合到达间隔时间短而平均的订单，常与分区以及订单分割联合运用，不适宜订购量大以及品种过多的订单。

(3) 固定订单量分批

在这种分批方法下，订单按照先到先处理的原则，积累到一定量后即开始拣货作业。这种分批方法可以维持较稳定的作业效率。每批订单的备件种量变化不宜太大，否则造成分类作业的不经济性。

(4) 智能型分批

订单输入电脑后，将拣取路径相近的各订单集合成一批。这种方法可以有效减少重复行走的距离。缺点是软件技术层次较高、不易实现，且信息处理的前置时间较长。

4. 分类

如果采用分批拣货策略，还必须明确相应的分类策略。

分类的方法主要有两种：

一种方法是在拣取备件的同时将其分类到各订单中，但每批订单订货数量及单项品项总量小较为适合，同时必须利用计算机辅助来降低错误发生的频率。

另一种方法是集中分类，先批量拣取，然后再分类，可以用人工集中分类，也可以用自动分类机进行分类。缺点是错误率可能较高，且费时、费人、费力。

四、拣货单位与包装单位

1. 拣货单位

拣货单位是指拣货作业中拣取货物的包装单位。通常拣货单位可分为托盘、箱（外包装）及单品（小包装）以及特殊货物 4 种形式，一般而言以托盘为拣货单位的备件体积及重量最大，其次为箱，最小单位为单品。

1) 单品：拣货的最小单位，可从箱中取出，人可以用单手拣取的货物。

2) 箱：由单品所组成，可由托盘上取出，人手必须用双手拣取的货物。

3) 托盘（栈板）：由箱叠栈而成，无法用人手直接搬运，必须利用堆高机或拖板车等机械设备。

4) 特殊货物：体积大、形状特殊，无法按托盘、箱归类，或必须在特殊条件下作业者，如机油、变速器油等油料，汽车厢板、裙围外围件等，都属于具有特殊性的货物，拣货系统的设计将严格受限于此。

拣货单位是根据订单分析出来的结果而做决定的，如果订货的最小单位是箱，则不要以单品为拣货单位。库存的每一品种都必须做以上的分析，以判断出拣货的单位，但一些品种可能因为需要而有两种以上的拣货单位，则在设计上要针对每一种情况做分区的考量。

2. 存储包装单位

通常存储单位必须大于或等于拣货单位。在存储方面也是以托盘、箱为单位，甚至从箱中取出单品为单位进行保管；相对这些存储单元亦有许多不同的拣货形态，如托盘存储单元，可以采用托盘、托盘加箱、单独箱 3 种拣货形态；而以箱为存储单位的，有箱、箱加单品、单品 3 种拣货形态。

确定存储单位的步骤如下：

1）订出各项备件一次采购最大、最小批量及前置时间；

2）预计顾客订单到达仓库后，多长时间将备件送交顾客，即预计送达天数。

如果备件平均每天采购量×采购前置时间（或库存水准）小于上一级包装单位数量，则存储单位等于拣货单位；反之，则存储单位大于拣货单位。

例如：某种备件每天平均采购量为 10 箱，平均在库时间为 4 天，该备件每托盘可放 50 箱，则有：10×4=40 箱，小于 50 箱。所以存储单位及拣货单位均以箱为宜。若以托盘为单位，则可能不满一整托盘。

3）入库包装单位的确定。

在存储单位确定后，备件入库包装单位最好能配合存储单位，有时可要求供应商配合。入库单位通常等于备件的最大存储单位。

五、分拣设备

在整个分拣作业过程中使用到的设备非常多，主要有存储设备、搬运设备、分类设备和信息处理设备等，这些设备相互协调配合，共同完成分拣作业过程。下面主要讨论配合分拣作业的包装单位，如何配置相应的存储、搬运和分类设备及适应多品种、小批量配送的设备配置。

1. 存储设备的配置

不同的备件特性和包装体积对设备的适应能力不同，在进行设备配置以前先必须确定备件分拣出货的包装单位，进而确定与之相适应的备件存储包装单位，在此基础上选择和配置相应的存储设备。存储、拣取包装单位与存储设备的配置见表 5-6。

表 5-6 存储、拣取包装单位与存储设备的配置

存储设备	备件存储包装单位			备件拣取包装单位		
	托盘	箱	单品	托盘	箱	单品
托盘货架	√			√	√	
轻型储货架		√			√	√
储柜			√			√
重力式货架	√			√	√	
高层货架	√			√	√	√
旋转货架		√	√		√	√

2. 搬运输送设备的配置

在配送中心常用的搬运输送设备有人力拣货台车、动力式拣货台车、动力牵引车、巷道堆垛起重机、叉车、搭乘式存取机、传送带等连续输送装置。搬运设备主要是配合存储设备来配置的，其选择见表 5-7。

表 5-7 搬运输送设备与存储设备的配置

存储设备	搬运输送设备							
	人力拣货台车	动力式拣货台车	动力牵引车	叉车	搭乘式存取机	连续输送机	电脑辅助拣货台车	巷道堆垛起重机
托盘货架	√	√	√	√		√		√
轻型储货架	√	√				√	√	
储柜	√	√				√	√	
重力式货架	√	√				√	√	
高层货架					√			√

3. 多品种少批量配送常见设备的配置

从国内外配送的业务特点来看,由于大体积笨重备件多采用直达送货,一般不通过流通机构,因此配送对象多为多品种、中小批量、高频率备件。自动化程度较高的多品种少批量分拣系统常见设备配置有:附加显示装置的重力式货架、旋转货架、电脑辅助拣货台车等专用分拣设备。

(1) 附加显示装置的重力式货架

附加显示装置的重力式货架,是在重力式货架相应货位上安装数量显示装置的拣货设备,即在存储货架上安装数位显示装置,拣货时显示所拣备件的货位和数量。货架的层格呈倾斜式,当前排备件被拣走后,由于重力作用,后排备件自动滑向前排。拣货人员开始拣货时,主电脑即传达拣货信息,当拣货信息到达时,所需拣取的备件货位的显示灯会自动亮起,并显示所需拣取的数量,拣货员获得信息即能快速完成拣货作业。这种设备常与动力传输系统结合使用,采取接力式拣取方式,即每位拣货员只负责本区域的备件,将其拣出放至输送带上的拣货篮内,拣货篮移至下一区域,剩下的由下一段区域的拣货员完成。

(2) 旋转货架

旋转货架是利用电脑操纵控制,让准备存放或拣取的货架货位自动旋转至拣货员的面前,使拣货员完成拣货作业。这一系统不仅可以提高作业效率,还可以由电脑控制减少人为差错。旋转货架在设计布局时,可以节省存储空间,适应于电子零件、精密机件等少量、多品种、小体积、高频率出入库备件的存储和拣货作业,其移动速度约 30 m/min。存取效率较高,而且依照需求自动旋转存取备件,层数不受高度限制,故能有效地利用空间。在分拣作业系统中,多层水平旋转式货架、整体水平旋转式货架、垂直旋转货架都得到了较广泛的应用。

(3) 电脑辅助拣货台车

在拣货台车上设置辅助拣货的电脑系统,拣货前在台车上输入备件编号及拣取数量,主电脑会将拣货信息显示在台车的终端机上,拣货人员按电脑屏幕上的指示进行拣取。使用这种设备可以不使用拣货单,功能完备的电脑辅助拣货台车,还可以检测拣取备件的数量是否准确,发生拣货错误时会自动发出警告信号。在国外,一些电脑辅助自动导引台车还可以让拣货人员直接站在车上，输入备件编号启动按钮后，红外线遥控系统会引导台车自动运转，并在欲拣取的货位前停止，拣货员依台车上显示的拣货数量拣取备件。

六、分拣路径选择

订单分拣就是依据顾客的订货要求或配送中心的送货计划，尽可能迅速、准确地将备件从其货位拣取出来，并按一定的方式进行分类、集中，等待配装送货的作业过程。在仓库的所有流程中，订单分拣越来越受到企业和研究领域的关注。在非自动化仓库或配送中心里，分拣一直被认为是劳动最密集、成本最高的运作，同时也是很多企业降低仓储成本与提高生产力最优先考虑的运作；另一方面，订单分拣可以直接影响到客户满意度，因此，企业能够快速并且准确地处理客户订单已经成为企业获取竞争力的重要组成部分。

分拣路径的目标就是确定分拣单上备件的拣货顺序，通过启发式或优化路径来减少分拣人员的行走距离。在实际工作中，人们通常应用启发式的分拣路径。这主要是由于优化产生的路径可能不符合分拣人员通常工作的逻辑，不容易操作；而且，优化路径没有考虑线路拥挤问题。

有几种针对单区仓库分拣作业的启发式分拣路径方法，即穿越、返回、中点回转、最大间隙、组合等策略。此外，还有分割穿越策略、分割返回策略以及针对多区布局下应用的通道接通道策略。下面将对各种启发式的分拣路径进行介绍。

1. 穿越式路径

穿越式路径方法简单易执行，很多仓库都在应用，尤其适合拣货密度高的情况。当采用穿越路径时，从通道一端进入，拣货人员同时拣取通道两侧货架上的备件，最后从通道另一端离开，在返回出入口之前，分拣人员会走遍所有包含拣取位置的通道。由于行走路径近似"S"形，因此又称为"S"形路径，如图5-19所示。

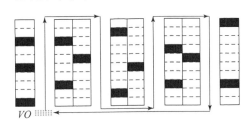

图5-19 穿越式路径

当被拣备件分布的巷道数为偶数时，穿越策略必须穿越每个具有被拣备件的巷道；当被拣备件分布的巷道数为奇数时，除最后一个被拣备件所在的巷道外，其余巷道均需要被穿越。因此，穿越策略中拣货巷道内行走距离完全取决于被拣备件分布的巷道数。

2. 回转路径

在回转路径方法中，拣货人员从分拣通道的一端进入，先沿路拣取一侧货架上所需备件，当一侧货架上的备件拣取完，就返回开始拣取另一侧货架上的备件，最后从进入通道的一端离开。拣货员只需要进入包含拣取位置的通道，不包含拣取位置的通道可以跳过，如图5-20所示。若采用返回策略，要缩短拣货行走距离，应该使被拣备件距离进入巷道的位置尽可能短。也就是说，如果被拣备件的分布呈现向货架一端分布的趋势，其返回过程中的行走距离就短,这样采用返回策略就能使总的行走距离变短。

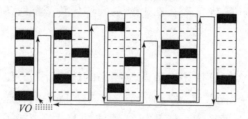

图 5-20 回转式路径

(1) 中点回转与分割回转策略

中点回转策略是从拣货通道的中点处将分拣区域分成前后两部分,如图 5-21 所示。拣货人员从通道的一端进入,拣取完备件后回转折返,最远处就是该通道中点,当拣货人员离开拣货区域的前半部时,拣货员要从最右边的通道穿越进入通道后半部分,以同样方法开始后半部分的拣货。当后半部的拣货完成后,穿越最左边的通道回到出入口。这里不但采用回转方法而且在进入和退出后半部通道时采取了穿越策略。此外,还有一种叫作分割回转策略,与中点回转策略很相似,如图 5-22 所示。分割回转策略要求先将整个拣货区域分割为前、后两个部分,但分割点不一定是以中心点为界。

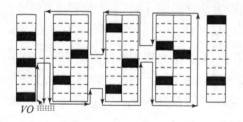

图 5-21 中点回转策略

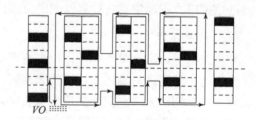

图 5-22 分割回转策略

从中点回转策略的行走路径可以看出,除了最左巷道和最右巷道必须穿越之外,其他巷道内的行走类似于返回策略。要缩短拣货行走距离,应该使被拣备件位置离巷道两端的距离尽可能短。如果被拣备件分布集中于货架的两端,则巷道中返回行走的距离缩短,采用中点回转策略就能使总的行走距离变短。

(2) 最大间隙策略

最大间隙策略是指位于同一个通道内待取的备件和上下两侧底端通道的距离作比较,选择较短距离的路径,若备件和上下两侧底端的通道距离小于备件之间的最小距离,则直接回转,如图 5-23 所示。最大间隙策略与中点回转策略相似,二者区别在于:在最大间隙策略下,分拣人员最远可到达最大间隙而非中点。

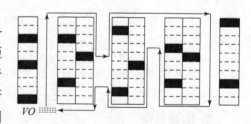

图 5-23 最大间隙策略

(3) 通道接通道策略

通道接通道策略是针对具有多个横向通道仓库的启发式方法。一般来讲,每个纵向通道只访问一次。分拣员从入口处开始,然后进入最左边的有待取备件的通道,当一个纵向通道内的所有备件拣选完，接着选择一个横向通道进入下一个纵向通道。该方法需要确定从一个纵向通道向下一个纵向通道过渡的横向通道，如图 5 – 24 所示。

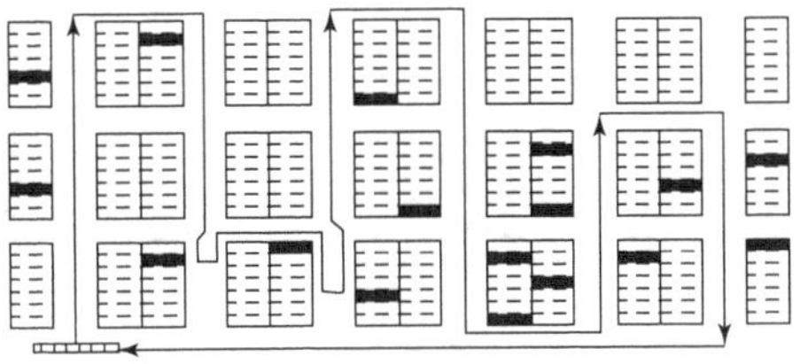

图 5 – 24　通道接通道策略

七、拣货作业的优化

1. 优化的基本思路

拣货作业优化的基本思路是先分析拣货作业中各个环节所需要的时间，然后尽量缩短这些时间的占用。通常一项拣货作业花费的时间包括行走时间、寻找时间、取出备件的时间及将备件搬运到指定地点的时间。

2. 影响拣货作业效率的主要因素

1）拣选人员专业化水平低，每人每小时平均拣取能力差。

2）拣货设备过于陈旧，自动化水平不高。

3）拣货方案制订不当，影响拣货效率。

4）电子化水平不高，信息处理速度过慢。

3. 分拣优化的衡量指标

分拣优化的衡量指标是分拣配货率，即从库存的备件种类中分拣出的种类占库存种类数的百分比，分拣配货率越高，分拣配货效率越好。机械设备有分拣配货率高的机械设备，也有分拣配货率低的机械设备，例如：流动货架与一般货架相比，在分拣配货率较高时选用流动货架。

4. 优化方法

1）应用信息技术。通过应用条形码、射频等信息技术，分区技术以及自动拣货系统等，可以降低寻找时间。

2）借助一些机械及自动化设备。如应用台车、叉车、传送带、旋转货架、自动拣货系统等，可以减少行走或备件搬运时间；应用重力式货架比较容易取出备件，可缩短备件取出时间。

3）采用有利于拣取作业的备件存放方法。如将一些单品备件直接放在平台上存储，将拣取频率高的备件存放在靠近拣货区及通道的货位上等。

5. 拣货质量控制指标

汽车维修站或是配送中心拣货、出货的工作质量直接影响到企业的服务质量和公司信誉。因此，尽可能降低拣货错误率始终是拣货作业管理的目标之一。拣货错误率可以用以下公式表示：拣货错误率 = 拣货作业错误笔数/同期订单累计总笔数。

当拣货错误率上升时，必须即时查找原因、解决问题，提高拣货作业的准确性。拣货作业过程中，常见错误分析见表 5 – 8。

表 5-8 拣货作业常见错误分析

常见错误	原因	对策
作业信息传递发生错误	单据印刷不清； 传递信息不明确； 单据混乱发生错误	加强电脑系统的管理； 加强单据分类、编号管理
拣货指示发生错误	货位发生错误； 备件发生错误	信息处理准确化； 加强货位管理
备件拿取错误	拣取数量错误； 看错备件； 作业员注意力不集中； 作业员责任不强	提高信息传递的准确性； 增加备件的区分标志； 改善作业环境； 提高员工工作热情和责任心
备件混位、串位存放	放置空间不够； 货位分配不明确	加强存货控制与管理

 实施与考核

一、技能学习

1. 任务目标

通过学生对拣货作业的规划与设计的实际操作与效果评价分析，使学生能够运用订单进行分析、进行拣货规划、选择信息传递方式、进行拣货策略选择、设计拣货设备与存储设备、选择拣货路径、优化拣货流程，熟练使用相应的拣选辅助设备，不但能够按要求完成拣货任务，并通过拣货效果分析提出改进措施，真正达到提高拣货效率、缩短拣货时间、降低拣货出错率的目的。

通过对问题的分析并提出改进策略，培养学生分析问题、解决问题的能力；实训采用分组进行，小组人员需要进行合理的分工、明确任务、落实责任，以提高工作效率，培养学生的工作组织能力，使学生学会工作；在拣货的过程中，小组成员密切配合共同完成拣选任务，培养学生的团队合作能力，使学生学会合作；通过计算机等辅助设备的合理使用，培养学生信息技术的实际应用能力，使学生学会学习。

2. 任务要求

通过采取有效的拣货规划设计与拣货策略，在指定时间内，针对订单分析进行拣货信息传递方式设计、拣货策略选择、拣货单位与存储单位设计、分拣设备的配置、路径优化选择、质量控制指标设计，并进行规划设计的改进与优化。

3. 任务组织形式与步骤

1）将学生分成 5~6 人一个小组，指定一名学生作为小组负责人，负责小组人员分工，完成拣货任务。

2）由教师提出各小组的工作任务，小组指派 1~2 名同学将设计结果进行演示并讲解。小组其他同学对过程进行观察、记录，并对设计结果进行详细记录。

3）以小组为单位，教师组织学生共同对各子任务作业过程及效果进行分析，找出影响拣货效率的原因，提出改进策略。

4）针对改进策略，对于同一（批）拣货单重新进行拣货操作，比较改进前后的拣货时间和拣货效果。

5）教师组织学生对改进策略进行评价，归纳出不同拣货方式的特点及适用场合。

6）学生根据实训过程、实训结果及实训结果分析撰写实训报告。

4. 设备条件与布置

1）两间标准教室（60 m²），分别作为实训室与研讨室（学生进行信息处理）。实训室分为拣货区（占2/3）和学生观摩区（占1/3）。

2）实训室配置带有电子标签的轻型货架或重力式货架，40个品种以上相近的备件，每种备件的数量不少于30件，用于存放备件和拣取备件的周转箱50~60个，2~3台手推车作为拣货车；每组需要配备一台计算机用于拣货单处理和一台公用联网打印机及条码打印机，用于拣货单打印及条码打印。

3）实训室的拣货区由三排等长的货架及巷道组成，货架用于存放需要拣取的备件，每个货架不少于3层且不少于20个货位（即每个货架应至少能够摆放20个以上用于存放备件的周转箱，周转箱的尺寸为600 mm×400 mm），货架摆放应与教室纵向平行。

4）货架、货位应进行合理标识。

5）巷道成S形，巷道口对着观摩区，便于学生观察，人推着拣货车在巷道中行走进行拣取作业。拣货车在巷道中能在两个方向来回移动，且能很容易地改变方向。

6）研讨室桌椅呈圆形布置，便于学生讨论。

二、任务实施与考核

1）选取批量订单进行分析，一个同学选择一种合适的信息传递拣货方式，说明为什么？

2）一个同学针对订单分析进行存储单位与拣货单位的设计，并配置拣货设备，说明为什么这样设计？

3）一个同学针对存储与拣货货架进行设计，说明为什么这样设计？

4）一个同学针对前几组同学的设计结果进行拣货策略的选择，说明为什么？

5）一个同学进行路径选择，说明为什么？

6）一个同学按照拣货单的要求进行拣货作业，并记录拣货时间。拣货完成后对各组的拣货时间进行对比，由各组学生讨论所选拣货方式的优劣。

7）一个学生根据拣货工作单的记录，按订单要求进行配货，完成以下任务：

①区分不同客户的备件。

②将区分好的备件按客户订单分区放置。

③核对订单，检查遗漏。

④按客户分类，统一进行运输包装。

8）其他学生对拣货规划进行优化设计，提出整改意见。

9）教师根据学生完成的情况完成考核表（见表5-9）。

表 5-9 任务考核评价表

学生姓名		日期		
考核内容	拣货作业规划			
序号	项目		分值	评分
1	人员分派是否合理		10	
2	信息传递设计是否适当		10	
3	拣货策略是否高效		20	
4	拣货设备与存储设备配置是否得当		10	
5	拣货流程制订情况		20	
6	路径选择是否最短		10	
7	操作过程是否顺利		10	
8	协作精神和学习态度、细致程度等		10	
合计			100	

考核人：_____

注：1）拣货策略明显导致路径迂回或者拣货次数、人员明显过多，则扣除所有分数。
　　2）拣货操作过程中，凡出现拣货单据处理错误、拣货数量或种类不符，一处扣 5 分。
　　3）对如何提高拣货效率的总结中，回答较好的加分。

思考与练习

一、选择题

1. 拣货作业时，你从仓库中取出了什么？（　　）
   A. 备件　　　　　　B. 汽车　　　　　　C. 售后服务标准
2. 备件部门需要处理几种类型的拣货作业？（　　）
   A. 3 种　　　　　　B. 4 种　　　　　　C. 5 种
3. 拣货作业的第一步是什么？（　　）
   A. 确认库存　　　　B. 从库存中提取订购备件　　C. 准备备件订购销售卡
4. 以下哪一项是实际操作中正确的步骤？（　　）
   A. 准备备件订购销售卡（拣货卡），按照位置对备件订购销售卡进行分类、检查，拣货作业在交货区进行
   B. 按照位置对备件订购销售卡进行分类，准备备件订购销售卡（拣货卡）并检查，拣货作业在交货区进行
   C. 备件检查，准备备件订购销售卡（拣货卡），按照位置对备件订购销售卡进行分类，拣货作业在交货区进行
5. 当无法提供客户要求的备件时，应怎么做？（　　）
   A. 在确认客户希望下 B/O 订单后，准备好 B/O 销售卡
   B. 将位置编号抄在备件订购销售卡上
   C. 立即通过电话为备件下 B/O 订单
6. 拣货的基本原则是什么？（　　）

A. 记住备件编号

B. 在仓库中迅速操作

C. 在拣货和核对备件编号前，准备备件订购销售卡

7. 确认库存时，你应当使用什么工具？（　　）

　　A. 备件订购销售卡　　B. 库存清单　　　　　C. 计算机系统

8. 当备件有现货时，应将库存清单中的哪一项抄到销售卡中？（　　）

　　A. 位置编号　　　　B. 备件编号　　　　　C. 价格

9. 要改进位置控制，以下哪一项无须考虑？（　　）

　　A. 仓库中的布局和流程线

　　B. 按照备件编号进行分类

　　C. 建立位置编号系统

二、填空题

1. 拣货流程即从（　　）中提取（　　），交付给（　　）、（　　）、（　　）。
2. 拣货前要准备备件（　　），即是（　　）。
3. E/O 的含义是（　　）。
4. 拣货通过规划作业的（　　），使其降到最低，以最小的（　　）和（　　）拣货。
5. 为防止弄错备件类型与数量、目的地与（　　）不符，在（　　）和核对备件编号前，准备备件（　　）。

三、简答题

1. 怎样处理紧急备件订购？
2. 拣货流程是什么？
3. 如何改进拣货工作？
4. 什么是拣货偏差？如何解决？

项目六 汽车备件业务管理

任务一 汽车备件部门架构组建

学习目标

① 了解汽车备件岗位的基本设定情况；
② 掌握汽车备件部门职能及岗位职责。

任务分析

我国汽车备件岗位发展基础较差。近年来，在汽车工业高速发展的带动下，汽车备件出现了高速发展的形势，岗位需求也日新月异，但由于长期处于滞后状态，我国汽车备件岗位的基础仍然较差，表现在：一是岗位种类尚未完全形成，难以满足个性服务的需求；二是以备件管理软件为基础的大规模备件管理系统没有形成；三是没有建立科学合理系统的岗位考勤制度。本次的任务就是学生模拟汽车4S店，建立相对适用与完善的汽车备件部门组织架构，设定岗位、配备人员，对每个岗位的要求与工作职责进行梳理与讨论，了解备件部门在汽车销售与售后服务中的重要地位。

相关知识

一、汽车备件岗位的设定

随着近年来汽车工业的飞速发展，汽车服务企业对汽车备件岗位的要求也越来越高。某品牌4S店汽车备件部门在岗位的设定、人员配备、部门职能与岗位职责等方面的具体设置如图6-1所示。自备件主管以下，各岗位可一人兼多职，也可多人任一职。

图6-1 备件部门组织结构图

二、汽车备件部门职能及岗位职责

1. 服务经理岗位职责（备件方面）

1）负责完成企业下达的备件销售任务和利润指标。
2）合理控制备件库存，加快资金周转速度，减少库存积压，不断提高备件经营水平。
3）做好备件的供应、批售及配送工作。
4）负责内外部关系的协调和沟通。
5）根据备件经营的实际需要，合理配置人力资源。
6）明确公司在备件经营上的业务发展方向和业务范围。
7）建立良好的工作环境，不断提高服务质量、竞争力，树立良好的品牌形象。
8）负责完成上级部门及领导交办的其他工作。

2. 备件主管岗位职责

1）负责企业下达的备件销售任务及利润指标的完成。
2）根据公司的经营目标及整体运作方式，合理制定备件的营销策略，并付诸实施。
3）负责按要求对库存备件进行规范化管理。
4）负责备件的入库验收及维修备件的发放工作。
5）负责建立库存账目，保存各种原始凭证。
6）根据库存储备情况，向计划员发出订货需求。
7）负责库存量的定期清点工作。
8）负责备件库的环境、安全及防火。
9）保证快速并按要求供应备件，保证较高的备件一次供应率，有效地支持车间维修，满足柜台销售客户的期望。
10）协调计划、采购、调度、入库、配送和库管各岗位之间的工作关系，明确工作流程，保证各环节工作的畅通，不断提高备件供应的满足率、准确率、完好率。
11）协调同其他业务部门的关系，确保维修业务及其他备件销售业务的正常开展。负责处理由于备件质量引起的投诉事宜。
12）使备件部门对客户和竞争者的变化能做出快速反应，并提出合理化建议。
13）对备件部门的人员进行控制和评估，观察他们的工作业绩。
14）配合企业参与激励制度的制定，并负责备件从业人员的业绩考核及业务培训，完成公司的各项考核指标。
15）完成公司交办的其他工作。

3. 计划员岗位要求及职责

1）配合部门经理完成厂家下达的备件销售任务、集团公司下达的备件销售任务及利润指标。
2）计划员应与厂家、供货商保持良好的供求关系，了解市场信息，对市场及订货进行预测并将有关信息反馈给厂家备件部门。
3）掌握备件的现有库存和保险储备量，适时做出备件的采购计划和滞销备件的处理方案，熟悉维修业务对备件的需求，确保业务的正常开展。

4）用量大的 A 类件，要实行"货比三家"的原则，做到质优价廉，并通过分析比较，制订出最佳订货单，保证不断档，积压量最小。

5）根据供应和经营情况，适时做出库存调整计划，负责向厂家发出备件订单、开展备件订货工作，制订备件的储备定额及最低库存量，负责备件订货发票的审核，负责备件订货资料的存档。

6）负责到货备件的信息输入，填写本单位业务报表，负责做好入库验收工作。对于购入备件质量、数量、价格上存在的问题，做出书面统计，并监督采购人员进行异常处理，负责备件索赔工作，负责备件款的结算。

7）负责供货商应付账款账目，及时做好微机账目。负责保管全部进货明细单、提货单、入库单并归类存档；临时管理进货发票及运单。负责同财务、业务往来单位的账务核对。

8）及时做好备件的入库工作，以实收数量为准，打印入库单。负责备件相关的财务核算及统计工作，协助审核备件管理账目，抽检库存备件状况。

9）完成部门经理交办的其他工作。

4. 采购员岗位要求及职责

1）配合部门经理完成厂家下达的备件销售任务、集团公司下达的备件销售任务及利润指标。

2）对计划量进行审核，做好计划的延续和补充工作，对备件供应的及时性、正确性负责。

3）以低成本高品质为目标，积极开发备件配套厂家，降低采购费用，提高采购效率。

4）建立采购供应的业务档案，掌握不同运输方式的运输天数、费用等，进行定量分析，确定最佳采购方案。

5）用量大的 A 类件，要实行"货比三家"的原则，做到质优价廉，并通过分析比较，制订出最佳订货单，保证不断档，积压量最小。

6）加强采购管理，适时、适量、适质、适价，与厂家保持良好的关系；按计划采购，特殊情况有权做临时调整。

7）在采购过程中，要强化验货工作，对备件的品牌、规格、数量等都要做到准确无误，认真完成备件的第一次检验工作。

8）在入库验收工作中，采购员要协同计划员、库管员做好备件的第二次检验工作，对备件质量、品牌、规格、价格等问题做合理解释。

9）认真负责备件质量、数量的异常处理，及时做好索赔、退货及退换。

10）对急件、零星采购件，采购员要进行充分的询价、比价、议价，并按采购程序优先办理。

11）完成部门经理交办的其他工作。

5. 库管员岗位要求及职责

1）入库前要整理库房，为新到备件的摆放提供空间。

2）备件入库验收的工作中，库房管理员要认真清点备件的数量，检查质量，同时填写实收备件清单（送货上门），核实无误后签字确认。对于有质量问题的备件，保管员有权拒收。

3）保管员负责备件上架，按号就座，严格执行有关备件的保管规定。

4）保管员负责根据核对好的入库单据，认真填写卡片账，做到账物相符。填写卡片账工作，应在当天完成。

5）在备件的发放过程中，保管员必须严格履行出库手续，根据调度员签发的出库申请提取备件，严禁先出货后补手续的错误做法，严禁白条发货。

6）出库后，保管员根据出库单认真填写卡片账，做到账物相符。

7）确保库存准确，保证账、卡、物相符。库管员随时对有出入库的备件进行复查，做好备件的月度和季度盘点工作。

8）因质量问题退换回的备件，要另建账单独管理，及时督促计划员进行库存和账目调整，保证库存备件的准确、完好，督促采购员尽快做出异常处理。

9）适时向计划员提出备件库存调整（短缺、积压）的书面报告。

10）保管全部与备件相关的业务单据、入库清单、出库清单并归类存档。

11）完成部门经理交办的其他工作。

6. 备件调度员岗位要求及职责

1）调度员协同库房管理员、提货人（或配送人员）根据备件出库清单，验收出库货物。出库清单可根据具体库存情况或提货人的临时要求进行调整，并根据备件出库的实际情况补充出库清单。

2）调度员要督促库房管理员、提货人（或配送人员）在核实无误后的出库清单上签字认可，确保清单与实物相符。

3）调度员负责收账款账目和收缴事宜，不得赊销，一律先收款后付货，减少不必要的死账、呆账。

4）调度员负责应收款往来账目，做好微机账目的处理，及时录入往来票据（收款通知、出库清单、其他收款证明、运输费用）。保管全部备件业务单据、出库清单并归类存档，负责同财务、业务往来单位的账务核对。

5）调度员协同采购员、库房管理员负责各业务往来单位的质量件退换工作，并严格执行退件规则。

6）随时向采购员、计划员反映业务上出现的有关备件质量、价格、存货等问题，并做出书面报告交计划员。

7）协同采购员、计划员、库房管理员进行备件验收入库工作，及时掌握备件来货情况，确保不丢失每一份备件订单。

8）建立并保持与各经营单位的良好合作关系，对客户在备件业务上提出的质疑（质量、价格、发运、往来账、业务咨询等），做出合理解释，协调解决，确保不丢失每一位客户。

9）完成部门经理交办的其他工作。

7. 配送员岗位要求及职责

1）及时准确地将备件送到指定地点。

2）确保备件的安全到达，严禁出现损坏、遗失的现象。

3）合理选择运输工具和运输路线，节省时间、节约费用、提高工作效率。

4）对于客户的提问应当做出准确合理的解答；对于自己不能解释的问题，应合理地回避，不要给客户及公司带来不必要的麻烦，事后应积极找出答案。

5）积极收集有关的备件信息，尤其是备件质量问题，及时做出反馈。

6）送货时，必须带回有收货单位主管人签字的收货凭证，并协助收货方验收备件。

7）向外地发送备件时，应要求运送方签字证明，并及时与收货单位进行联系，准确地说出收货方式、收货地点及其他应说明的情况，确保备件的安全到达。

8）及时查询备件是否安全到达。

9）完成部门经理交办的其他工作。

8. 销售员岗位要求及职责

1）熟悉和掌握各类备件名称、编号、价格、性能和用途，对客户热情周到，及时准确地满足每一位客户的需求。

2）客户提出关于备件的问题（质量、价格、咨询等），能及时准确地回答。

3）严格执行备件销售价格，不得私自提价或降价（正常的价格降浮除外）。销售备件必须开具相应的出库凭证，不准擅自赊账。

4）维修领料必须严格执行维修领料流程，维修工领料必须有接车单才可领取备件，且必须交旧领新，不得打白条出库。

5）积极收集客户及维修工反馈回的备件信息，以便计划员、采购员及时地调整备件计划及采购方式。

6）负责管理柜台备件和及时补充适销的备件库存，及时做出销售业务的备件需求计划。

7）出库和入库的备件，要及时登卡片账，确保备件库存的准确性。

8）完成部门经理交办的其他工作。

9. 索赔员岗位要求及职责

1）熟悉授权公司索赔业务的具体工作流程。

2）负责协助业务接待，认真检查索赔车辆，做好车辆索赔的鉴定，保证索赔的准确性。

3）负责按规范流程进行索赔申请及相应索赔事务。

4）负责定期整理和妥善保存所有索赔档案。

5）负责在授权公司开展的质量返修和相关活动中，报表资料的传递与交流。

6）负责按授权公司要求妥善保管索赔件和及时按要求回运。

7）负责客观真实的开展索赔工作，不得弄虚作假，并及时向管理层汇报工作状况。

8）主动收集、反馈有关车辆维修质量、技术等相关信息给相关部门。

9）积极向客户讲解授权公司的索赔条例。

10）完成部门负责人交办的相关工作。

实施与考核

一、技能学习

1. 汽车备件岗位的设定

确定不同规模的汽车企业中备件部门的组织机构,记录各岗位名称,观察各岗位之间的相互关系。

2. 汽车备件部门职能及岗位职责的划分

根据企业规模大小和岗位的设定,明确划分各自的职能及其职责。

二、任务实施与考核

1)让学生自由组合为若干个小组,分别扮演汽车备件部门各岗位的工作人员,模拟业务接待洽谈现场,设定不同的情景,在充分掌握上述知识与技能的前提下,完成相应工作单。

2)学生根据业务洽谈的内容,填写工作单。教师根据完成的情况完成考核表。

技能学习工作单见表6-1。

表6-1 技能学习工作单

实训项目:___汽车备件部门岗位认知___

班级		学号		姓名	
请叙述你所任职的备件岗位名称并简单介绍其职责。 1_____ 2_____ 3_____ 4_____ 5_____					
自我评价(个人技能掌握程度):□非常熟练 □比较熟练 □一般熟练 □不熟练					
教师评语:(包括工作单填写情况、语言表达、态度及沟通技巧等方面,并按等级制给出成绩)					
实训记录成绩_____ 教师签字:_____ _____年___月___日					

教师考核记录表见表6-2。

表6-2　教师考核记录表

实训项目：__汽车备件部门岗位认知__

班级		学号		姓名	
项目	工作表现		分值		评分
与客户沟通情况			10		
工作态度			10		
工作单填写情况			30（工作单成绩折算）		
岗位职责认知情况			40		
是否自主学习查阅相关资料			10		
总分					
				教师签字：____年____月____日	

任务二　汽车备件业务分配

学习目标

①掌握汽车企业备件部门的具体业务流程；
②了解汽车备件部门各流程具体的实施细则与步骤。

随着经济的发展和中国汽车市场的不断扩大，各汽车备件业务也随着发展的浪潮不断扩大规模，随之订单成倍增加，各项业务更加细化，各部门工作量增加。本次任务通过对汽车备件业务的工作流程与实施细则的研究与训练，熟悉所在岗位自身的工作步骤及所需单据，争取用最简洁的流程准确完成各岗位的本职工作及与相关部门的有效沟通。

相关知识

一、汽车备件的业务流程

汽车服务企业对汽车备件的管理主要涉及汽车备件订货采购、验收入库、备件入库、仓库管理、备件出库及备件销售等环节，现举例说明某品牌4S店汽车备件的具体业务流程，如图6-2所示。

二、备件库存管理细则

库存管理包括备件自入库至出库为止的全部过程。在此期间，必须严格执行备件的验

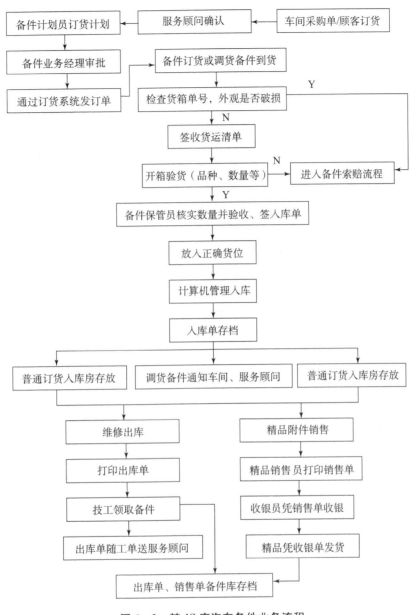

图 6-2 某 4S 店汽车备件业务流程

收、保管、发放、盘点和旧件回收等制度。现举例说明某品牌 4S 店汽车备件库存管理细则。

1. 验收入库

计划员负责保管到厂的全部进货明细单,临时管理进货发票及运单。

1) 入库前库房保管员要整理库房,为新到备件的摆放提供空间。

2) 采购员从货场提取备件后,库房保管员协同计划员、调度员、采购员进行验货,清点数量,检查质量,完成备件的第二次验收。

3) 采购员核实进货清单,同时对于送货上门、临时采购的要协同保管员填写实收备件清单,核实无误后双方签字;对于有质量问题的备件,保管员有权拒收。

4）计划员凭进货清单打印入库单，数量以实收为准（如有价格变动应及时调整）。入库单一式五份，保管员一份，计划员四份（其中两份附进货发票及运单转交财务部门，如票据未到的，应在备查簿中做好登记以备查询，一份交财务记账，一份计划员留存）。

5）计划员统计本批备件的缺件、坏件、劣质件以及价高件，并反馈给部门经理，采购进行异常处理。

6）保管员负责备件上架，并根据核对好的入库单据，认真填写卡片账，做到账物相符，填写卡片账工作，应在当天完成。

2. 备件的保管

保证库存备件的准确，节约货位，便于操作，备件的保管应科学、合理、安全。

1）分区分类：根据备件的车型，合理规划备件的摆放区域。

2）五五摆放：根据备件的性质、形状，以五为计量基数做到"五五成行、五五成方、五五成串、五五成包、五五成层"，使其摆放整齐，便于过目成数，便于盘点与发放。

3）四号定位：按库号、架号、层号、位号对备件实行统一架位号，并与备件的编号一一对应，以便迅速查账和及时准确发货。

4）建签立卡：对已定位和编制架位号的备件建立架位签和卡片账。架位签标明到货日期、进货厂家、进出数量、结存数量以及标志记录。

5）凡出入库的备件，应当天进行货卡登记，结出库存数，以便与实货相符。

6）库存备件要采取措施进行维护保养，做好防锈、防水、防尘等工作，防止和减少自然损耗。有包装的尽量不要拆除包装。

7）因质量问题退换回的备件，要另建账单独管理，保证库存备件的准确、完好。

3. 备件的发放

备件的发放，必须严格执行出库手续。

1）备件批发和调拨由调度员签发出库申请单。

2）保管员按调度员签发的备件出库申请单提取备件（可根据库存或提货人的要求做临时调整），严禁先出货后补手续的错误做法，严禁打白条发货。

3）备件出库，如客户自提，调度员应协助保管员和提货人一同清点备件，并负责将备件进行适当包装交于客户；如需配送人员发送，调度员应协助保管员和配送员一同清点备件，由配送员进行包装发运，并根据调整后的备件实际出库情况补充打印出库申请单。核实无误后，三方签字认可。

4）配送员根据发运方式的不同，轻重件、易损件要合理进行包装，提高包装质量，避免运输过程中损坏备件。

5）出库单一式五份，提货人、调度员、保管员、财务各一份，月底结账一份。备件批售业务中现金回款部分，调度员应将出库清单和现金一同交于收款员，同时签字并加盖财务印章。

6）出库后，保管员根据出库单认真填写卡片账，做到账物相符。

7）收款员、调度员、保管员必须每日对账，准确无误后，收款员填写日报单，定期送交财务。

8）对于备件零售业务，销售员待客要态度端正、言语有礼，严格执行销售流程。认真介绍备件的性能、特点、价格、质量及保质期等。

9）出售备件时必须当面验货（某些不能拆包备件售货员要讲明）。对于某些特殊备件，如电子产品、昂贵电气产品等，要用测试仪测试，双方认可，以避免纠纷。

10）所有销售的备件必须开具出库单（包括零售出库单、三包领料单、修理领用单），零售出库单一式四份，顾客一份，保管员一份，其余两份转交财务；三包修理领单一式二份，结算员一份，保管员一份。制单人签字后，收款员凭出库单结算收款，同时签字并加盖财务印章。

4. 盘点

库存备件的流动性很大，为了及时掌握库存的变化情况，避免短缺丢失和超储积压，保持账、卡、物相符，必须进行定期和不定期的盘点工作。

1）保管员应随时对有出入库记录的备件进行复查。

2）各经营单元每月对备件库存进行一次盘点。

3）每季度进行一次有财务参与的全面清点。盘点时应合理安排备件的出入库，以确保盘点的准确性，避免发生重盘、漏盘、错盘现象。

4）备件盘点过程中，不准以任何理由虚报、瞒报或私自更改账目。

5）盘点结束后，由盘点人员填写盘点报表，对盘亏的备件且要查明原因、分清责任，做出必要的处理。季度盘点后，进行备件的报损申报工作。

5. 旧件回收及管理

为加强旧件的统一管理，杜绝以旧充新现象，必须严格执行旧件回收制度。

1）三包、修理领用备件时，备件销售人员必须在领用人交回相应旧件后才可发放新件（三包旧件交于索赔员，三包外旧件交备件销售员）。

2）所有收回的旧件要设专人妥善保管，不得随地堆放。三包旧件要建账管理。

3）顾客索要旧件时（三包外维修），旧件管理人员要擦净、整理后交还顾客。其他旧件，公司将定期做出处理。

三、汽车备件的业务流程细则

1. 计划流程

1）计划员收集缺料信息。

2）计划员分析、汇总缺料信息。

3）根据库存和销售情况，编制期货计划或临时计划，交由备件主管审核。

4）备件主管审定签字后，计划员出具一式三联计划单。一联计划员留存，验货用；一联交采购员，采购用；一联交内勤，附付款通知书进行付款审批。如图6-3所示为备件计划流程。

2. 采购流程

1）采购员依据计划单进行采购。

2）市内现金采购：通知内勤，内勤依据计划单、付款通知书进行付款审批，办理相关手续。

3）市内赊购：供货商送货的，备件由保管员验货接收并开出收货单，进入入库程序；

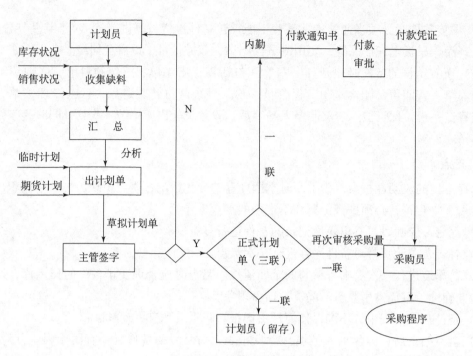

图6-3 备件计划流程

需自提的,采购员到供货商处提货进入提货程序。

4)市外现金采购:依据进货计划单、付款凭证联系供货商发货。完成后,付款凭证及时交回计划员;如图6-4所示为备件采购流程。

5)市外赊购:依据进货计划单联系供货商发货。

6)到货后,由采购员提货进入提货程序。

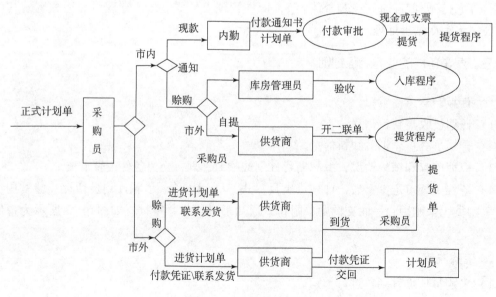

图6-4 备件采购流程

3. 提货程序

1）采购员将收到的发票交计划员，计划员登账后，交财务进入记账程序。

2）采购员依据提货单提货，依据发货清单验收备件，完成备件的第一次验收。

3）验收后，将备件、发货清单交保管员进行备件的第二次验收。

4）如在第一次验收中发现问题，与保险公司、运输部门联系索赔。

5）予以索赔：索赔单据上交计划员，计划员进行账务处理后上交财务；不予索赔：整理书面报告上交备件主管，备件主管上报服务经理。

如图6-5所示为备件提货流程。

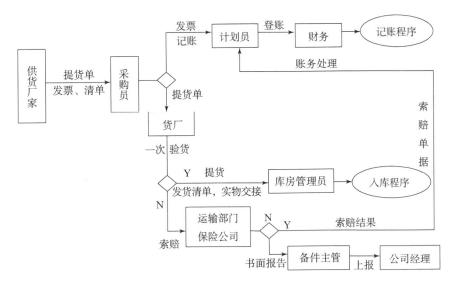

图6-5　备件提货流程

4. 入库流程

1）库房保管员、采购员持发货清单、装箱单，计划员持计划单，共同进行备件的第二次验收。

2）供货单位送货上门，库管员开具一式两联收货单，一联留存、一联交计划员打印入库单。

3）采购员自提，验收后，计划员依据验货单打印入库单；入库单一式五联，一联交保管员登账进入库房管理程序；其他四联由计划员分配，一联计划员留存进行账务处理，一联交财务，二联配发票也交财务进入记账程序。

4）货物验收不合格，计划员制一式两联差损单，一联交计划员、一联交采购员。

5）采购员依据差损单进行异常处理。

6）予以索赔：计划员将索赔结果（附差损单）上交财务；不予索赔：整理书面报告上交备件主管/经理，备件主管/经理上报服务经理。

如图6-6所示为备件入库流程。

5. 库存管理流程

1）保管员、调度员、计划员根据入库单、出库单登账，结日库存。

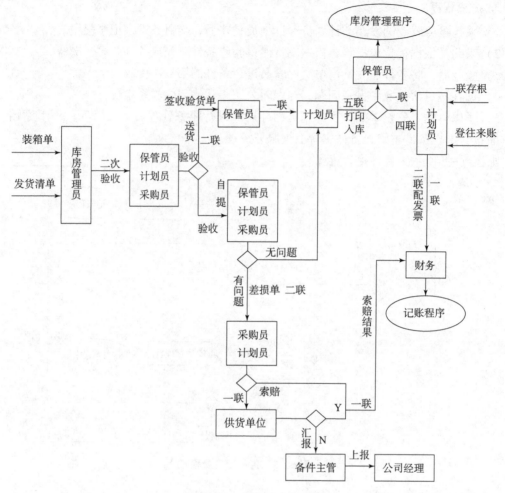

图6-6 备件入库流程

2）保管员把入库的备件验货上架，完成备件的第三次验货。
3）保管员、调度员、计划员、采购员定期对库存备件进行库存结构分析，做出分析报告。
4）每月、季度进行库存盘点，做出盘点表，盘盈盘亏书面说明，交备件主管上报公司经理，交财务做账目调整。
5）季度盘点后，进行备件报损工作。
如图6-7所示为备件库存管理流程。

6. 出库流程

1）调度员定期催收备料单。
2）调度员依据备料单（日常、急件）查询库存。
3）调度员根据库存情况进行调配。
4）调度员根据结算方式开具四联、五联出库单。
①现金结算：开具四联出库单。
一联交保管员提货并留存下账；一联交提货人；一联调度员留存做账目处理；一联交收款员收款后，连同款项转财务。

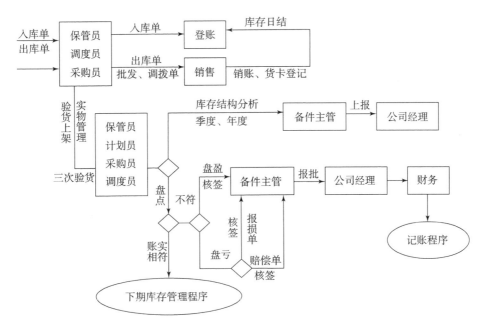

图 6-7 备件库存管理流程

②挂账方式：开具五联出库单。

一联交保管员提货并留存下账；一联交提货人；一联交调度员留存做账目处理；一联交财务做账务处理；一联用于结账。

5）调度员整理缺料单递交计划员。

6）发往外地货物，配送员在发货后要通知收货人，将运单事后转交收货人。

7）挂账单位回款。

转账回款：调度员持结账联填写报销单，经挂账单位签字确认后转财务。

现金回款：收款员收款后填写日报表交财务。

银行汇款：调度员及时与财务联系，确认后索要相关单据销账。

如图 6-8 所示为备件出库流程。

7. 配送流程

1）配送员依据出库清单验收出库备件。

2）外运：

①验货后要将备件包装，并放入一联出库清单。

②索取运单或签字证明。

③及时通知收货人备件的发运时间及其他事项。

④运单与其余二联出库清单交调度员。

⑤及时查询备件是否安全到达。

3）送货：确保备件安全、准时到达指定地点。

①收货人验货。

②收货人在出库清单上签字确认。

③出库清单一联交收货人，三联交调度员。

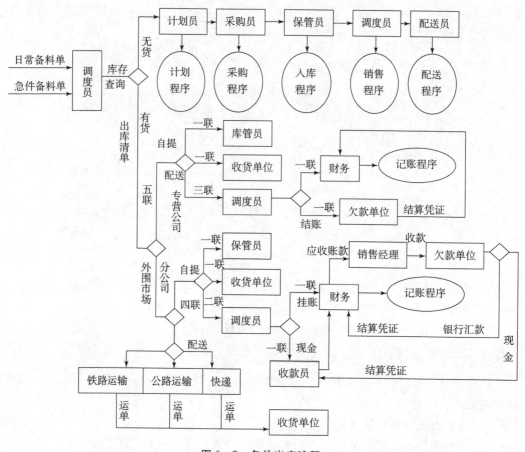

图 6-8 备件出库流程

如图 6-9 所示为备件配送流程。

8. 零售流程

1）主动、热情接待顾客，注意礼貌用语。

2）询问顾客的需求，提取客户所需备件。

3）向顾客详细介绍所取备件品牌、产地、价格和功用。

4）顾客选定后，开具一式四联销售小票，交给客户，并指引客户持销售小票到收款处付款。

如图 6-10 所示为备件零售流程。

5）收款员收款后将四联销售小票加盖公章。收款员留存两联，交客户两联。

6）销售员依据加盖公章的销售小票付货，并留存回执联。

7）付货时，销售员要和客户共同检验备件，并介绍注意事项和保质期。

9. 领料流程

1）维修工持接车单到备件处领取修理用备件。

2）备件人员根据维修工的需求，收回旧件后，开具一式二联销售小票，注意标明车牌号等。

3）维修工签字确认后，持二联小票交结算员签字确认，结算员留存一联、交维修工一

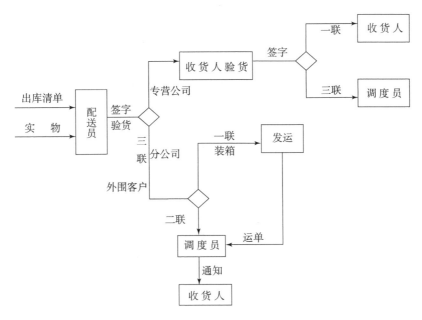

图 6-9 备件配送流程

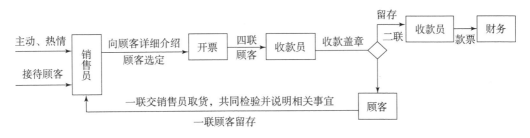

图 6-10 备件零售流程

联;如属三包业务,应先经三包索赔员签字认可。

4)维修工持结算员签字后的小票回执(一联),到销售员处取备件。

如图 6-11 所示为备件领料流程。

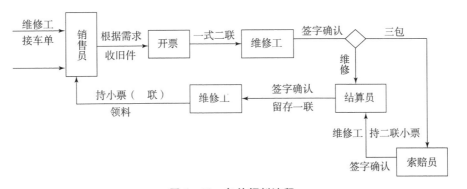

图 6-11 备件领料流程

10. 备件报损管理办法及申报流程

(1) 报损备件

报损备件是指已经损坏或有质量问题或由于车型淘汰不能继续销售的在库备件,且不能进行三包索赔、退货和修复处理的。

(2) 报损备件的确认

在日常经营中产生的、月度和季度盘点中清理出的已经损坏或有质量问题或由于车型淘汰不能继续销售的备件,必须经服务经理、三包索赔主管、备件主管三方鉴定,确认不能进行三包索赔、退货和修复处理,才可做报损处理。

由于人为因素所造成的损坏备件不予报损批示,损失由责任人和连带责任人承担。例如:可做三包、退厂或修复处理的备件,未能及时做相应处理而导致过期无法处理的,或由于维修工操作不当,保管员保管不善,所造成的损坏备件。

(3) 报损备件的申报

各分公司在每季度的备件库存全面清点工作中,将需报损的备件整理、确认后,填制《报损备件明细表》,并填写《备件报损申请单》,上报服务部备件主管;服务部备件主管鉴定审核后进入备件报损申报流程。

(4) 报损备件的处理方法

备件报损批准后,备件由申报单位暂时保管,以便服务部做进一步处理,申报单位不允许私自将报损备件丢弃、变卖。

(5) 激励机制

为控制备件的报损量,减少公司的经营损失,各公司的总经理、服务经理、备件主管必须严格控制备件的进货计划,及时进行异常处理(包括:运输损坏备件、短缺备件、质量件、错发备件向供应商的索赔)。

对于所发生的备件报损损失,损失的70%由该公司承担,总经理承担损失的10%,服务经理承担损失的10%,备件经理(主管)承担损失的10%。

如图6-12所示为备件报损申报流程。

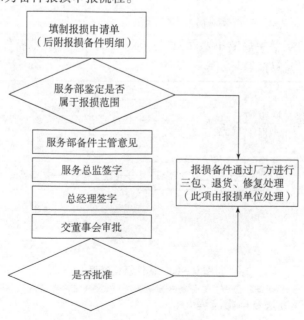

图6-12 备件报损申报流程

实施与考核

一、技能学习

1. 掌握备件部门的具体业务流程

从宏观上把握备件部门整个业务流程。

2. 熟悉业务流程的具体细则

从微观上,根据所选择工作岗位的不同,熟悉所在岗位的工作步骤及所需单据。

二、任务实施与考核

1)让学生自由组合为若干个小组,分别扮演汽车备件部门各岗位的工作人员,模拟整个备件部门的工作流程,设定不同的情景,在充分掌握上述知识与技能的前提下,完成相应工作单。

2)学生根据业务洽谈的内容,填写工作单。教师根据完成的情况填写考核表。技能学习工作单见表6-3。

表6-3 技能学习工作单

实训项目:__汽车备件部门工作流程认知__

班级		学号		姓名	
请根据你所任职的备件部门岗位名称,叙述你都做了哪些工作内容。 1_____ 2_____ 3_____ 4_____ 5_____					
自我评价(个人技能掌握程度):□非常熟练　□比较熟练　□一般熟练　□不熟练					
教师评语:(包括工作单填写情况、语言表达、态度及沟通技巧等方面,并按等级制给出成绩)					
实训记录成绩_____　　教师签字:_____　　　　　　_____年___月___日					

教师考核记录表见表6-4。

表6-4 教师考核记录表

实训项目:__汽车备件部门工作流程认知__

班级		学号		姓名	
项目	工作表现		分值		评分
与客户沟通情况			10		
工作态度			10		

续表

工作单填写情况		30（工作单成绩折算）	
岗位流程认知情况		40	
是否自主学习查阅相关资料		10	
总分			

教师签字：
____年____月____日

任务三　备件业务沟通

学习目标

①了解沟通的方式和特征；
②熟悉备件部门与其他部门的管理沟通；
③掌握汽车备件部门常见的沟通技巧。

任务分析

备件部门作为公司经营服务部门，操控着公司大量的资金运作，为生产经营起支柱性作用。备件部门与其他部门的协作是十分重要的，首先是备件部门将备件的各种信息经过总结和处理传达给公司其他有关部门（维修前台、维修车间、索赔、客户以及公司领导），服务于客户。如：备件价格、备件到货情况、备件供应方式（总成、组件、零件）。因此至关重要的备件信息影响到公司的正常生产经营，也影响顾客的满意度和公司收益。

备件部门与供应商：采购员收集备件相关资料及信息。

备件部门与物流：督促备件物流运输，掌握备件到货情况。

备件部门与维修前台：提供相关的备件资料及价格信息。

备件部门与维修车间：提供相关的备件供应方式及备件。

备件部门与索赔：提供相关的备件资料信息。

备件部门与公司：提供备件各方面重要情况及备件经营统计核算数据。

备件部门与客户：了解顾客的备件需求以及对备件的价格、质量、供应效率的意见。

因此本节任务重点分析沟通方式、沟通对象的特征，更好地服务于顾客，架起沟通公司外部与内部的桥梁，并与公司其他部门建立起相互协作、没有矛盾的工作方式，默契协作。

相关知识

一、沟通的过程与概念

大仲马就餐案例：法国作家大仲马到德国一家餐厅就餐，本欲品尝有名的德国蘑菇，可是服务员根本听不懂法语，而他又不会德语，于是他灵机一动，在纸上画了一个蘑菇图交给服务员。服务员一看，恍然大悟，马上飞奔而去，大仲马心想，总算让服务员明白自己的意思了，谁知道一刻钟后，服务气喘吁吁地跑回来，递给他一把雨伞。

大仲马与服务员的沟通过程中，由于缺少一个合适的媒体通道，产生了误会。沟通的过程可以用如图6-13所示来表示。

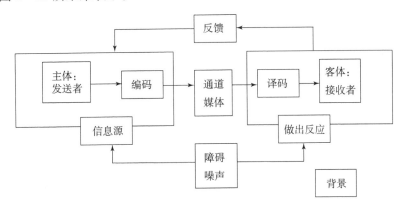

图6-13 沟通的过程

1）编码：是发送者将其意义符号化，编成一定的文字等语言符号及其他形式的符号。

2）译码：则恰恰与之相反，是接收者在接收信息后，将符号化信息还原为思想，并理解其意义。

3）通道：是由发送者选择的，用来传递信息的媒介物。注意：不同的信息内容要求使用不同的通道。

4）反馈：反馈是最后一环，是指接收者把信息返回给发送者，并对信息是否被理解进行核实。反馈不一定来自对方，往往可以从自己发送信息的过程或已发出的信息中获得反馈，当发送者发觉所说的话含混不清时，自己就可以做出调整，这就是所谓的自我反馈。

5）噪声：是指妨碍信息沟通的任何因素，它存在于沟通过程的各个环节，并有可能造成信息失真。

每个人对沟通的理解是不一样的，我们在实际工作过程中对沟通的不同理解决定着工作效率的高低。美国学者曾统计出100多种定义，早在1948年，美国政治学家、传播学先驱哈罗德D·拉斯韦尔（Harold D·Lasswell，1902—1978）给沟通下了一个定义：沟通（communication）是由某人，以某种渠道向他人表达某些内容，并产生了某种效果（Who says what in which channel to whom on what effect）。

现代传播学的观点认为沟通是指人与人之间通过语言、文字、姿势、动作和表情等，把知觉、观感、意图、意念或意见，互相分享交流，达到心意与行动共鸣的过程。

沟通是为了一个设定的目标，把信息、思想和情感在个人或群体间传递，并且达成共同协议的过程。

二、沟通的三要素

沟通有3个要素：沟通目标、达成共识、沟通内容。

1. 沟通目标

沟通是具有明确目标的交流，这是沟通的首要素，没有目的的交谈只能算闲聊。在沟通时，一开始就要表达出目的是什么，这是沟通技巧在行为上的一个表现。

2. 达成共识

沟通结束以后要达成一个双方或者多方的共识，只有达成了共识才叫作完成了一次沟通。在沟通结束的时候一定要有人来做总结，否则就会前功尽弃。

3. 沟通内容

沟通的内容不仅仅是信息，还包括更加重要的思想和情感。在沟通过程中，传递更多的是彼此之间的思想，而信息的内容并不是主要的内容。汽车推销大王乔·吉拉得与客户沟通时，许多情况他从不谈汽车本身，但他的汽车销售业绩却创造了世界吉尼斯纪录。

三、沟通的方式

在工作和生活中，一般采用三种不同的沟通模式：口头语言沟通、肢体语言沟通、媒介沟通，通过这三种不同方式的沟通，可以把沟通的3个内容即信息、思想和情感传递给对方，并达成协议。

1. 口头语言沟通

口头语言又称口语，指人们在口头交际中使用的语言，它是书面语言产生的基础。口头语言简短灵活，但不及书面语言精确严谨完整，二者互相影响、互相转化，促进人类语言的发展和进步。人民群众在实践中创造和使用的口语，丰富多彩、新鲜活泼、富有生活气息和表现力。口头语言沟通除一对一面谈外，还包括打电话和一对多的会议，其最大特点是不仅反馈及时，而且可以迅速传递思想和情感。

与客户打交道，口头语言是一个使用频率最高的沟通方式。在与客户打交道过程中，使用口头语言沟通要注意以下几点：

1）主动礼貌地打招呼。

礼貌地打招呼是建立良好人际关系不可或缺的因素，亲密的人相互之间也需维持礼貌，即使是亲人之间亦然，对客户，礼节更是不容忽视的。打招呼时应注意的原则是：礼貌、主动、尊重，有一定的兴奋度。

2）热情诚恳地交谈。

在沟通中，有诚意又热情地交谈是非常重要的。著名物理学家李政道在中国的一次学术讲座中阐述了一个具有普遍意义的规律："投入越坚决，反响越强烈"。在交谈过程中，充满真情与热情，对方的回应才会强烈，我们说的每一句话才能注入对方的心田，不会令人反感或当作耳旁风，才能启动对方的话匣子，讲一些我们想听的话。要做到有感情又有诚意，就应把握几点：表现浓厚的兴趣和感情，站在客户立场上说话。

3）把握说话节奏和气氛。

受过专业训练的人（如演员、演说家、节目主持人），说话注意抑扬顿挫，有快有慢，有高有低，对话间的停顿、间隔会恰到好处，谈话时如行云流水，轻重缓急自然流畅，给人一种想听下去的欲望。客户服务人员如果具备这种能力，对赢得客户是大有帮助的。

2. 肢体语言沟通

沟通时，用得最多的是口语沟通，但同时人们还会用眼神、面部表情和手势去沟通，这就是所说的肢体语言，即体语。

肢体语言丰富多彩，包括动作、表情、眼神。实际上，在声音里也包含着非常丰富的肢体语言。在说每一句话的时候，用什么样的语音语调，这都可以看作肢体语言的范畴。肢体语言更善于沟通的是人与人之间的思想和情感。所谓"眉目传情"说的就是这个道理。肢体语言表述行为含义：柔和的手势表示友好、商量，强硬的手势则意味着支配；微笑表示友善礼貌，皱眉表示怀疑和不满意；盯着看意味着不礼貌，但也可能表示感兴趣、寻求支持；双臂环抱表示防御；开会时独坐一隅意味着傲慢或不感兴趣。只要稍微观察一下，就可以看到，肢体语言无时无刻不在发挥它的重要作用。

肢体语言更善于沟通的是人与人之间的思想和情感。在公共关系领域，心理学家测试表明，决定传播效率的文字占7%，声音占38%，肢体语言占55%。

3. 媒介沟通

媒介沟通形式是多种多样的，主要有个人信函、留言、写纸条、内部媒介（企业报纸杂志、简报、广播电视、海报、产品服务宣传册、联络函、介绍信、局域网、传真等）和公众媒体（报纸、杂志、直接邮寄、广播电视、互联网等），相对口头语言沟通来说，媒介沟通具有精确、多对多、范围广等特点，信息发布前可以做充分的调查，可以字斟句酌，反复修改。要掌握媒介沟通，需要系统地学习传播学、广告学、公共关系学、公文与写作等方面的知识。

四、沟通对象的识别与应对

1. 老鹰型——驾驭型

具有这种沟通风格的人比较注重实效，具有非常明确的目标与个人愿望，并且不达目标誓不罢休、直入主题、决策果断，以事实和结果为导向，时间观念强、作风强势。在与人沟通中，他们精力旺盛，节奏迅速，说话语速快、直截了当，动作非常有力，表情严肃，但是有时过于直率而显得咄咄逼人，如果一味关注自我观点，可能会忽略他人的情感。

与这种类型的人进行沟通，一定要非常直接，不要有太多的寒暄，直接说出你的来历，或者直接告诉他你的目的，要在最短的时间里给他一个非常准确的答案，而不是一种模棱两可的结果。说话的时候声音要洪亮，充满了信心，语速一定要比较快。如果你在驾驭型的人面前声音很小缺乏信心，他就会产生很大的怀疑。在和驾驭型的人谈话时不要感情流露太多，要有强烈的目光接触，身体略微前倾，要直奔结果，从结果的方向去说，而不要从感情的方向去说。

2. 孔雀型——表现型

具有这种沟通风格的人显得外向、热情、生气勃勃、魅力四射，做事爽快，沟通力强，以人际关系为导向，喜欢与人交往。语速快、音量大，讲话时表情丰富并伴随笑声，具有丰富的想象力，对未来充满憧憬与幻想，也会将自己的热情感染给他人。他们富有情趣，面部表情丰富，动作多、节奏快、幅度大，善用肢体语言传情达意，但是往往情绪波动大，易陷入情感的旋涡。

与这种类型的人沟通时，我们的声音一定要洪亮，同时要成为一个好观众或好听众，少说多听，热情反馈，要有一些动作和手势，如果我们很死板，没有动作，那么表现型的人的热情很快会消失掉，所以我们要配合着他，在他出现动作的过程中，我们的眼神一定要看着他的动作，否则，他会感到非常失望。切忌将自己的观点强加给他或打断、插话，或冷漠、无动于衷，这都会影响与这种类型的人的有效沟通。

3. 猫头鹰型——分析型

具有这种沟通风格的人擅长推理，一丝不苟，具有完美主义倾向，严于律己、对人挑剔，以事实和结果为导向，做事按部就班，严谨且循序渐进，对数据与情报的要求特别高，有时候多疑，安全感不够，在冲突面前会让步，他们不愿抛头露面，不喜欢冒险，不大表露自我情感，动作小、节奏慢、面部表情单一。

与这种类型的人沟通时，必须以专业水准与其交流，因而必须表达准确且内容突出、逻辑性强，最好以数字或数据说明问题，像他一样认真一丝不苟，切忌流露外表的轻浮与浅薄，不要和他有太多的眼神交流，更避免有太多身体接触，你的身体不要有大幅的前倾，应该略微后仰，因为分析型的人强调安全，要尊重他的个人空间。

4. 鸽子型——亲切型

这种类型的人具有协作精神，以人际关系为导向，喜欢与人合作并常常助人为乐；他们富有同情心，对人真诚，为了搞好人际关系，不惜牺牲自己的时间与精力，珍视已拥有的东西。这种类型的人不爱自我披露，很难搞清他的喜好，做事动作慢、非常有耐心，语速不快，音量不大，讲话时表情平平，肢体语言比较克制。

与这种类型的人沟通，说话要比较慢，要注意抑扬顿挫，不要给他压力，要鼓励他，去征求他的意见。遇着温和型的人要多提问："您有什么意见？您有什么看法？"问后你会发现，他能说出很多非常好的意见，如果你不问的话，他基本上不会主动去说。所以，你看他微笑的点头你就要问。温和型的人看重的是双方良好的关系，他们不看重结果。这一点告诉我们在和他沟通的时候，首先要建立好关系。遇到温和型的人一定要注意同他要有目光接触，每次接触的时间不长，但是频率要高。三五分钟，目光接触一次，接触一下回避一下，沟通效果会非常好。

五、沟通管理的注意事项

1. 与上司沟通的注意事项

1）克服下属常有的不安全感和畏惧感；
2）尊重上司；
3）准确定位上司的个人风格，并做出适当回应；
4）换位思考；
5）选择正确的沟通渠道；
6）与上司保持合适的距离。

2. 与平级沟通注意事项

1）主动：主动与平级部门进行沟通，自己先主动给予协助，再要人家配合；

2）谦让：面对同事要谦虚，这样才能获得别人的帮助和支持；

3）体谅：换位思考，多体谅他人；

4）协作：我为人人，人人为我；

5）双赢：与同事进行的管理沟通，要以双赢为前提。

3. 与下属沟通注意事项

1）建立尊重；

2）让下属明确公司和部门的目标，确认其了解程度；

3）分享自己和下属的目标，并与团队目标保持一致；

4）对于下属的建议和意见，只要有参考价值就应该支持；

5）维护下属的正当权益；

6）宽以待人，厚德载物；

7）注意双向交流，交互式倾听，互动式交流。

4. 部门间沟通注意事项

1）互相尊重；

2）遵守共同的企业和团队的大目标；

3）遵守游戏规则；

4）换位思考；

5）对事不对人；

6）服从大局，甘当配角；

7）行政手段不是解决冲突的最佳办法；

8）竞争就是自由共享。

六、汽车服务企业的沟通

1. 企业内部沟通

企业内部无时无刻不需要沟通。公司制订方针目标要与员工进行沟通，布置任务、汇报工作、解决矛盾、奖勤罚懒等也需要沟通，其目的是形成一个团结有力、积极向上的团队，确保组织目标的顺利完成。

企业内部沟通根据传播的方向可分为下行沟通、上行沟通、平行沟通；根据传播媒介可分为语言沟通和非语言沟通。但在具体工作中不少人只把"沟通"理解为有声的语言沟通。其实在企业的运作中，无时无刻不进行着各种形式的信息交流，这种交流就是沟通。对汽车服务企业内部来说，可以采取以下几种方式进行沟通：

1）面谈：企业内部的面谈非常讲究交流双方的心理安全距离，45～120 cm（西方距离学：安全距离）；0～45 cm（恋人及家人距离）；1～3 m（社会距离）。

2）电话：电话沟通是上下级之间、同事之间使用非常频繁的交流方式；电话沟通的优点可以事先演练。通话之前要注意调整自己的情绪和状态。

3）命令：命令主要是指组织上级对下级布置任务的过程，命令是组织内部不可缺少的一种沟通方式，命令多为口头方式。下命令要注意的是明确性，具有明确的任务、明确的要求，下命令注意简洁严肃。

4）文件：公司下发有关文件是典型的下行沟通。对于与员工利益密切相关的或者需要员工共同遵守的文件，必须与员工进行彻底沟通。

5）会议：会议是汽车服务企业沟通管理的一种最重要形式。会议一定要讲究会议效率，开会要有结果，不能议而不决，随后还要抓好执行、跟踪、检查、评估、反馈等环节。

6）业务报告：业务报告属于书面沟通，是下级向上级进行信息沟通的一目了然的方式，通过业务报告可以使上级对下级的工作进展、过程、结果、反馈等做到了然于胸。

7）意见箱：是一种非正式沟通，可能通过不记名的形式，得到在正式沟通中得不到的信息。

8）传统内部媒介：主要包括企业内部的报纸、杂志等，进行信息的大量传递。

9）内部局域网；公司内部局域网，一般会根据不同的职位设置信息阅读权限，同时建立"员工论坛""学习园地"等栏目，通过这一媒体，员工与公司进行互动交流。

10）举办活动：通过举行新年联欢、技能竞赛、技能比武等形式的活动，加强团队意识与沟通。

2. 与客户的沟通

客户满意是企业运营成败的关键所在。要使客户满意，与客户的有效沟通就显得尤为重要了。与客户的沟通从沟通的程序、技巧、系统化及困难客户沟通几个方面来认识。

（1）客户沟通的步骤

步骤一：事先的准备。与客户沟通之前，应做以下准备工作。

1）对产品（服务）作深入的了解，能回答客户可能提出的任何有关产品（服务）问题。树立产品（服务）的绝对信心，一定要让顾客感觉到不来是自己的遗憾。树立对企业的信心。

2）调整自己的情绪。

精神状态的准备。与顾客见面前一定要暗示自己：我一定会让他感到满意，我有这个能力。大幅改变肢体状态，手舞足蹈、充满激情，自己不进入状态，顾客是很难被感染的，因此，我们一定要保持兴奋度。

3）与顾客建立信赖感。

引起共鸣。同情客户，认同客户的感受，让客户多说，80%的时间应由顾客讲话。我们要做的工作是听、答、问，决不能自己喋喋不休。

步骤二：了解顾客的问题、需求。

在服务性企业中，与生产过程比较，企业更强调服务过程的沟通，其中最重要的是了解顾客的问题、需求。

1）现在的状况怎样呢？他有哪些不满？过去的痛苦（损失）是什么？以同情的心态让客户说个够，客户倾诉得越多，我们就知道得越多，客户得到的同情和安慰越多，对我们的信任就越大。

2）客户的期望值有多大？对产品质量、价格、服务的理想是什么？客户希望改变的时间表，欲望强烈程度？谁是决策者？谁是影响者？这些问题都要在与客户谈判前搞清楚。

步骤三：阐述观点。

了解顾客的问题、需求后，有针对性地陈述我们的产品服务特点，陈述时注意客户的表情，他感兴趣的要说清楚，不感兴趣的要一笔带过。陈述时间以客户八分的忍耐为限。

步骤四：解除反对意见。

1）把客户的反对意见消灭在萌芽状态。有些反对意见如果让客户说出来了，要改变他的观点就难多了，因为逆反心理、自尊心在主宰客户的理智，我们的解释无异于训斥顾客："你错了！""你是个白痴！"。因此未等顾客提出反对意见之前（如价太贵）就加以解除（一流的产品/服务才会卖一流的价格，也只有一流的人会买）。一般顾客的反对意见不会超过6个，所以预先列出：A 时间、B 钱、C 有效、D 决策人（成功者自己决定）、E 不了解、F 不需要。

2）求同存异。列举客户认可点，降低客户决策难度。用减法，让客户感觉到沟通不难，鼓舞双方的谈判信心。

3）所有的障碍，都通过"发问"进行沟通。觉得价格高吗？（用除法回答：平均每天、每件的对比）觉得质量不够好吗？（用性能价格比分析）觉得竞争对手的更好吗？（列举竞争对手的弱点，当然不能说对手的产品/服务怎么怎么不好，而要说该产品/服务的不足）

步骤五：提出解决方案，达成协议。

当所有的问题都解决时，马上进行总结，提出可行方案。要趁热打铁，在客户没有受外界影响之前达成协议，制造客户反悔难度，使客户主动放弃反悔。当然，不是每一个客户都值得我们去花工夫，销售冠军只选值得付出的客户去付出精力。

步骤六：共同实施。

实施方案过程中，一方面让客户反悔之前帮客户把购买的柠檬做成柠檬汁；另一方面，与客户形成利益联盟体，不断给顾客意外惊喜，让受到外界影响感到吃亏的客户得到补偿，让忠诚的客户传诵口碑。

(2) 客户沟通技巧

沟通方法技巧很多，对于汽车服务企业员工来说，掌握一些沟通的基本方法、技巧是开展业务的前提。

1）客户沟通语言表达技巧。

不管是与客户面对面交谈，还是坐在办公室内接听客户来电，我们的语言都应该从"生活随意型"转到"专业型"。

①选择积极的用词与方式。

在保持一个积极的态度时，沟通用语也应当尽量选择体现正面意思的词。比如说，要感谢客户的等候时，常用的说法是"很抱歉让你们久等了"，这"抱歉久等"实际上在潜意识中强化了对方"久等"这个感觉。比较正面的表达可以是"非常感谢您的耐心等待"。下面列举更多的例子。

习惯用语:"问题是在规定期限内没有把握交货。"

积极表达:"由于这几天客户太多,我们的计划已经排到下个月了,不过我会想办法让公司提前安排您的计划。"

习惯用语:"你怎么老是有问题!"

积极表达:"看起来这个问题和上次很相似,我有办法帮您。"

习惯用语:"这个问题我还不清楚,我也不能瞎说。"

积极表达:"我想找专业技术人员帮您解决这个问题。"

习惯用语:"您没有必要担心这次修后又坏。"

积极表达:"这次修后您尽管放心使用。"

②尽量用"我们"代替"你"。

习惯用语:"你的方法不正确,你必须……"

积极表达:"我们这样做,就会避免类似的问题。"

习惯用语:"你错了,不是那样的!"

积极表达:"对不起我没说清楚,但我想我们的使用方法还需要改进。"

习惯用语:"如果你需要我的帮助,你必须……"

积极表达:"我愿意帮助你,但首先我需要……"

习惯用语:"听着,以后可不能这样搞。"

积极表达:"其他都是正常的。我们一起来看看到底哪儿存在问题。"

习惯用语:"当然你会收到,但你必须把名字和地址给我。"

专业表达:"当然我会立即发给您一个,请告诉我您的名字和地址好吗?"

习惯用语:"你没有弄明白,这次听好了。"

积极表达:"也许我说得不够清楚,请让我再解释一遍。"

③使用"魔力句式"。

A "如果……那么您……","如果将来要买车的话,您看定价多少合适?"

B "是这……还是那……","您看这两种车型,是蓝色的好还是红色的好?"

如约时间:

不使用"魔力句式":"你现在买不买?"——不买;

使用"魔力句式":"你现在买,还是过两天买?"——过两天。

④有效倾听。

有效倾听并不是不能说话,而是要保持说、听、问三者之间的合理比例,让对方尽兴即可。一家著名的公司在面试员工的过程中,经常会让10个应聘者在一个空荡的会议室里一起做一个小游戏。有效的倾听一般要注意以下几点:

a. 不要打断顾客的话;

b. 不要让自己的思想偏离主题;

c. 不要假装注意;

d. 听话要听音;

e. 要表现出感兴趣;

f. 要表明你在认真地听;

g. 了解回应反馈;

h. 努力理解讲话的真正内涵。

⑤在客户面前维护企业的形象。

如果有一个客户的电话转到我们这里，抱怨他在前一个部门所受的待遇，为了表示对客户的理解，我们应当说什么呢？"你说得不错，这个部门表现很差劲。"可以这样说吗？当然不，适当的表达方式是："我完全理解您的难处，不过也许他们还没明白您的意思，看看我能不能帮您。"

另一类客户的要求公司没法满足，我们可以这样表达："对不起，我们暂时还没有一个更好的解决方案。"尽量避免不很客气的手一摊（当然对方看不见）："那我们就没办法了。"当我们有可能替客户想一些办法时，与其说"我试试看吧"，不如更积极些："我一定尽力而为。"

如果有人要求减价，我们可以说："如果您买 10 台，我就能帮您。"而避免说"我不能，除非……"

客户的要求是公司政策不允许的。与其直说"这是公司的政策"，不如这样表达："根据多数人的情况，我们公司目前是这样规定的……"如果客户找错了人，不要说"对不起，这事我不管"，换一种方式："有专人负责，我帮您转过去。"

2）客户沟通的使用工具。

与客户沟通时，使用工具有笔、笔记本（白纸）、小型录音机、笔记本电脑和产品图册等。

（3）系统化沟通

系统化沟通就是建立一定的由软、硬件构成的系统与客户进行智能化、全方位的沟通，如建立客户服务中心，可与客户进行面对面、电话、传真、电子邮件、信函等多种方式的沟通，实现咨询、查询、投诉受理、报案登记、客户回访等基本客户服务功能。同时搜集和分析客户反馈的信息，为公司产品（服务）项目提供快速高效的决策依据，对公司的营运进行监督。系统化沟通有两种方式：

1）网上客户服务；

2）短信客户服务。

（4）困难客户沟通

大多数客户都是平和的、易于沟通和善解人意的，但有时候客户也会变得愤怒、很不耐烦、不讲理，某些用户甚至表现得不可理喻。这样的客户，是工作压力的一个重要来源。调查显示，47%的客户服务代表认为困难客户的电话是他们面临的最大压力。而困难客户又可以细分为这样三种：①投诉的客户；②脾气、性格特别的客户；③骚扰客户（或非客户）。

1）从倾听开始。

①抱着热情与负责的态度来倾听。

正如我们前面提到的，倾听是解决问题的前提。例如，听了客户反映的情况后，根据我们的理解向客户解释一遍："王先生，来看一下我理解的是否对。您是说你们已试装了我们的产品，但发现有时会运转不正常。我们的工程技术人员已做了测试，测试结果没有问题。今天，此现象再次发生，您很不满意，要求我们更换产品。"向客户澄清："我理解了您的意思吗？"

认真倾听客户，向客户解释他所表达的意思并请教客户我们的理解是否正确，这一切都向客户显示我们对他的尊重以及我们真诚地想了解问题。这也给客户一个机会去重申他没有表达清晰的地方。

②倾听时要避免干扰。

倾听是有效沟通的重要基础。这个看似简单的话题值得我们仔细推敲一下。在做以客户呼入为主的销售或服务时，客户作为一个主动求助方，会主动将他的需求向我们倾诉，而我们需要以帮助客户的积极态度真正"听懂"客户，了解客户在"话里"和"话外"表达的问题与期望，同时让客户感到企业的重视与关怀，为解决问题奠定良好的基础。

③做一个主动的倾听者。

如果我们是一个主动的倾听者，那我们不仅仅是"听者"，还同时应当考虑到下列各方面。

a. 澄清问题，掌握更多信息。

当在倾听过程中捕捉到一些有用信息时，为了更多了解有用细节，应当在客户讲完后，请客户有针对性地多介绍一些情况："您能再多谈谈有关这方面的情况吗？""您刚才提到的那个是指……"。特别是做客户服务或技术支持工作，通常都会有清单来诊断问题和识别解决方法，需要引导客户提供相关更多信息。

在适当的时候问适当的问题是十分重要的。当客户描述了出现的问题后，我们想知道先前的情况，我们可以说："您能告诉我出现这个问题之前我们采取了哪些步骤？"而不应该说："我们到底做了些什么才导致这个问题发生？"

b. 确认理解一致以避免误解。

通常我们在倾听的过程中会就客户反映的问题进行总结陈诉，或就不清楚部分请求客户解释，以此来避免沟通过程中的误解。我们通常在沟通中会用到下面的表达："刚才我们说的应当是……吗？""看看我是否理解得对，您刚才提到的是……对吗？"用提炼过的语言概括复述一些要点，以求双方的理解是否一致。

c. 体贴客户，认同客户。

倾听的过程中，积极地认同客户，并对客户的回答表示感谢，都会让客户感到被尊重，而使整个销售或服务过程更顺利。例如，我们会这样去认同客户："这很有意思！""我了解""我知道了""这真是个好主意！""我非常理解您现在的感受！"千万不要客户说了半天，我们才来一句："是这样啊！"或"这不可能吧？"

d. 注意客户如何表达。

在从事客户服务或销售活动时，如果客户经常用一些比较专业的术语，我们就不应当从问其太简单的问题开始。在某些时候不发问也是倾听的一个技巧。如果某个客户处在非常激怒的状态，最好让其发泄完后再发问，在其间不时应声一下以表示我们正在倾听。

e. 记录相关信息。

在倾听的过程中还要积极地做笔记。如果公司有系统则做选择记录，或者可以记录在自己的笔记本上。在记录的同时，尽可能捕捉客户表达的有用信息，放入客户信息系统，有些基本信息原本专门收集可能都不容易得到。

倾听不仅对工作而且对日常生活中的为人处事都至关重要。很多人无法留下良好印象，这都是从不会或不愿倾听开始的。每个客户服务人员或营销代表都应该练好这个基本功。

2）认同客户的感受。

客户在投诉时，会表现出烦恼、失望、泄气、发怒等各种情感。不应当把这些表现当作是对我们个人的不满。特别当客户发怒时，我们可能心里会想："凭什么对着我发火？我的态度这么好。"要知道愤怒的情感通常会在潜意识中通过一个载体来发泄。比如我们一脚踩在石头上会对石头发火——当然，这不是石头的错——可还是飞起一脚把它踢远。有时我们找不到发泄的对象，只好骂自己。因此，对于愤怒，我们可以理解为客户仅是把我们当成了倾听对象。

3）表示愿意提供帮助。

"我很愿意为您解决问题。"正如前面所说，当客户正在关注问题的解决时，客户服务人员、营销代表体贴地表示乐于提供帮助，自然会让客户感到安全、有保障，从而进一步消除对立情绪，取而代之的是依赖感。问题澄清了，客户的对立情绪稳定了，我们接下来要做的就是为客户提供解决方案。

4）解决问题。

针对客户投诉，每个公司都应有各种预案或称解决方案。在提供解决方案时要注意以下几点。

①客户提供选择。

通常，一个问题的解决方案不是唯一的，给客户提供选择会让客户感到受尊重，同时，客户选择的解决方案在实施的时候也会得到来自客户的更多认可和配合。

②诚实地向客户承诺。

能够及时地解决客户的问题当然最好，但有些问题可能比较复杂或特殊，我们无法确定该如何为客户解决。如果我们无法确定，不要向客户做任何承诺，而是诚实地告诉客户情况有点特别，我们会尽力帮客户寻找解决的方法，但需要一点时间。然后约定给客户回话的时间，我们一定要确保准时给客户回话。即使到时我们仍不能帮客户解决，也要准时打电话向我们的客户解释问题进展，表明自己所做的努力，并再次约定给客户答复的时间。同向客户承诺我们做不到的事相比，我们的诚实会更容易得到客户的尊重。

③适当地给客户一些补偿。

为了弥补公司操作中的一些失误，可以在解决客户问题之外给一些额外补偿。很多企业都会给客户服务人员、营销代表一定范围的授权以灵活处理。但要注意的事一是先将问题解决，二是改进工作，避免今后发生类似的问题。现在有些处理投诉部门，一有投诉首先想到用小恩小惠去息事宁人，或是一定要靠投诉才给客户正常途径下应该得到的利益，这样不能从根本上减少问题的发生，反而造成了错误的期望。

七、备件部门与其他部门的管理沟通

1. 备件部门与服务部门间正确沟通

1）在进行备件销售中，通知交付前，备件经理与服务顾问共同确认客户姓名、申请订购的备件品种、备件编号、订购数量、是否收取定金等。

2）当销售员进行备件销售时，备件部门及时进行缺件统计，缺件跟踪反馈给销售部门。备件经理根据公司的订货规则和到货周期告知服务顾问最快的交付日期（前提是备件中心库有这种备件）。

3）备件经理从销售部门获得必要信息，为销售活动做好准备。

4）备件经理解释精品采购所需的备货时间。

5）备件经理还需要考虑死库存以及扩大备件销售的风险。

6）备件部门报价人员必须对所报出的价格负责；受理前台接待人员、车间维修人员及客户询价时，必须严格按统一规定的价格表报价，不得随意报价。

2. 备件部门和车间之间的协调

协调同其他业务部门的关系，确保维修业务及其他备件销售业务的正常开展，负责处理由于备件质量引起的投诉事宜。

1）借件管理。本单位维修车间因外出救援或判断疑难故障而借用备件时，借件人应填写《备件借用申请表》，经服务经理签字确认后方可借用，并确保当日、整洁、完好地归还。保管员应主动跟进，及时收回借出的备件，备件主管必须在每天下班前，检查所借出的备件是否收回。借件当天备件丢失的，由借件人全额赔偿；借件次日以后发现丢失的由备件主管和保管员共同全额赔偿。

2）发货管理——旧件换新件。备件部门负责维修车间的旧件回收工作，原则上按照"以旧换新"的原则发货。对于车间应该交旧领新的备件，仓库管理员在确认旧件已回收后，根据出库单上的内容进行发货。

3. 备件部门和销售部门之间的协调

1）备件销售管理；备件部门应主动了解厂家备件供应情况，动态掌握备件销售价格变化情况，及时更新备件价格表。在备件对外销售时，备件销售员打印《备件销售单》，顾客凭《备件销售单》到前台结算付款。备件出库应按经结算员确认收到款项的《备件销售单》打印出仓单进行发料。

2）退货管理。备件出仓后因误领、误发等原因需要退回仓库的，经验收确认没有损坏的，可办理领用退库，并应及时录入系统，打印退库单，由领料退库人收货签字确认后，单证交结算员做结算相关处理。

 实施与考核

一、技能学习

1. 沟通对象的识别与应对方式

了解内部和外部客户属于何种沟通类型，进行分辨并采用正确的应对方式。

2. 备件部门与其他部门的管理沟通

实现备件部门分别与服务顾问、车间、销售部门之间的有效沟通交流与协调。

3. 汽车备件部门常见的沟通技巧

正确使用沟通技巧，养成良好的沟通能力。

二、任务实施与考核

1）让学生自由组合为若干个小组，分别扮演不同类型的沟通对象和备件部门工作人

员，模拟业务接待洽谈现场，设定不同的情景，在充分掌握上述知识与技能的前提下，完成相应工作单。

2）学生根据业务洽谈的内容，填写工作单。教师根据完成的情况填写考核表。技能学习工作单见表6-5。

表6-5 技能学习工作单

实训项目： 汽车备件业务沟通认知

班级		学号		姓名	
请叙述你所接待的客户的对象类型并简单介绍应对方式。 1 _____ 2 _____ 3 _____ 4 _____ 5 _____					
自我评价（个人技能掌握程度）：□非常熟练　□比较熟练　□一般熟练　□不熟练					
教师评语：（包括工作单填写情况、语言表达、态度及沟通技巧等方面，并按等级制给出成绩） 					
实训记录成绩_____　　教师签字：_____　　　　_____年____月____日					

教师考核记录表见表6-6。

表6-6 教师考核记录表

实训项目： 汽车备件业务沟通认知

班级		学号		姓名	
项目	工作表现			分值	评分
与客户沟通情况				10	
工作态度				10	
工作单填写情况				30（工作单成绩折算）	
沟通管理情况				40	
是否自主学习查阅相关资料				10	
总分					
				教师签字： ____年____月____日	

任务四　汽车备件售后服务

学习目标
①掌握售后服务的具体内容；
②掌握售后服务工作的基本工作流程；
③了解汽车备件合理索赔的相关内容。

任务分析

汽车备件的售后服务是现代汽车备件市场营销不可或缺的组成部分，也越来越受到消费者的重视，当前随着各个厂家在生产、技术、产品质量、成本价格等要素上的竞争实力的接近和趋同，消费者在购买备件时越来越注重售后服务质量，它成为现代市场竞争的新焦点，并在一定程度上决定了市场占有率。

相关知识

一、售后服务的作用

1）汽车备件经营企业为客户提供及时、周到、可靠的服务，可以保证客户所购汽车备件的正常使用，最大限度地发挥汽车备件的使用价值。

2）争取客户，增强企业的竞争力。除了备件性能、质量、价格之外，优质的售后服务可以增加客户对企业的好感。增加企业的好口碑，提高企业的声誉，迎来更多的客户，从而增强企业的竞争能力。

3）收集客户和市场的反馈信息，为企业正确决策提供依据。售后服务不仅可以使企业掌握客户的信息资料，还可以广泛收集客户意见和市场需求信息，为企业经营决策提供依据，使企业能按照客户意见和市场需求的变化进行决策，从而提高决策的科学性、正确性，减少风险和失误。

无论对于汽车备件经营企业还是对于客户，售后服务都是非常重要的。汽车备件经营企业已认识到，汽车备件卖出去以后，不是销售的结束，而是占领市场的开始。

二、售后服务的内容

售后服务是指经营人员在备件售出到达客户手里后，继续提供的各项服务。良好的售后服务，不仅可以巩固已争取到的客户，还可以通过这些客户的宣传，树立良好的企业形象，争取到新的客户，开拓新的市场。售后服务主要包括下列内容。

1. 建立客户档案

客户的档案管理是对客户的有关材料以及其他技术资料加以收集、整理、保管和对变动情况进行记载的一项专门工作。建立客户档案直接关系到售后服务的正确组织和实施。

档案管理必须做到以下几点：

1）档案内容必须完整、准确。

2）档案内容的变动必须及时。

3）档案的查阅、改动必须遵循有关规章制度。

4）要确保某些档案及资料的保密性。

客户档案可采用卡片的形式，主要内容包括：客户名称、详细地址、邮政编码、联系电话、法定代表人姓名、注册资金、生产经营范围、经营状况、信用状况、供销联系人、银行账号、何时与其建立交易关系、历年交易记录、联系记录、备件消耗、备件来源情况等。

2. 对客户进行分类

在建立客户档案，并对客户进行调查分析的基础上，对客户进行分类。

1）A 类客户：资信状况好、经营作风好、经济实力强、长期往来成交次数多、成交额较大、关系比较牢固的基本往来户。

2）B 类客户：资信状况好、经济实力不太强，但也能进行一般的交易，完成一定购买额的一般往来户。

3）C 类客户：资信状况一般、业务成交量较少，可作为普通联系户。

对于不同类别的客户，要采取不同的经营策略，优先与 A 类客户成交，在资源分配和定价上适当优惠；对 B 类客户要"保持"和"培养"；对 C 类客户则应积极争取，加强联系。

3. 保持与客户的联系

建立客户档案和客户分类的目的在于及时与客户联系，了解客户的要求，并对客户的要求做出答复。应经常查阅最近的客户档案，了解客户汽车备件的使用情况以及存在的问题。与客户进行联系时应遵循以下几点准则：

1）了解客户的需求。应了解客户的汽车备件在使用中有什么问题，或者客户还有哪些需求。

2）专心听取客户的要求并做出答复。

3）多提问题，确保完全理解客户的要求。

4）总结客户的要求。在完全理解了客户的要求以后，还要归纳总结，填写《汽车备件客户满意度调查表》。

5）对于 A、B 两类客户，可定期或不定期召开用户座谈会或邀请他们参加本企业的一些庆典或文化娱乐活动，加深与他们的感情。

4. 送货上门和质量"三包"

送货服务大大方便了顾客，目前在汽车备件经营行业应用较为普通。对售出的备件实行质量"三包"（包退、包换、包修），维护了客户的权益，降低了客户的风险，而且也提高了企业的信誉，从而可以刺激经营。

5. 了解备件使用信息

要积极主动向大客户，如汽车修理企业、汽车运输公司、租赁公司、出租公司的修理厂等，了解车辆状况，按备件消耗规律，找出客户的需求规律性，以便及时协助客户合理储备备件。

1）了解客户车辆状况，主要了解客户拥有的车型、车数、购买时间和使用状况。

2）找出客户备件消耗的规律，汽车的使用寿命周期由初期使用——正常使用——大中修理——后期使用——逐渐报废这样一个全过程所组成。对于专业运输企业和工、矿企业所使用的专业运输车辆。备件消耗在这个全过程中有以下规律性：

①初期——正常运行期。保养用备件处于正常消耗阶段。

②二期——使用故障期。在此期间事故件消耗上升。

③三期——中修期。在此期间，以磨损消耗的备件为主，例如发动机高速运动部位的零部件。

④四期——大修期。在此期间，也是以磨损消耗的备件为主，例如发动机、离合器、变速器等部位的零部件。

⑤五期——混合期。在此期间，主要是定期保养用备件和磨损消耗的备件，以及由于大、中修质量影响造成返修所消耗的备件。

⑥六期——二次大修期。在此期间，除消耗第一次大修用备件外，底盘要全部检修，更换部分零部件。这部分零部件一般不属于正常磨损，而是由于检查、调整不及时造成的，主要是滚动轴承损坏，导致齿轮损坏。因此，必须在第一次大修时对底盘各部总成进行全面检查和调整。

⑦后期——逐渐报废期。在此期间备件消耗下降，备件储备处于紧缩阶段。

根据以上分析，可以看出备件消耗是以不同使用时期的不同消耗为重点的动态增减规律，它反映了备件消耗规律的普遍性，这是一种函数关系，它是符合车辆使用寿命周期规律的，备件储备定额应与上述函数关系建立对应关系，加上一定的安全储备量，这就是动态储备定额。按这个定额储备备件，就能满足车辆在不同使用时期备件消耗的需要。这样既保证了维修车辆备件消耗的需要，又相对节省了储备资金，同时避免备件积压和报废损失。

3）协助客户合理储备备件。

①备件储备要建立在消耗的基础上，以耗定存，加强分析备件的消耗规律，为制订维修备件存储计划提供依据。

②根据车辆技术性能和使用条件，制订车辆在整个使用寿命周期内备件消耗分期计划，确定不同时期备件消耗重点，进而确定库存量和库存结构。

③认清总成和零件的存量关系，使存量合理化。总成可以分为大总成、小总成和事故总成，它们应分别采取不同方法储备：

a. 大总成，如发动机、变速器等。这类总成损坏率小，主要部件损坏时才需更换，储备不应过多，甚至可以在需要时，临时采购。主要原因是其价格较高，这样做可以节省储备资金。

b. 小总成，如供油泵、发电机等。它们占用全车总成的2/3左右，这类总成一般易损，修理时占用工时较长，影响车辆完好率，且一般总成比它的成套零件价格便宜。这类总成内的零件往往只有若干件易损，全部备齐也不经济。当前随着人们时间观念的增强，一般要求更换小总成，将原小总成收下，待修理好后，作为以后再次损坏时的备用品。可以根据实际使用情况，多备小总成。在摸清其内部损坏零件后再有目的地储备零件。

c. 事故总成，如车架、保险杠、前后桥等。这类总成多由事故造成损坏，故不应提前储备，在接到事故车后，及时向预先约定的关系单位购买，较为经济。

d. 对保有量极少的车型，要采取特殊管理方法，以防急需时因备件待料，会直接影响生产，例如油罐车和牵引车等，因此必须想方设法保证供应。除加强与有车单位的横向联系外，对易损备件要储备充足，保证正常维修需要。大、中修备件集中在发动机、离合器、变速器等部位，可考虑备用总成，供修理时更换，换下的旧总成可在充足时间内修理，储备的备件也可以在此时间采购。旧总成修复后可作备用，这样就减少了大量库存备件。底盘备件可在第一次大修时检修调整，有目的地提出储备。

6. 满足用户的备件供应

备件供应是售后服务工作的主线。一辆汽车由成千上万个备件组装而成，汽车在使用中，都会有对备件的需求。

1）备件的分类。按备件的使用性质，备件通常可分成以下五类：

消耗件：汽车运行中，一些备件会自然老化而失效，必须定期更换，如各种皮带、胶管、密封垫、电器件、滤芯、轮胎、蓄电池等。

易损件：汽车运行中，一些备件会因磨损而失效，需要随时更换，如轴瓦、活塞、缸套、气阀、制动鼓、离合器摩擦片等。

维修件：汽车在一定的运行周期后，必须更换的备件，如各种轴、齿类备件等。

基础件：它是指构成汽车的一些总成零件。原则上它们应该是全寿命零件，但可能因为使用环境的特殊而先期损坏，需要进行更换或维修，如曲轴、缸体、桥壳、变速器等。

事故件：它是指因交通事故而损坏的备件，如传动轴、水箱、车门、前梁等。

2）备件供应需求量的预测。对备件供应的需求量要进行科学的预测，这样既能满足用户需求，又不至于出现大量积压而占据仓库容量和资金。备件的消耗量的测算从两方面进行：一方面是每一地区在用车数、汽车平均行驶里程、当地汽车的使用特点，对多个地区的资料进行综合取平均数，可以得出某种车型某种备件的每100辆车的年消耗量；另一方面是备件供应部门的某种备件的年实际供应量。大量积累各年该备件的市场需求量，取相邻三年的平均数得到中间一年的年当量平均值，取所有年当量平均值的总平均值，即为比较准确的年预测需求。资料越多，综合预测的值越带有一般性，也就越准确。此项预测的结果应该由技术服务中心结合各地的实际消耗情况予以补充，经过综合处理，得到正式的备件消耗值。最终的预测结果可以为备件的生产厂家、技术服务站提供生产和经营依据。

3）备件供应的网络化。由于备件运输的难度较大，为保证售后服务网络、备件营销、用户的备件需求，备件的供应也要实现网络化管理。以生产基地作为中心库，在交通、通信发达地区和企业产品集中销售的地区建立备件分库，各分库的进货、储备、发货受总库指挥，向辖区内的服务站点供货。

7. 提高重点客户忠诚度的方法

重点客户与企业的交易额一般较大，对企业非常重要，企业必须密切关注重点客户的动态，积极与重点客户保持较好的往来，做好重点客户的工作，努力提高重点客户的忠诚度，企业可以从以下几个方面入手：

1）优先向重点客户供货。重点客户对备件的需求量非常大，企业要优先向重点客户供货，以免引起客户的不满使企业失去很大的销售量。

2）向重点客户开展关系营销。关系营销要求销售人员充分调动大客户中的一切与销售相关的因素，使关系营销快速有效地进行。

3）及时向客户供应新的备件。企业不仅需要优先向重点客户供货，而且在企业有新备件时也需要优先及时向重点客户供应。

4）关注大客户的动态。所谓知己知彼，百战不殆，作为企业要时刻关注客户的动态，了解客户的需求，并及时给予帮助和支持，加强企业与客户的感情。

5）组织重点客户与企业之间的业务洽谈会。组织洽谈会有利于企业及时准确地了解客户的需求，及时听取客户的意见，以便更好地服务客户。

6）与重点客户联合设计促销方案。

7）及时、准确地与重点客户相互传递信息。销售状况是万变的，只有及时沟通才能相互了解，才能有利于企业和客户及时改进策略。

8）为重点客户制定奖励政策。

三、售后服务工作的基本工作流程

下面以一汽大众的奥迪特约维修店的做法为例来说明汽车售后服务的主要工作流程。这一流程可以概括为以下 7 个步骤。

1. 预约

预约主要是指在适当的时间通过电话服务提醒用户去给车做维护。但是随着工作的不断改进，预约的内容已不仅是维护，也包括索赔期到期提醒、缺少备件到货通知。

据调查，在其他的汽车企业里，工作流程的 7 项内容中，预约是最薄弱的一个环节，然而它作为第一个环节却有着不可低估的作用。预约的成功直接影响着维修的进程和整个公司的经营效益。对于维修站来说，它不仅可以增加维修量、提高顾客满意度、提高服务质量，还可以合理安排生产、准备备件和工具；而对于用户来说，也同样会带来很多的方便，如用户不仅可以节省时间、合理安排工作、确定业务接待和维修人员以及所需件，同时还可以事先了解费用，以避免更大的损失。因此，虽然目前预约服务的普及率还不是很高，但是只要有预约这一服务项目的各个汽车特约经销商都会不惜在这上面花费人力和物力。

预约已经成为各汽车企业提高用户满意度的一个重要举措。通过预约，首先让用户有一种受到重视的感觉，从而进一步产生信任感。

2. 准备工作

准备工作和预约联系最为紧密，它包括预约前和预约后两方面的准备工作。预约前准备工作主要是指维护用户车辆档案，具体指维护好用户车辆维护间隔里程及预约时间。而预约后的准备工作是指在预约之后车辆来维修之前所做的一系列工作，如工具、备件准备、人员安排等。这时候就需要和业务接待、车间、备件库沟通，特别是要核实钣金组和油漆组实际完成预约维修的能力，以使用户满意。

3. 接车、签订委托书

接车、签订委托书主要是业务接待的工作范围，也就是给前来维修的车辆制订一份维修任务委托书，然后交给车间，以便维修工对该车进行详细诊断和维修。在拟定委托书之前，首先要询问用户是否预约过，是否需要替换车。然后必须听取用户对车辆的详细故障描述，以及对车辆进行全面初步检查，发现问题需向用户提出并建议维修。随后详细登记车辆信息和用户信息，以便今后联系。等一切必要的步骤完成后，制订出任务委托书，经过用户在委托书上签字认可后方可将车送至车间维修。与此同时，业务接待要大致告知维修所需时间，并尽可能安排好用户的休息或娱乐。

4. 维修操作

车辆送入车间后，首先是由调度员根据实际情况将车辆派到哪个班组维修，在维修过程中工作人员必须严格按照维修协议内容实施维修和调换备件，在整个维修过程中，所有问题都要和用户进行沟通后再决定解决方案。因此，用户在修车时虽说与自己的车是分离的，但对车的维修过程却是心中有数，是透明的。当用户的车维修完毕交付时，应是整洁干净的，同时用户还可以在交付前进行试车，如有不满意可再次维修。

5. 质检、交车准备

在每一项维修内容完成后，需要操作者签字然后交由班组长检验；班组长确定无误后，签字再交由检验员进行路试、终检，在确定无技术问题并做好整理清洁工作后，将车停在竣工区，并将维修委托书交还业务接待。

6. 交车、结算

服务顾问在接到修竣车辆的委托书后，应及时通知用户来提车，并打印好结算单。结算单上的具体费用应由业务接待向用户解释清楚，用户签字认同后，再开维修发票结账。此时，交付的车应该是修复后用户所期望的样子。等一切手续办完后，如果条件允许的话，业务接待最好能亲自陪用户去提车，并目送用户离去。虽然这只是举手之劳，却也是提高顾客满意程度的手段之一。

7. 信息跟踪

信息跟踪其实就是对前几项内容的总结。它作为售后服务工作流程的最后一个环节，其重要程度也正如预约服务一样。跟踪服务过程中需询问的内容主要有以下几个方面：

1）维修人员是否正确诊断出故障。
2）维修人员能否正确解决诊断出的故障。
3）维修质量是否满意。
4）维修人员是否为用户提供中肯的建议。
5）服务人员是否询问需要替换车。
6）维修时是否增加了用户未要求的项目。
7）工时价格、材料价格是否满意。
8）维修人员对维修过程的解释是否清楚。
9）对结算单的解释是否满意。
10）服务接待人员是否快速登记到达车辆。
11）维修服务是否遵守约定的维修时间。

当然并不是所有内容都要一样不少地去询问，主要是看对方的反应。

售后服务基本工作流程的 7 个步骤都有其自身的特点、作用和注意方面。其中重点是预约和信息跟踪，因为这两个步骤有其特殊的重要性，是和客户直接沟通的。在沟通过程中，

我们能从客户手中了解到公司的状况及存在的不足,更能从侧面了解其他地区该类公司的情况,有利于公司更好地发展。

一、技能学习

1. 熟悉售后服务的具体内容

明确客户的分类并建立客户档案,了解备件的使用信息。

2. 掌握售后服务的基本工作流程

熟练掌握预约→准备工作→接车、签订委托书→维修操作→质检、交车准备→交车、结算→跟踪服务等一系列工作流程。

二、任务实施与考核

1)学生自由组合分组,分别互相扮演顾客及售后服务人员,模拟业务接待洽谈现场,对车辆部分指定备件进行售后服务索赔工作。在熟练掌握上述知识与技能的前提下,完成表6-7、表6-8、表6-9。

2)学生根据业务洽谈的工作单的记录,填写客户资料卡。教师根据完成的情况填写考核表。客户个人资料卡见表6-7。

表6-7 客户个人资料卡

姓名		性别		民族	
年龄		学历		婚否	
职业		工作单位		通信地址	
性格		联系电话		电子邮箱	
购买备件		购买日期		付款方式	

客户组织资料卡见表6-8。

表6-8 客户组织资料卡

组织名称		企业性质	
经营规模		企业地址	
信用等级		联系电话	
购买备件种类			
购买备件数量及付款方式			
备注			

客户回访登记表见表6-9。

表6-9 客户回访登记表

客户名称		客户类别	
地址		联系电话	
回访日期		具体时间	
对企业服务的评价			
对所购备件的评价			
对本企业备件的意见			
备注			

教师考核记录表见表6-10。

表6-10 教师考核记录表

实训项目：__汽车备件售后服务认知__

班级		学号		姓名	
项目	工作表现		分值		评分
与客户沟通情况			10		
工作态度			10		
工作单填写情况			30（工作单成绩折算）		
检查任务完成情况	1. 建立客户档案卡片		40		
	2. 对客户资料进行分类管理				
	3. 跟踪回访客户				
	4. 提高客户忠诚度				
是否自主学习查阅相关资料			10		
总分					

教师签字：
____年____月____日

一、选择题

1. 用量大的（　　）类件，要实行"货比三家"的原则，做到质优价廉，并通过分析比较，制订出最佳订货单，保证不断档，无积压。

　　A. A类件　　　　　　B. B类件　　　　　　C. C类件

2. 沟通的三要素是（　　）。

　　A. 目标、共识、内容　　B. 语言、表情、信件　　C. 口头、肢体、媒体

3. 沟通的方式有（　　）。

A. 目标、共识、内容　　B. 语言、表情、信件　　C. 口头、肢体、媒体

4. 下面哪些语言是正确的沟通方式？（　　）

　　A. "如果将来要买车的话，您看定价多少合适？"
　　B. "您看这两种车型，是蓝色的好还是红色的好？"
　　C. "你现在买不买？"
　　D. "你现在买，还是过两天买？"

5. 接车、签订委托书主要是（　　）的工作范围。

　　A. 维修接待　　　　　　B. 备件部　　　　　　C. 销售部

6. 下面哪些语言是正确的？（　　）

　　A. "问题是在规定期限没有把握交货。"
　　B. "由于这几天客户太多，我们的计划已经排到下个月了，不过我会想办法让公司提前安排您的计划。"
　　C. "你怎么老是有问题！"
　　D. "看起来这个问题和上次很相似，我有办法帮您。"
　　E. "这个问题我还不清楚，我也不能瞎说。"
　　F. "我想找专业技术人员帮您解决这个问题。"
　　G. "您没有必要担心这次修后又坏。"
　　H. "这次修后您尽管放心使用。"

二、填空题

1. 汽车备件部门一般设置（　　）、（　　）、（　　）、（　　）、（　　）、（　　）等岗位。

2. 与客户沟通的语言表达技巧有（　　）、（　　）、（　　）、（　　）、（　　）等。

3. 沟通是为了一个（　　），把信息、思想和情感在个人或群体间（　　），并且达成（　　）的过程。

4. 备件计划员掌握备件的现有（　　）和（　　）储备量，适时做出备件的（　　）和（　　）的处理方案，熟悉维修业务对备件的需求，确保业务的正常开展。

5. 每月、季度进行库存（　　），做出（　　），盘盈盘亏书面说明，交（　　）上报公司经理，交（　　）做账目调整。

6. 当销售员进行备件（　　）时，备件部门及时进行（　　），跟踪反馈给销售部。备件经理根据规定的公司的订货规则和（　　）告知服务顾问最快的（　　）日期（前提是备件中心库有这种备件）。

7. 售后服务的工作流程有预约、准备工作、（　　）、（　　）、质检交车、结算与跟踪。

8. 企业内部沟通根据传播的方向可分为（　　）、（　　）、平行沟通。

三、简答题

1. 备件主管的岗位职责是什么？
2. 备件部门的岗位设置如何？
3. 库房管理员的岗位职责有哪些？

4. 计划员的岗位职责有哪些？

5. 出、入库的管理程序如何？

6. 良好的沟通能力对我们工作、生活有何意义？

7. 简述沟通的三大要素。

8. 我们在工作和生活中，沟通的主要内容是信息还是思想和情感？请列举我们采用了哪些沟通方式？

9. 简述与客户沟通的步骤。

10. 与客户沟通有哪些技巧？

11. 售后服务的工作流程是什么？

四、案例分析题

1. 情景回放

2006年9月5日，某客户到维修站进行车辆常规保养及检修空调异响，当晚发现空调仍有异响，于7日再次到维修站进行检查。维修站检查后告知鼓风机损坏，维修费用约200元，但在更换前发现服务顾问报错了零件，实际价格应是1 000多元。由于两者差额较大，致使客户产生抱怨，认为由于维修站第一次检修不彻底导致，应由维修站承担责任。

2. 案例分析

本案例中，客户在维修站保养、检修完成后认为仍有问题时，尚处于抱怨萌发期。而对应服务核心过程，由于以下原因导致客户投诉：

1）维修人员对报修项目检查分析判断不彻底，导致故障隐患没有排除；

2）车辆交车前的质量检验工作不到位；

3）报错零件价格导致报价反复，使客户抱怨升级并投诉。

3. 解决方案和建议

分析本案例客户投诉动机，其投诉表象是维修质量，而隐含需求则是对再次维修的价格表示不满。因此，作为维修站的态度应该是怎样的呢？做出解决方案。

项目七

汽车备件的索赔管理

任务一 汽车整车与备件的质量担保

学习目标

① 能够正确描述汽车保修索赔的概念；
② 了解汽车整车与备件质量担保的内容与形式；
③ 掌握整车质量担保的条件；
④ 掌握更换备件担保的条件；
⑤ 掌握汽车整车与备件质量担保期的规定；
⑥ 能判断当更换备件的担保期与整车三包期冲突时，执行何种规范。

任务分析

国家质检总局发布了《家用汽车产品修理、更换、退货责任规定》。规章规定，保修期限是不低于3年、6万公里，三包有效期限是不低于2年或者是行驶里程5万公里。保修期内出现产品质量问题，可以免费修理；在三包有效期内，如果符合规定的退货、换货条件，消费者可以凭三包凭证、购车发票等办理退货或者是换货手续，规定自2013年10月1日起施行。为此一些汽车厂家如北京现代汽车也出台了相应的质量担保政策。本次的任务是通过对比汽车厂家的三包政策与国家出台的标准之间的差距，让大家熟悉汽车整车与备件的质量担保政策。

相关知识

一、汽车保修索赔概念

1. 保修索赔

汽车制造厂为汽车产品（包括整车和备件）提供有条件的保修索赔政策，为具有质量缺陷的产品提供服务，以方便消费者并树立企业品牌形象的汽车服务环节叫作汽车保修索赔。出色的保修索赔工作是营销和售后服务赢得市场的重要手段。

2. 质量问题

因汽车产品设计、制造、工艺、材料、保存、运输、维修等原因而造成的，影响汽车产品正常使用或者使汽车价值贬低的问题称为质量问题，但不包括因不当使用、不当维护保养、私自改装、正常磨损等原因造成的故障。

3. 质量担保

质量担保是指汽车产品销售商、制造商、修理商在质量担保期内保证产品持续符合国家相关质量要求，并满足需求方需要的义务。所有的汽车生产企业一般会给出行驶时间和行驶里程两个质量担保期的限定条件，而且还要以先达到者为准。

4. 汽车"三包"

包括汽车产品生产者、销售者和修理者在内，因汽车产品质量问题，对汽车产品修理、更换、退货的行为称为汽车"三包"。其中，质量保证期包括保修期、三包有效期和易损耗备件的质量保证期。

5. 原厂备件

原厂备件指由汽车产品制造商认可的备件供应商提供新的备件。

6. 更换备件

更换备件指在汽车维修中更换上的总成、系统或其他零部件。

7. 严重安全性能故障

汽车产品存在危及人身安全的质量问题，这种问题使消费者无法正常操纵汽车，或者汽车产品的安全装置不能起到应有的保护作用，或者存在起火或爆炸等危险情况，均属于严重安全性能故障。

8. 同一质量问题

因同一最小可维修或可更换部件引起的同一故障症状为同一质量问题，最小可维修或可更换部件以制造商出版的维修手册或备件手册中说明的为准。

二、汽车保修索赔展开模式

保修索赔工作由特约销售服务站来完成。所谓的特约销售服务站就是被汽车生产厂家授权对汽车备件进行保修索赔服务的企业。在保修索赔过程中汽车制造厂为各特约销售服务站提供了便捷的保修索赔工作环境；同时特约销售服务站也严格按照汽车制造厂的保修索赔政策为每一位用户做好保修索赔服务。

三、整车与备件质量担保规定

各汽车制造厂保修索赔的具体规定尽管有些不同，但原则上没有大的区别。整车、备件的保修索赔期和保修索赔范围一般包括以下内容。

1. 整车保修索赔期

在家用汽车产品保修期内，家用汽车产品出现产品质量问题，消费者凭三包凭证由修理者免费修理（包括工时费和材料费）。

1）家用汽车产品保修期限不低于3年或者行驶里程6万公里，以先到者为准；家用汽车产品三包有效期限不低于2年或者行驶里程5万公里，以先到者为准。家用汽车产品保修期和三包有效期自销售者开具购车发票之日起计算。

2）整车保修索赔期内，特殊备件依照特殊备件保修索赔期的规定执行。

特殊备件包括：控制臂球头销、防尘套、横拉杆、万向节、前后减震器、各类轴承、橡胶件、喷油嘴、喇叭、蓄电池、氧气传感器、三元催化转换器等，按3年或者行驶里程6万公里的保修期执行。

2. 备件保修索赔期

1）由特约销售服务站免费更换安装的备件，其保修索赔期随整车保修索赔期结束而结束。

2）由用户付费并由特约销售服务站更换和安装的备件，从车辆修竣后客户验收合格日和公里数算起，其保修索赔期为3年或6万公里（两条件以先达到者为准）。在此期间，因为保修而免费更换的同一备件的保修索赔期为其付费备件保修索赔期的剩余部分，即随着付费备件的保修索赔期结束而结束。

3. 质量担保的内容

（1）60日内主要备件的质量担保

由国家质检总局正式发布的《家用汽车产品修理、更换、退货责任规定》中明确规定：汽车产品售出后60日之内或者行驶里程3 000公里之内（以先到者为准），制造商在三包凭证中明示的发动机、变速器的主要备件出现质量问题的，消费者可选择免费更换总成。其中，制造商明示的主要备件应至少包括表7-1所列出的内容。

表7-1　发动机和变速器的主要备件

总成	主要备件名称
发动机	缸盖总成
	活塞、曲柄、连杆机构
	缸体总成
	配气机构
	润滑系统
变速器及分动器	箱体
	液压元件
	箱内传动部件
	液力变矩器
	轴类齿轮
	阀体

（2）整车三包期内备件质量担保

在整车三包期内，制造商在三包凭证中明示的其他总成或系统，因同一主要备件质量问题更换2次后，仍不能正常使用的，消费者可以选择退货、更换、修理。其中，制造商应明示的其他总成或系统及其主要备件应至少包括表7-2所列出的内容；新能源汽车还应包括表7-3所列出的内容。

表 7-2 其他总成或系统及其主要备件

总成或系统	主要备件
车身（车架）	车身骨架
	纵梁、横梁
	前后车门
	副车架
转向系统	转向机总成
	转向拉杆
	转向柱总成
	转向节
	液压泵、助力电动机
	球头
制动系统	制动主缸
	制动器分缸
	制动器盘（鼓）
	助力器、液压泵、真空泵
	驻车制动器
	液压控制模块
悬架系统	弹簧（螺旋弹簧、扭杆弹簧、钢板弹簧、空气弹簧、液压弹簧）
	控制臂
	稳定杆
前后桥	桥壳
	主减速器、壳体
	传动轴（含半轴）、万向节

表 7-3 新能源汽车还应明示的总成或系统及其主要备件

总成或系统	主要备件名称
电动机	电动机
控制器	整车控制器
	电池组控制器
	电动机控制器
储能装置	电池组
	电容
	压力容器

(3) 损耗件的质量担保

损耗件及其他备件的质量担保期达不到整车三包有效期的,易损耗备件的种类范围、所属的总成或系统、备件名称和质量担保期等三包条款由制造商明示在三包凭证上。家用汽车产品的易损耗备件在其质量保证期内出现产品质量问题的,消费者可以选择免费更换易损耗备件。制造商明示的损耗件及其他备件质量担保期目录及期限应不低于表7-4的要求。

表7-4 损耗件及其他备件质量担保目录及期限

名称	质量担保期
雨刮片	3个月/5 000公里
制动器摩擦片	6个月/1万公里
离合器摩擦片	6个月/1万公里
全车玻璃	3个月/5 000公里
轮胎	3个月/5 000公里
灯泡	6个月/1万公里
保险丝、熔断器	3个月/5 000公里
蓄电池	12个月/2万公里
火花塞	6个月/1万公里

(4) 更换备件担保

更换备件的担保期限以制造商和销售商提供的三包凭证明示为准,制造商和销售商可根据更换备件的各种情况制订不同的更换备件担保期限,但不可不提供更换备件担保。在整车三包期内,更换备件担保的执行应满足以下要求:

1) 若只发生一次备件更换,则质量担保根据更换备件担保期限和三包担保期限中,取有利于消费者的期限原则执行,即发生更换备件担保期执行完毕期限已经超过整车三包期限的情形,以该更换备件担保期为准;

2) 若发生两次及其以上备件更换,且第一次更换备件担保期执行完毕,期限已经超过整车"三包"期限,以第一次更换备件担保期结束时间为准,更换备件担保期不再顺延。

(5) 更换与退货条件

在家用汽车产品三包有效期内,符合本规定更换、退货条件的,消费者凭三包凭证、购车发票等由销售者更换、退货。

1) 家用汽车产品自销售者开具购车发票之日起60日内或者行驶里程3 000公里之内(以先到者为准),家用汽车产品出现转向系统失效、制动系统失效、车身开裂或燃油泄漏,消费者选择更换家用汽车产品或退货的,销售者应当负责免费更换或退货。

2) 在家用汽车产品三包有效期内,发生下列情况之一,消费者选择更换或退货的,销售者应当负责更换或退货:

①因严重安全性能故障累计进行了2次修理,严重安全性能故障仍未排除或者又出现新的严重安全性能故障的;

②发动机、变速器累计更换 2 次后，或者发动机、变速器的同一主要备件因其质量问题，累计更换 2 次后，仍不能正常使用的，发动机、变速器与其主要备件更换次数不重复计算；

③转向系统、制动系统、悬架系统、前/后桥、车身的同一主要备件因其质量问题，累计更换 2 次后，仍不能正常使用的。

4. 出租与营运车辆保修索赔期

对于出租、营运用途的新购汽车的质量担保期；出租、营运车辆为一年或行驶里程 10 万公里，时间数和里程数两者以先到达者为准。

5. 轿车用途变更后的保修索赔

用户变更了所购买的轿车的用途，所购买的轿车仍然享受原来的质量担保期，质量担保的期限和里程不作变更。

6. 担保期内更换原装备件

如果处于质量担保期内的汽车出现了质量问题，对于更换的原装备件，它的质量担保期与整车的质量担保期相同。

四、整车与备件质量担保的条件

1. 质量担保条件

在三包有效期内，汽车产品出现产品质量问题，消费者可按国家有关规定办理免费修理、更换、退货等质量担保事宜，但下列情况除外：

1）未按产品说明书或维修技术要求进行定期检查、保养和调校造成的故障；

2）由于擅自对车辆进行加装、改装以及改变车辆用途导致车辆的故障；

3）因未使用原厂零部件、油液及辅料所产生的故障或使用对汽车有损害的用品导致的故障；

4）超出产品中指定之外的驾驶方法（赛车或汽车拉力赛等）或超出产品技术规格许可范围（如最大容许质量、允许汽油标号、允许胎压范围等）造成的故障；

5）因使用者未按使用说明书要求存放、保管、使用或因环境因素（如烟尘、污染腐蚀物、鼠害）造成的故障；

6）由于自然磨损引起的备件消耗；

7）因自然灾害、火灾、车祸，以及基于这些因素引起的二次损伤而造成的损坏或故障；

8）超出担保期限的故障。已经超过整车三包期限，以第一次更换备件担保期结束时间为准，更换备件担保期不再顺延。

2. 三包凭证

当消费者遗失三包凭证的，销售者、生产者应当在接到消费者申请后 10 个工作日内予以补办。补办后可以继续享有相应权利。如果更换家用汽车产品后，销售者、生产者应当向消费者提供新的三包凭证，家用汽车产品保修期和三包有效期自更换之日起重新计算。在家用汽车产品保修期和三包有效期内发生家用汽车产品所有权转移的，三包凭证应当随车转移，三包责任不因汽车所有权转移而改变。

汽车三包凭证应包括正反两面，其中正面应包括产品信息、产品制造商信息、销售商信息、整车三包期限等信息；背面应列出产品修理商信息和主要总成或系统、损耗件和其他备件的质量担保期限。家用汽车三包凭证正面如图7-1所示，背面如图7-2所示。

制造商信息		
名称：	邮政编码：	
地址：	客户服务电话：	
销售商信息		
名称：	邮政编码：	
地址：	销售日期：	电话：
产品信息		
产品品牌——车辆名称：	型号：	
生产日期：	产品合格证编号：	
车辆类型规格：	发动机型号及编号：	
车辆识别代码（VIN）：	颜色：	
整车质量保证期信息（以先达到者为准）		
整车质量保证期开始日期（或者里程）：×××年××月××日 ××公里		
整车质量保证期终止日期（或者里程）：×××年××月××日 ××公里		

图7-1　家用汽车三包凭证正面

×××修理商信息	
名称：	邮政编码：
地址：	客户服务电话：
×××修理商信息	
名称：	邮政编码：
地址：	客户服务电话：

图7-2　家用汽车三包凭证背面

实施与考核

下面给了一个北京现代汽车的质量质保政策表（表7-5），请进行信息收集后填写，也可以通过网络查询某一具体汽车品牌的质量担保政策，对比国家的政策，看是否不同，不同在哪里？

表 7-5　北京现代汽车的质量担保政策

	类别	政策	适用对象
三包有效期	全系车型		
保修期	新 iX35、索八、全新胜达		
	悦动、朗动、瑞纳、途胜、名驭、伊兰特、雅绅特、i30、iX35		

任务二　汽车整车与备件的保修索赔

学习目标

①掌握汽车保修索赔的范围；
②掌握汽车备件保修索赔相关原则；
③能判断不属于保修索赔范围的备件；
④熟悉索赔员的工作职责与工作流程；
⑤能对索赔件库存与索赔旧件进行合理管理；
⑥了解保修索赔的执行规定。

在质量担保期内，用户在规定的使用条件下使用车辆，由于车辆制造、装配及材料质量等原因所造成的各类故障或备件的损坏，经过特许经销商检验并确认后均由汽车生产企业提供无偿维修或更换相应备件的费用（包括工时费和材料费）。但由于汽车整车与备件的质量原因千差万别，有可能是备件本身的质量问题，也有可能是使用不当，也有可能是疏于管理与保养造成的，在消费者要求进行保修与索赔时，要掌握政策、熟悉流程，准确判断是否在保修索赔范围之内，如果属于索赔范围，明确如何进行质量索赔。

相关知识

一、索赔意义

1）使用户对汽车生产企业的产品满意。
2）使用户对汽车生产企业的特许经销商的售后服务满意。这两个因素是维护公司和产品信誉以及促销的决定因素。

二、索赔条例

1）由于汽车正常行驶而造成的备件的正常磨损，不予办理索赔。
2）由于用户不遵守《使用说明书》及《保养手册》上的相关规定使用汽车，或超负荷使用轿车（如用作赛车），或驾驶习惯不当给汽车备件造成的损坏，不予办理索赔。

3）车辆装上未经汽车生产企业许可使用的备件，或车辆未经生产企业许可改装过，汽车生产企业有权拒绝用户的索赔要求。

4）车辆在非汽车生产企业授权的特许经销商处保养、维修过，不予办理索赔。

5）因为发生过交通事故造成汽车的损坏，不予办理索赔。

6）由于经销商本身操作不当造成的损伤，经销商应承担责任并进行必要的修复。

7）汽车生产企业的售后服务网络必须使用汽车生产企业备件部门提供的原装机油（带有专用包装桶），否则不给予首保费用及办理发动机及相关备件的索赔。

三、保修索赔的前提条件

1）必须是在规定的保修索赔期内。

2）用户必须遵守《保修保养手册》的规定，正确驾驶、保养、存放车辆。

3）所有保修服务工作必须由汽车制造厂设在各地的特约销售服务站实施。

4）必须是由特约销售服务站售出并安装或原车装在车辆上的备件，方可申请保修。

四、保修索赔范围

1）在保修索赔期内，车辆正常使用情况下整车或备件发生质量故障，修复故障所花费的材料费、工时费属于保修索赔范围。

2）在保修索赔期内，车辆发生故障无法行驶，需要特约销售服务站外出抢修，特约销售服务站在抢修中的交通、住宿等费用属于保修索赔范围。

3）汽车制造厂为每一辆车提供两次在汽车特约销售服务站进行的免费保养，两次免费保养的费用属于保修索赔范围。

不同行驶里程免费保养项目举例如下。

1. 2 000公里免费保养项目

①更换机油及机油滤清器。
②检查传动带。
③检查空调暖风系统软管和接头。
④检查冷却液。
⑤检查冷却系统软管及卡箍。
⑥检查通风软管和接头。
⑦清洗空气滤清器滤芯。
⑧检查油箱盖、油管、软管和接头。
⑨检查制动液和软管。
⑩检查、调整驻车制动器。
⑪检查轮胎和充气压力。
⑫检查灯、喇叭、刮水器和洗涤器。

2. 6 000公里免费保养项目

①更换机油及机油滤清器。
②检查冷却液。

③检查冷却系统软管及卡箍。
④检查通风软管和接头。
⑤清洗空气滤清器滤芯。
⑥检查油箱盖、油管、软管和接头。
⑦检查排气管和安装支座。
⑧检查变速器、差速器油。
⑨检查制动液和软管，必要时添加制动液。
⑩检查、调整驻车制动器。
⑪检查、调整前后悬架。
⑫检查、调整底盘和车身的螺栓和螺母。
⑬检查动力转向液，必要时添加。
⑭检查轮胎和充气压力。
⑮检查灯、喇叭、刮水器和洗涤器。
⑯检查空调暖风。
⑰检查空调滤清器。

五、汽车备件保修索赔相关原则

1）索赔包括根据技术要求对汽车进行的修复或更换，更换下来的备件归汽车生产企业所有。

2）经销商从汽车生产企业的备件部门订购的备件在未装车之前发生故障，可以向汽车生产企业的备件部门提出索赔。

3）关于常规保养，汽车生产企业或用户已经支付给经销商费用，经销商有责任为用户的车辆做好每一项保养工作。如果用户车辆在经销商保养后，对保养项目提出索赔要求，应由经销商自行解决。

4）严禁索赔虚假申报，若发生此种情况，责任由经销商承担。

5）严禁使用非原厂备件办理索赔，若发生此种情况，责任由经销商承担。

6）空气滤清器、机油滤清器、燃油滤清器不予索赔。

7）对于汽车使用维护过程中需要进行的调整项目，各汽车生产企业不单独为用户办理索赔项目：

①发动机 CO 值调整，发动机燃油消耗测定；
②发动机正时齿带、压缩机皮带张紧度调整；
③轮胎动平衡检查调整，发动机控制单元基本设定；
④需要使用检测仪器进行的检测调整；
⑤车轮定位参数的调整，大灯光束调整；
⑥汽车行驶超过首保里程，如果空调系统需要加注 R134a（四氟乙烷）的情况。

8）对于蓄电池的索赔：只有蓄电池断格故障才可以提出索赔申请，对于蓄电池电量不足的情况，不能提出索赔申请。

9）对于传动轴总成、空调系统及后桥总成的索赔，汽车生产企业原则上不予受理。

六、保修索赔的执行规定

1）在家用汽车产品保修期内，因产品质量问题每次修理时间（包括等待修理备用件时间）超过 5 日的，应当为消费者提供备用车，或者给予合理的交通费用补偿。修理时间自消费者与修理者确定修理之时起，至完成修理之时止。一次修理占用时间不足 24 小时的，以 1 日计。

2）在家用汽车产品三包有效期内，因产品质量问题修理时间累计超过 35 日的，或者因同一产品质量问题累计修理超过 5 次的，消费者可以凭三包凭证、购车发票，由销售者负责更换。

下列情形所占用的时间不计入上述规定的修理时间：

①需要根据车辆识别代号（VIN）等定制的防盗系统、全车线束等特殊备件的运输时间；特殊备件的种类范围由生产者明示在三包凭证上。

②外出救援路途所占用的时间。

③在家用汽车产品三包有效期内，符合更换条件的，销售者应当及时向消费者更换新的合格的同品牌同型号家用汽车产品；无同品牌同型号家用汽车产品更换的，销售者应当及时向消费者更换不低于原车配置的家用汽车产品。

④在家用汽车产品三包有效期内，符合更换条件，销售者无同品牌同型号家用汽车产品，也无不低于原车配置的家用汽车产品向消费者更换的，消费者可以选择退货，销售者应当负责为消费者退货。

⑤在家用汽车产品三包有效期内，符合更换条件的，销售者应当自消费者要求换货之日起 15 个工作日内向消费者出具更换家用汽车产品证明。

⑥在家用汽车产品三包有效期内，符合退货条件的，销售者应当自消费者要求退货之日起 15 个工作日内向消费者出具退车证明，并负责为消费者按发票价格一次性退清货款。

⑦按照本规定更换或者退货的，消费者应当支付因使用家用汽车产品所产生的合理使用补偿（销售者依照本规定应当免费更换、退货的除外），并按照有关法律法规规定办理车辆登记等相关手续。

合理使用补偿费用的计算公式为：$[（车价款 \times 行驶里程）/1\,000] \times n$。使用补偿系数 n 由生产者根据家用汽车产品使用时间、使用状况等因素在 0.5%~0.8% 范围内确定，并在三包凭证中明示。

家用汽车产品更换或者退货的，发生的税费按照国家有关规定执行。

⑧在家用汽车产品三包有效期内，消费者书面要求更换、退货的，销售者应当自收到消费者书面要求更换、退货之日起 10 个工作日内，做出书面答复。逾期未答复或者未按本规定负责更换、退货的，视为故意拖延或者无正当理由拒绝。

⑨经营者破产、合并、分立、变更的，其三包责任按照有关法律法规规定执行。

七、不属于保修索赔的范围

1）不具有保修保养手册，或保修保养手册上印章不全或发现擅自涂改保修保养手册情况的，汽车特约销售服务站有权拒绝客户的保修索赔申请。汽车制造厂特许经销商处购买的每一辆汽车都随车配有一本保修保养手册，该保修保养手册须盖有售出该车的特许经销商的印章，以及购车客户签名后方可生效。

2）车辆正常例行保养和车辆正常使用中的损耗件不属于保修索赔范围，如：润滑油、机油和各类滤清器，火花塞，刹车片、离合器片，清洁剂和上光剂，灯泡，轮胎，雨刮片。

3）车辆因为缺少保养或未按《保修保养手册》上规定的保养项目进行保养而造成的车辆故障，不属于保修索赔范围。如：未按规定更换变速器油，而造成变速器故障。用户每次做完保养后服务站会在《保修保养手册》规定位置记录下保养情况及盖章，并提醒用户下次保养的时间和内容。

4）车辆不是在汽车制造厂授权服务站维修，或者车辆安装了未经汽车制造厂售后服务部门许可的备件不属于保修索赔范围。

5）用户私自拆卸更换里程表，或更改里程表读数的车辆（不包括汽车特约销售服务站对车辆故障诊断维修的正常操作）不属于保修索赔范围。

6）因为环境、自然灾害、意外事件造成的车辆故障不属于保修索赔范围，如：酸雨、树胶、沥青、地震、冰雹、水灾、火灾、车祸等。

7）因为用户使用不当，滥用车辆（如用作赛车）或未经汽车制造厂售后服务部门许可改装、调整、拆卸车辆而引起的车辆故障不属于保修索赔范围。

8）间接损失不属于保修索赔范围。因车辆故障引起的经济、时间损失（如：租赁其他车辆或在外过夜等）不属于保修索赔范围。

9）由于特约销售服务站操作不当造成的损坏不在保修索赔范围。同时，特约销售服务站应当承担责任并进行修复。

10）在保修索赔期内，用户车辆出现故障后未经汽车制造厂（或汽车特约销售服务站）同意继续使用而造成进一步损坏，汽车制造厂只对原有故障损失（需证实属产品质量问题）负责，其余损失责任由用户承担。

11）车辆发生严重事故时，因用户未保护现场或因丢失损坏备件以致无法判明事故原因，汽车制造厂不承担保修索赔费用。事故原因应经汽车制造厂和有关方面（如保险公司等）鉴定，如属产品质量问题，汽车制造厂将按规定支付全部保修及车辆拖运费用。

12）在家用汽车产品保修期和三包有效期内，无有效发票和三包凭证的，经营者可以不承担本规定所规定的三包责任。

八、其他保修索赔事宜

1. 库存待售成品车辆的保修

对车辆因放置时间较长出现油漆变（褪）色、锈蚀、车厢底板翘曲变形等外观缺陷，由汽车制造厂索赔管理部批准后可以保修。保修工作由汽车制造厂设在各地的特约销售服务站完成。汽车制造厂会派出技术服务代表定期（至少每3个月1次）对中转库和代理商（经销商）展场的车辆进行检查，各地特约销售服务站配合。

2. 保修索赔期满后出现的问题

对于超过保修索赔期而又确属耐用件存在质量问题的车辆，由汽车制造厂技术服务代表和汽车特约销售服务站共同对故障原因进行鉴定，并在征求汽车制造厂索赔管理部同意后方可按保修处理。

3. 更换仪表的特殊事宜

因仪表有质量问题而更换仪表总成的，汽车特约销售服务站应在用户《保修手册》上注明旧仪表上的里程数及更换日期。

4. 故障原因和责任难以判断的问题

对于故障原因和责任难以判断的情况，如用户确实按《使用说明书》规定使用和保养车辆且能出示有关证据，如保养记录、询问驾驶员对车辆性能和使用的熟悉程度等符合规定的车辆，报汽车制造厂索赔管理部同意后可以保修。

九、索赔流程

质量索赔的总体流程，首先由用户向经销商索赔，接下来经销商向汽车生产企业索赔，然后汽车生产企业向备件生产企业索赔。

1. 具体工作流程

1）用户至特约销售服务站报修。

2）业务员根据用户报修情况、车辆状况及车辆维护记录，预审用户的报修内容是否符合保修索赔条件，如不符合请用户自行付费修理。

3）把初步符合保修索赔条件的车辆送至保修工位，索赔员协同维修技师确认故障点及引起故障的原因，并制订相应的维修方案和审核是否符合保修索赔条件。如不符合保修索赔条件通知业务员，请用户自行付费修理。

4）索赔员在确认用户车辆符合保修索赔条件后，根据情况登记车辆相关数据，为用户分类提交索赔申请。特殊索赔需事先得到汽车制造厂索赔管理部审批通过，然后及时给予用户车辆保修。

5）保修结束后，在索赔件挂上《索赔旧件悬挂标签》，送入索赔旧件仓库统一保管。

6）索赔员每天把当天的索赔申请进行统计，填写《索赔申请表》。

7）每月一次在规定时间内向汽车制造厂索赔管理部提交《索赔申请表》。

8）索赔员每月一次按规定时间，把索赔旧件按规定包装，由第三方物流负责运回汽车制造厂索赔管理部门。

9）经汽车制造厂索赔管理部初步审核不符合条件的索赔申请将予以返回，索赔员根据返回原因立即修改，下次提交索赔申请时一起提交，以待再次审核。

10）汽车制造厂索赔管理部对符合条件的索赔申请审核后，将索赔申请结算单返给各特约销售服务站，特约销售服务站根据结算单金额向汽车制造厂索赔管理部进行结算。

2. 售前索赔

通过汽车制造厂检验的车辆，在经过第三方物流、特许商、最终用户的各道接车检查的过程中检查出的一些厂方检漏的质量问题，这些质量缺陷的保修属于售前索赔。

为了规范交接各方检验的程序，分清新车受损的责任方，一般有以下规定。

1）物流商承接新车时，装车前必须认真做好新车交接检序。

特别检查：油漆、玻璃、外装饰件、内饰、轮胎及其外装饰、车附件、工具资料等。如果发现问题，及时请汽车制造厂销售公司解决。检验合格经双方签字确认后，物流商将负责运输全程新车的完好，运输途中造成的一切损失将由物流商承担。

2）经销商承接新车时，必须认真做好新车交接检验程序。

特别注意：油漆、玻璃、外装饰、内饰、轮胎及其外装饰、随车附件、工具资料等，检验合格后经双方签字确认。

3）检验中，发现新车存在制造质量问题，记录在新车交接单上，经双方签字确认。其中发生的维修费用，由经销商提交售前索赔申请，经汽车制造厂索赔管理部审定后予以结算。

4）检验中发现新车存在非制造质量问题，要确认责任人是谁，再进行相关弥补措施。

若属物流商责任，由经销商负责修复，维修费用由物流商当场支付，维修费用按索赔标准结算。若交接双方存在分歧，由当地区域销售经理和区域服务经理现场核定。若区域销售经理和区域服务经理无法及时到达现场，在新车交接单上记录下问题（必要时拍摄照片），并双方签字确认，事后由经销商提交给索赔管理部审定。

5）检验中，发现新车存有不明原因的问题，在新车交接单上记录下问题（必要时拍摄照片）并经双方签字确认，事后由经销商提交给索赔管理部审定。

3. 备件索赔

备件索赔：用户自行付费且在服务站更换的零部件或总成，在保修索赔范围内出现质量故障的情况下，服务站有责任提供备件索赔。提出这类备件索赔，必须在索赔申请表后附带购件发票的复印件。换件修复后还需要在更换备件的付费发票备注栏内，如实写明当时车辆已经行驶的公里数。如图 7－3 所示为一汽大众索赔登记卡。

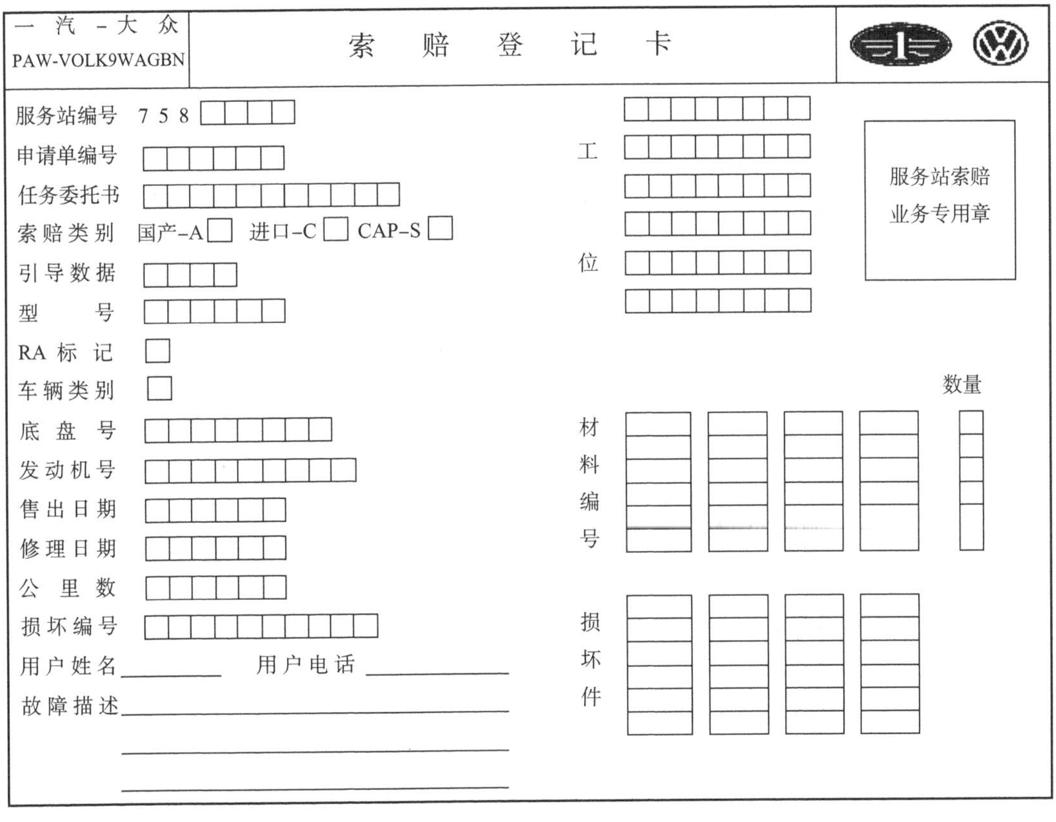
一 汽 － 大 众
PAW-VOLK9WAGBN
索 赔 登 记 卡
服务站编号 7 5 8
申请单编号
任务委托书
索赔类别 国产–A 进口–C CAP–S
引导数据
型 号
RA 标 记
车辆类别
底 盘 号
发动机号
售出日期
修理日期
公 里 数
损坏编号
用户姓名 用户电话
故障描述
工位
服务站索赔业务专用章
数量
材料编号
损坏件

图 7－3 一汽大众索赔登记卡

十、索赔机构

保修索赔机构由汽车制造厂索赔管理部和汽车特约销售服务站索赔员组成。

1. 汽车制造厂索赔管理部

汽车制造厂索赔管理部隶属汽车制造厂的售后服务机构。售后服务机构负责售后业务，主要部门有：售后服务部、备件供应部、索赔管理部。

1）售后服务部主要职能：负责售后服务设备、培训、技术支持、资料手册编辑、特约销售服务站服务工作的协调监督等业务。

2）备件供应部主要职能：负责备件筹集、订单处理、库存管理、备件运送协调、备件价格体系制订、特约销售服务站备件工作协调及监督等业务。

3）索赔管理部主要职能：负责整车、备件保修索赔期内的保修索赔以及再索赔工作。主要包括：索赔工时、故障代码的制订和校核，索赔单据的审核和结算，产品质量信息的收集与反馈，再索赔结算及协调等业务。

2. 索赔员的岗位要求

1）接受过汽车生产企业的技术基础培训、索赔培训，经过汽车生产企业的售后服务部门批准才能从事索赔业务；

2）认真检查索赔车辆，严格执行质量担保条例及有关规定；

3）坚持索赔原则，秉公办事、讲究效率、保证质量、廉洁服务；

4）严格按照产品的技术规范要求对产品质量进行检查、测试和分析，准确判断故障原因、正确填写索赔申请单；

5）了解掌握在使用、维修、保养中出现的问题。对重大、疑难、特殊质量问题要在规定时间内向汽车生产企业反馈；

6）向用户宣传汽车生产企业的产品及维修、保养和正确使用的常识。

3. 索赔员的工作职责

每一位专职索赔员都是汽车制造厂保修索赔工作的代表，其工作职责如下：

1）充分理解保修索赔政策，熟悉汽车制造厂保修索赔工作的业务知识。

2）对待用户要热情礼貌、不卑不亢，认真听取用户的质量报怨，实事求是做好每一辆提出索赔申请故障车的政策审核和质量鉴定工作。

3）严格按照保修索赔政策为用户办理索赔申请。

4）准确、及时地填报汽车制造厂规定的各类索赔表单和质量情况报告，完整地保管和运送索赔旧件。

5）积极向用户宣传和解释保修索赔政策。

6）积极协助用户做好每一次免费保养和例行保养。

7）在用户的保修保养手册上记录好每一次保修和保养情况。

8）严格、细致地做好售前检查。

9）及时准确地向汽车制造厂索赔管理部提交质量信息报告。重大质量问题及时填写《重大故障报告单》，传真给汽车制造厂索赔管理部。

4. 索赔员的工作内容

1）负责首保相关业务的办理工作；

2）处理索赔业务；说明：经销商索赔员在管理工作中，如果遇到了突发的批量索赔，需要将信息通报给经销商的技术经理，由技术经理确认故障问题，并在索赔网络系统中填报《车辆信息反馈单》；

3）索赔件管理；

4）索赔员的岗位工作内容如图7-4所示。

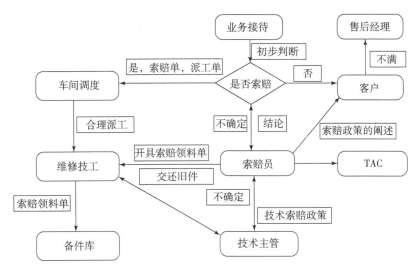

图7-4 索赔员的岗位工作内容

5. 索赔处理程序

1）汽车制造厂家对其所属汽车特约服务站的备件索赔管理规定有下列几种情况。

①因备件价格错误产生的索赔与备件分部销售人员联系。

②备件索赔一般应有备件分部备件索赔申请单、照片、运输商提供的货损证明等，才能办理备件索赔。

③备件索赔件在未得到要求发回或销毁前，一律放在备件仓库索赔区的货架上，并应有明显的索赔件标签。

2）汽车特约服务站在接受用户的保修索赔要求时，遵照以下工作流程进行。

①用户到特约服务站报修。

②业务员根据用户报修情况、车辆状况及车辆维护记录，预审用户的报修内容是否符合保修索赔条件（特别要检查里程表的工作状态），如不符合请用户自行付费修理。

③初步符合保修索赔条件的车辆送至保修工位，索赔员协同维修技师确认故障点及引起故障的原因，并制订相应的维修方案和审核是否符合保修索赔条件。如不符合保修索赔条件通知业务员，请用户自行付费修理。

④索赔员在确认用户车辆符合保修索赔条件后，根据情况登记车辆相关数据，为用户分类提交索赔申请。特殊索赔需事先经汽车制造厂索赔管理部审批通过，然后及时给予用户车辆保修赔偿。

⑤保修结束后，在索赔件上挂上"索赔旧件悬挂标签"，送入索赔旧件仓库统一保管。
⑥索赔员每天要统计当天的索赔申请，填写索赔申请表。
⑦每月一次在规定时间内向汽车制造厂索赔管理部提交索赔申请表。
⑧索赔员每月一次在规定时间内，按规定包装索赔件（见索备件处理规定），由第三方物流负责运回汽车制造厂索赔管理部。
⑨经汽车制造厂索赔管理部进行初步审核，不符合条件的索赔申请将予以返回，索赔员根据返回原因立即修改，下次提交索赔申请时一起提交，以待再次审核。
⑩汽车制造厂索赔管理部对符合条件的索赔申请审核完成后，将索赔申请结算单返给各特约服务站，特约服务站根据结算单金额向汽车制造厂索赔管理部进行结算。

十一、各机构工作职责

1. 汽车制造厂的工作职责

1）建立汽车特约销售服务站，对特约销售服务站的人员进行培训，帮助特约销售服务站提高技术水平和管理水平。

2）向各区域派出汽车制造厂的技术服务代表，检查各特约销售服务站保修索赔的执行情况，评估各特约销售服务站索赔员的业务能力。

3）遇到疑难问题，汽车制造厂将通过函电指导或派代表及技术人员现场提供技术支持。

4）特约销售服务站在保修索赔服务中如被发现有欺骗行为（如伪造索赔单等），汽车制造厂将拒付索赔费，并视情节给予罚款处理，直至取消其索赔资格。如造成了严重的社会影响，将追究其责任。

2. 汽车特约销售服务站工作职责

1）向所有符合保修索赔条件的用户提供满意的保修索赔服务。

2）必须按汽车制造厂的规定配置相关的硬件和软件。
①硬件：专用质量鉴定设备、索赔申请提交设备、专职人员、专用仓库等。
②软件：电脑管理软件、专业培训、专业鉴定技术等。

3）贯彻汽车制造厂保修索赔政策，实事求是为用户提供保修索赔服务，既不可推脱责任，也不可为用户提交虚假的索赔申请。

4）特约销售服务站在进行保修索赔工作中，首选的措施是有效地调整和维修，当调整和维修无法达到应有的技术要求时可以更换必要的零件或总成。

5）特约销售服务站有责任配合汽车制造厂处理好用户的质量投诉。

6）为了提高产品质量，特约销售服务站应按规定向汽车制造厂索赔管理部提供有效的质量情况反馈。

7）妥善保管在索赔服务中更换的备件，严格执行汽车制造厂的索赔旧件管理制度。

3. 汽车经销商工作职责

1）执行汽车制造厂的新车交付验收标准，出现疑问，及时向汽车制造厂反映。

2）执行汽车制造厂新车仓库管理制度，按规定做好新车保养。

3）及时向汽车制造厂技术服务代表或汽车制造厂索赔管理部反馈车辆库存中的质量信

息，避免因延误处理而产生不应有的质量损失。

4）如果因车辆移动造成的事故，或者因保管不善造成备件丢失或损坏，经销商应负责将车辆恢复到符合技术标准的状态，不得向用户出售不合要求的车辆。

5）及时向汽车制造厂反映用户的意见或要求，协助汽车制造厂处理市场反馈的产品质量信息。

6）帮助汽车制造厂建立与用户的联络渠道，共同提高对用户的服务能力和水平。

十二、索赔件的管理

1. 索赔件库的管理

1）汽车生产企业的特许经销商的索赔件库为独立库房（独立区间），不得与其他厂家产品混放，如图7-5所示。

2）索赔件应分区、分类存放，国产、进口件分开存放。

3）索赔件库存放的索赔件应为近一个月以内的索赔件。

4）索赔件必须粘贴或拴挂相应的条形码。

5）索赔件库货架上应粘贴相应的分类、分组标签。

2. 索赔件的管理

（1）索赔旧件处理规定

1）被更换下来的索赔旧件的所有权归汽车制造厂所有，各特约销售服务站必须在规定时间内按指定的方式将其运回汽车制造厂索赔管理部。

图7-5　索赔件库

2）更换下来的索赔旧件应挂上索赔旧件悬挂标签，保证粘贴牢固并按规定填写好标签，备件故障处需要详细填写，相关故障代码和故障数据需填写完整。索赔旧件悬挂标签由汽车制造厂索赔管理部统一印制，特约销售服务站可以向索赔管理部申领。

3）故障件的缺陷、破损部位一定要用红色或黑色不易脱落颜料或记号笔做出明显标记。

4）应尽可能保持索赔旧件拆卸下来后的原始故障状态，一般规定不可分解的备件不可擅自分解，否则将视作该备件的故障为拆卸不当所致，不予索赔。

5）旧机油、变速器油、制动液、转向助力液、润滑油脂、冷却液等不便运输的索赔旧件无特殊要求不必运回，按当地有关部规定自行处理（应注意环保）。

6）在规定时间内将索赔旧件运回。回运前索赔员需要填写索赔件回运清单，注明各索赔旧件的装箱编号。索赔旧件必须统一装箱，箱子外部按规定贴上索赔旧件回运装箱单并把箱子封牢固。

7）汽车制造厂索赔管理部对回运的索赔旧件进行检验后，存在问题的索赔申请将返回或取消。

8) 被取消索赔申请的旧件，各特约销售服务站有权索回，需承担相应运输费用。

(2) 索赔旧件悬挂标签的填写与悬挂要求

1) 应在悬挂标签上如实填写所有内容，保证字迹清晰和不褪色。

2) 如果遇到特殊索赔，在悬挂标签备注栏内一定要填写授权号。

3) 所有标签应该由索赔员填写并加盖专用章。

4) 保证一物一签，物和签要对应。

5) 悬挂标签一定要固定牢固。如果无法悬挂的，则用透明胶布将标签牢固粘贴在索赔件上，同时保证标签正面朝外。

(3) 索赔件的清洁和装运要求

1) 发动机、变速器、转向机、制动液罐等内部的油液全部放干净，外表保持清洁。

更换下来的索赔旧件必须统一装箱，即相同索赔件集中装在同一包装箱内。在每个包装箱外牢固粘贴上该箱索赔件的索赔旧件回运装箱单。注明装箱号与索赔件的备件编号、备件名称和备件数量，在规定时间由物流公司返运到汽车制造厂索赔管理部。

2) 各个装箱清单上的索赔件种类和数量之和必须与索赔件回运清单上汇总的完全一致。

3) 索赔件回运清单一式三联，经物流公司承运人签收后，第一联由特约销售服务站保存，第二联由物流公司保存，第三联由物流公司承运人交索赔管理部。

3. 索赔件的操作规范

(1) 索赔条形码拴挂要求

先将索赔条形码放在索赔件挂签塑料卡内，再将挂签拴挂到索赔件上。将索赔卡牢固拴挂在索赔件上，方法是先找带有小孔处、找可拴挂的闭环处，可拴挂的凹凸不平柱形的凹处，用胶带、绳、铁丝制成闭环来拴挂索赔件挂签等，如图7-6所示。

图7-6 条形码的标签的拴挂

(2) 索赔件的操作规范——捆绑

一张索赔申请单申报索赔数量为两件以上。邮寄索赔件时，必须将索赔件捆绑在一起，并且保证能直观地看到厂家代码、厂标、生产日期等标记。捆绑材料：对轻、软、钝的索赔件可用绳或胶带捆绑；对重、硬、锐索赔件用铁丝拴捆。

(3) 索赔件的操作规范——清洗要求

凡是存有机油、汽油、冷却液等液体的索赔件必须将其放干净。适合该要求的索赔件有：发动机、变速器、汽油箱、汽油泵、水箱、冷却液罐、动力转向机、转向助力泵、转向助力油罐、制动分泵等。

凡是索赔件粘有油污、泥土等污物，必须清洗干净。适合该要求的索赔件有：发动机总成及散件，变速器总成及散件，汽油箱，减震器，内、外等速万向节及护套，转向机，消音器等。

(4) 索赔件的操作规范——发运

1) 服务站将贴好条形码或拴挂好条形码挂签的索赔件，分类装箱（奥迪、宝来件单独装箱并贴好标签）并附有"服务站索赔件返回装箱清单"（A4 纸打印），装箱单一式两份，一份给中转库，一份存档；要求用中铁快运的方式，如距离较近的也可用其他方式运送，但必须有专人负责。

2）关于电瓶、玻璃的特殊说明：非铁路运输必须送到，另外如通过铁路运输可不返回，销毁处理需征得售后服务科有关人员同意。

实施与考核

一、技能学习

1. 一汽大众汽车有限公司产品质量担保条件

整车质量担保起始时间为（以捷达为例）：汽车自购买之日［以 PDI（Pre Delivery Inspection，出厂检查）日期为准］起。

1）属出租营运用的新购捷达车质量担保期为 12 个月或 10 万公里（以先达到者为准）；

2）除出租营运外的所有其他用途新购捷达车质量担保期为 24 个月或 6 万公里（以先达到者为准）；

3）质量担保期内若用户变更轿车用途，轿车享受原质量担保期，期限和里程不作变更；

4）备件质量担保自从一汽大众特约服务站购买（以发票为准）、安装之日起，12 个月或 10 万公里（以先达到者为准）；

5）在此期间车辆出现的质量问题用户有权向一汽大众特约经销商提出索赔，经销商对其故障零部件应立即修复或更换，更换下的索赔件归一汽大众汽车有限公司所有。

2. 捷达特殊件的质量担保期（以先达到者为准）

控制臂球头销	12 个月或 6 万公里
前后减震器	12 个月或 6 万公里
等速万向节	12 个月或 6 万公里
喇叭	12 个月或 6 万公里
蓄电池	12 个月或 10 万公里
氧气传感器	12 个月或 7 万公里
防尘套（横拉杆、万向节）	12 个月或 6 万公里
三元催化转换器	24 个月或 5 万公里

二、任务实施与考核

1）训练任务描述见表 7-6。

2）学生自由组合分组，分别互相扮演一位出租车的顾客及大众汽车索赔员，模拟业务接待洽谈现场，对车辆部分指定备件进行售后服务索赔工作。在熟练掌握上述知识与技能的前提下，完成相应工作单。

3）学生根据业务洽谈的工作单的记录，填写表 7-7 一汽大众汽车索赔登记卡、表 7-8 经销商备件索赔申请单。

表7-6 训练任务描述

用户名称	大众出租公司	故障描述	右后减震器漏油更换
用户电话	028-86668225	公里	58 900
型号	普通两阀电喷（CiX）	发动机号	ATK206863
底盘号	20004781	损坏件编号	81-4901-557-476
购车日期	2003-07-24	材料编号	1GD 513 033 C
修理期	2004-01-18	厂家代码	VW 159C

如图7-7所示为损坏件及其编号与厂家代码。

图7-7 损坏件及其编号与厂家代码

表7-7 一汽大众汽车索赔登记卡

服务站编号			
申请单编号			
任务委托书		工位	
索赔类别	国产、进口、CAF-S		
引导数据			
型号			
RA标记		材料编号1	
车辆类型		数量	
底盘号		损坏件1	
发动机号		材料编号2	
售出日期		数量	
公里数		损坏件2	
损坏编号		材料编号3	
用户姓名		数量	
用户电话		损坏件3	
故障描述			

表7-8 经销商备件索赔申请单

单位全称：		单位代码：		联系人：		申请单编号：		填写日期：				
领导签字/盖章：								联系电话：				
填单日期：	年	月	日	第1页（共1页）								
序号	备件编号	备件名称	订货日期	清单号	订货数量	发货数量	到货差异	错发数量	质量不合格数量	损坏数量	单价/元批发含税价	原发货方式	备注

任务三 质量情况反馈

① 了解质量检查小组的构成与具体工作内容；
② 掌握质量反馈的内容；
③ 掌握故障报告的内容与作用；
④ 能够填写市场质量信息报表与传递表；
⑤ 能够进行质量信息的重要度判断；
⑥ 能够进行质量信息的紧急程度判断；
⑦ 熟悉缺陷汽车产品召回的认定；
⑧ 掌握汽车产品召回的鼓励政策与隐瞒处罚条例。

任务分析

索赔员在验收故障件时，发现某个品种的故障件返回数量变化很大时，应及时填写《市场质量信息报表》，并传递到上级管理部门。

相关知识

汽车制造企业为了掌握第一手的客户信息、质量信息以及客户对汽车制造厂质量、服务评价的信息，会要求其特约销售服务站定期对相关信息进行反馈。

一、质量检查小组

1. 构成

售后服务经理、索赔员、服务顾问、备件管理员、车间主任和技术骨干。

2. 具体工作

对进入特约销售服务站维修的所有车辆的质量信息进行汇总研究、技术分析,进行故障排除试验,并向汽车制造厂索赔管理部定期做出反馈。

3. 对口部门

汽车制造厂售后服务部,接到反馈信息后会定期发布技术通信和召开质量、技术研讨会。

4. 保障措施

汽车制造厂索赔管理部把质量情况反馈工作作为对特约销售服务站年终考核的一项标准,并对此项工作做得出色的站点加以奖励。

二、质量反馈内容

1)对车辆在库存或销售环节中出现的市场质量问题,应及时、完整、准确地填写市场质量信息报表,向技术管理室反馈。某品牌汽车市场质量信息报表见表7-9。

2)在汽车售后服务(包括质量保修期外的售后服务)过程中发现的市场质量问题进行反馈。

3)重大安全故障:会造成人身安全事故及火灾的故障或者造成人身安全事故及火灾的可能性极高的故障;不符合安全标准、法规的故障。

4)重要功能故障:极端的情况下会造成人身安全事故、火灾;不符合安全标准、法规的故障;造成无法驾驶的故障或不能满足应有的功能。

5)批量故障:出现故障数量较多、较频繁的故障。

6)有改善价值的建议:用户对车辆某些方面操作不方便、使用不舒适的意见,或对颜色、配置等外观、规格不满意的意见。

7)新车型的故障:新车型上市后,半年内出现的所有市场质量问题。

8)在市场上第一次遇到的质量问题。

9)更换主因部件的同时连带更换的故障件。

10)更换故障件的同时需更换的油、液、剂等。

11)公司已经下发通知,明确要求经销商统一处理的批量市场质量问题。除非改善后的产品再次出现质量问题。

12)车辆的强制保养和定期保养。

13)市场质量调查中,给车辆更换的备件。

14)仅以赔偿或补偿为目的的信息,如:要求额外的赔偿或补偿费用等。

15)无技术价值的信息,如:备件的自然老化、备件的正常磨损、车辆性能的自然衰退、空调冷煤自然泄漏等。

16)错误的信息,如:故障内容和故障件不一致等。

以上内容第1)到第8)项内容需要填写市场质量信息报表,而第9)到16)项内容不需要填写。

表 7-9 某品牌汽车的市场质量信息报表

经销商代码				经销商名称				
填报人				联系电话				
故障名称				车型				
VIN 代码				出厂日期		年	月	日
发动机号				购买日期		年	月	日
行驶里程			km	故障日期		年	月	日
发动机类型	□汽油 □柴油 □CNG □LPG □电动 □2气门 □4气门 □涡轮增压			车身	□2门 □3门 □4门 □5门			
驱动方式	□2WD □4WD □3AT □4AT □MT □AMT			装备	□空调 □电动窗 □中控锁 □动力转向 □ABS □安全气囊			

问题描述及状态	条件及现象（时间/地点/状况）					用途	□客运 □轻载 □家用 □定载 □出租 □超载 □长距离运输 □其他	
	道路状况	温度/时间	发生时机/速度		雨水状况		平时使用状况	
	□市区 □铺装路 □郊外 □凸凹路 □高速路 □平路 □山路 □沙石路 □上坡 □泥路 □下坡 □新雪路 □弯道 □压雪路 □泥路	□酷暑 □寒冷 □-20℃以下 □冷机 □暖机 □早晨 □白天 □夜晚	□起动时 □起动后 □起步时 □加速时 □匀速时 □减速时 □制动时 □停止间隙 □空闲期间	□高速行驶后 □左转向时 □右转向时 □交通阻塞时 □40km/h 以下 □40km/h 以上 □80km/h 以上	□小雨 □大雨 □降雨后 □洗车后 □深水路行驶中 □深水路行驶后 空调状态 □ON □OFF		□冷机起动后就起步 □暖机后起步 □经常短距离行驶 □连续高速行驶 □无不必要的空闲 □仅夜间使用 □长时间放置 □白天开灯行驶	

诊断结果及处理方法	状况（检查结论）：					
	处理方法（维修内容）：					
	主因部件	部件名称		重要度判定		□A □B □C
		责任单位				

补充说明	

照片说明：		
序号	照片	具体说明

三、故障报告

故障报告是备件厂方获得使用质量信息的最重要来源，在技术上比索赔申请报告更能准确地反映情况，并且信息反馈速度快。通过维修站获取质量反馈信息是最为简便、快捷的方法。通过分析和总结反馈信息，有助于供货厂家对产品设计做出更改或是在售后服务领域内采用新的故障解决方法。

所有的质量问题均应填写故障报告，并在规定时间内与供货厂家联系。如××汽车厂要求故障报告直接寄往××汽车厂售后服务科，每星期至少一次，以尽量避免时间上的浪费。准确、及时的故障报告信息，同时也是向各维修站发放技术信息的信息来源和基础。

1. 重大故障报告

各特约服务站在日常工作中如遇重大车辆故障，必须及时、准确、详尽地填写重大故障报告单，立即传真至汽车制造厂索赔管理部，以便汽车制造厂各部门能及时做出反应。重大故障包括：

影响车辆正常行驶的，如动力系统、转向系统、制动系统的故障；

影响乘客安全的，如主、被动安全系统故障，轮胎问题，车门锁止故障等；

影响环保的故障，如排放超标、油液污染等。

2. 常见故障报告和常见故障避除意见

各特约服务站应坚持每月底对当月进厂维护的所有车辆产生的各种故障进行汇总，统计出发生频率最高的十项故障点或故障件，并对其故障原因进行分析，提出相应的故障避除意见。各站需在每月初向汽车制造厂索赔管理部提交上月的常见故障反馈报告和常见故障避除意见。

3. 用户质量信息反馈

各特约服务站在用户进站维修、电话跟踪等与用户交流过程中，应积极听取用户对汽车制造厂的意见，并做如添加某些设备、某处不够美观等建议。各站需以季度为周期，在每季度末提交用户情况反馈表。为了尽快找出损坏的原因，填写故障报告时，作为证明应将损坏件保存起来。

在质量担保期内，如果车辆的备件确实出现质量问题，厂家特约服务站一般都会给予索赔，所以，用户一旦在索赔问题上与特约服务站出现分歧时，应该冷静地协商解决。汽车制造厂商有热线服务电话，用户可以拨打电话如实地说明情况，一般都会得到满意的答复。

如果通过上述途径问题仍得不到解决，用户也可以到当地消费者协会投诉，请消费者协会出面进行协调。若消费者协会不能使纠纷双方达成调解协议，用户可向当地人民法院提出诉讼。

四、质量反馈信息重要程度的判断标准

1. 重要度等级规定

市场质量信息的重要度分为A、B、C三个等级，由技术管理室审核，确保市场质量信息的完整、详细、准确，剔除不符合要求、不完整的、描述不清的、无价值的、错误的质量

信息。市场质量信息内容的重要度区分见表 7-10。

表 7-10 市场质量信息内容的重要度区分

A	1. 会造成人身安全事故及火灾的故障; 2. 或者造成人身安全事故及火灾的可能性极高的故障; 3. 不符合安全标准、法规的故障
B	1. 极端的情况下会发展成与 A 类同样情况的故障; 2. 虽然这种可能性较低,但是用户能够预见的故障; 3. 不会造成人身安全事故,但可能会造成无法驾驶的故障
C	1. 未满足应有的功能,但对驾驶无大的妨碍; 2. 造成维修次数增加或降低使用寿命; 3. 造成使用、操作等不方便、不舒适; 4. 与形状、色彩等外观、规格相关

1) 以下情形,应填写市场质量信息传递单:
①重要度 A 级的市场质量信息,并经详细的实物调查、现场调查、故障确认。
②重要度 B 级、每月质量问题件数率超过 0.2% 或能预见其发生情况的市场质量信息。
③重要度 C 级、每月质量问题件数率超过 0.2% 或能预见其发生情况的市场质量信息。
④重要度为 B 或 C 级,并严重阻碍销售的市场质量信息。
某品牌汽车的市场质量信息传递单见表 7-11。

2) 以下信息,不需要填写市场质量信息传递单:
①市场质量信息不明确的。
②以前类似质量问题填报过市场质量信息传递单。
③经过调查,在使用上没有问题或非多发性质量问题。

2. 市场质量信息传递单紧急程度判定标准

1) 以下市场质量信息,紧急程度为红色:
①诱发直接事故及火灾,或诱发可能性极大。
②不符合销售地的法规。
③与行驶、安全、制动、转向有关的基本机能丧失,或致使丧失的可能性极大。
④安全装备的机能丧失,或致使丧失的可能性极大。

2) 以下市场质量信息,紧急程度为橙色:
①车辆重要备件的主要性能衰退、丧失,且批量发生。
②车辆的内饰、外观,且批量发生,对销售影响较大。
③造成更换频率增加,明显增加索赔成本。
④用户投诉、抱怨较多,对销售影响较大。

3) 以下市场质量信息,紧急程度为黄色:
①个别车辆重要部件的主要性能衰退、丧失。
②个别车辆的内饰、外观,影响该台车的正常销售。
③引起使用、操作不便或不舒服。
④保养频度增加,或降低寿命。

⑤形状、颜色等外观不良，规格错误。

表7-11 某品牌汽车的市场质量信息传递单

车型		VIN 代码	
行驶里程		发动机号	
出厂日期		销售日期	
故障名称		故障日期	
用户名称		联系电话	

发送	呈报： 发送：

质量问题描述及状态	条件及现象 （时间/地点/状况） 重复性：□一直 □经常 □有时 □偶尔 □无			用途	□客运 □其他 □家用 □定载 □出租 □超载 □长距离运输 □轻载
	道路状况	温度/时间	发生时机/速度	雨水状况	平时使用状况
	□市区 □铺装路 □郊外 □凸凹路 □高速路 □平路 □山路 □沙石路 □上坡 □泥路 □下坡 □新雪路 □弯道 □压雪路 □泥路	□酷暑 □寒冷 □-20℃以下 □冷机 □暖机 □早晨 □白天 □夜晚	□起动时 □高速行驶后 □起动后 □左转向时 □起步时 □右转向时 □加速时 □交通阻塞时 □匀速时 □40km/h 以下 □减速时 □40km/h 以上 □制动时 □80km/h 以上 □停止间隙 □空闲期间	□小雨 □大雨 □降雨后 □洗车后 □深水路行驶中 □深水路行驶后 空调状态 □ON □OFF	□冷机起动即起步 □暖机后起步 □经常短距离行驶 □连续高速行驶 □无不必要的空闲 □仅夜间使用 □长时间放置 □白天开灯行驶

检查情况及处理方法	检查情况：				
	处理方法：				
	主因部件	部品名称		紧急程度	□红色 □橙色 □黄色
		责任单位			

补充说明	类似车辆

编制		校对		审核		审定	

发送	呈报： 发送：

五、缺陷汽车产品召回管理

《缺陷汽车产品召回管理规定》由国家质量监督检验检疫总局、国家发展和改革委员会、商务部、海关总署联合制定，2004年3月15日正式发布，10月1日起开始实施。《缺陷汽车产品召回管理规定》是我国以缺陷汽车产品为试点首次实施的召回制度。

1. 消费者有权提出建议

1）根据规定，消费者或车主发现汽车可能存在缺陷，有权向主管部门、有关制造商、销售商、租赁商或者进口商投诉或反映汽车产品存在的缺陷，并可向主管部门提出开展缺陷产品召回的相关调查的建议。

2）车主应当积极配合制造商，进行缺陷汽车产品召回。

3）对于明知有缺陷却隐瞒不报的汽车制造商，主管部门除责令其进行召回外，还要向社会公布曝光，并依情节轻重处以相应数额的罚款。

2. 缺陷汽车产品召回

（1）缺陷汽车产品召回概念

缺陷汽车产品召回指按照规定程序，由缺陷汽车产品制造商（包括进口商）选择修理、更换、收回等方式消除其产品可能引起的人身伤害、财产损失的缺陷过程。

（2）缺陷范围

缺陷指的是由于设计、制造等方面的原因而在某一批次、型号或类别的汽车产品中普遍存在的具有同一性的危及人身、财产安全的危险。

3. 汽车产品缺陷的认定

依据新颁布的《缺陷汽车产品召回管理规定》对于汽车产品缺陷的认定由专门成立的专家委员会负责。专家委员会：由质检总局确定。专家委员会成员是具有客观性、公正性的检验机构或组织，通常被委托进行有关汽车产品缺陷的调查。

4. 汽车制造商隐瞒缺陷将受到惩处

新颁布的《缺陷汽车产品召回管理规定》为企图隐瞒缺陷的汽车制造商制订了惩处办法，除必须重新召回，通报批评外，还将被处以1万元以上3万元以下罚款。

制造商发生下列三种情况将受到惩处：

1）制造商故意隐瞒缺陷的严重性。

2）制造商试图利用本规定的缺陷汽车产品主动召回程序，规避主管部门监督。

3）由于制造商的过错致使召回缺陷产品未达到预期目的，造成损害再度发生。

另外规定：

1）制造商拒不执行指令召回的，将被暂停或收回汽车产品强制性认证证书。

2）对境外生产的汽车产品，将停止办理缺陷汽车产品的进口报关手续。在缺陷汽车产品暂停进口公告发布前，已经运往我国尚在途中的，或已到达我国尚未办结海关手续的缺陷汽车产品，应由进口商按海关有关规定办理退运手续。

5. 国家鼓励汽车制造商主动召回缺陷汽车

主动召回是世界汽车制造商的普遍做法，汽车制造商对缺陷汽车实施主动召回是企业诚信的表现。

汽车企业对缺陷产品召回，特别是企业对有缺陷的汽车产品的主动召回行动，不但不会影响企业在公众中的信誉，反而还会提升企业的信誉，给消费者和全社会留下负责守信的美名。

这种行动的带动和辐射作用还可以影响到其他行业，带动全社会诚信水平的提高。

6. 消费者不承担召回费用

国家质量监督检验检疫总局有关负责人明确表示：召回对消费者是免费的。汽车召回是以消除缺陷、避免伤害为目的，一般召回是以更换、修理缺陷备件为主要特征，具体召回活动由制造商组织完成并承担相应费用。

7. 召回不等于退换

缺陷汽车被召回并不等于旧车退还厂家，再换新车。召回所说的缺陷是指由于设计、制造等方面的原因在某一批次、型号或类别的产品中普遍存在的同一缺陷，这种缺陷更多地表现为潜在的隐患。召回是针对群发性的故障，而不是偶然性造成的个案。产品某一方面有缺陷，并不意味着产品整体不好。车主在遇到召回时，应当积极配合企业工作，在规定的时间到指定的地点做必要的维修。

8. 召回彰显公共安全至上

《缺陷汽车产品召回管理规定》宗旨是加强对缺陷汽车产品召回事项的管理，消除缺陷汽车产品对使用者及公众人身、财产安全造成的危险，维护公共安全、公众利益和社会经济秩序。

9. 缺陷汽车召回案例

丰田公司迫于美国的压力，于2009年11月25日首次决定在美国召回426万辆汽车。随后，丰田公司宣布召回包括欧美、中国在内的凯美瑞、卡罗拉、RAV4、汉兰达等车型共近800万辆，超过了2009年该公司698万辆的全球销量。

由于安全带螺栓存在故障，奔驰将在美国召回272辆2013款奔驰GL级车，其中包括2013款奔驰GL3 AMG、GL350 Blue Tec、GL450 4Matic和GL550 4Matic等车型。

据质检总局等部门发布的数据显示，自我国2004年开始实施汽车召回制度至2011年年底，共实施召回419次，累计召回缺陷汽车产品621.1万辆。仅在2011年就实施召回82次，召回了超过180万辆车。

专家分析称，近年来我国汽车召回数量虽有上涨，但明显落后于发达国家。如2009年，美国新车销售1 043万辆，召回1 784万辆；日本新车销售460万辆，召回311万辆；中国新车销售1 364万辆，仅召回136万辆。

实施与考核

学生自由组合分组，分别互相扮演质量工作小组成员、索赔员及售后服务人员，模拟质量检查进行市场质量信息报表的填写，填写表7-9。教师根据完成的情况完成考核表7-12。

表 7-12　教师考核记录表

实训项目：　　汽车备件售后服务认知　　

班级		学号		姓名	
项目	工作表现			分值	评分
与客户沟通情况				10	
工作态度				10	
工作单填写情况				30（工作单成绩折算）	
检查任务完成情况	1. 建立客户档案卡片 2. 对客户资料进行分类管理 3. 跟踪回访客户 4. 提高客户忠诚度			40	
是否自主学习查阅相关资料				10	
总分					

教师签字：
　　　年　　月　　日

思考与练习

一、选择题

1. 缺陷指的是由于设计、制造等方面的原因在某一批次、型号或类别的汽车产品中（　　）存在的具有同一性的危及人身、财产安全的危险。
　　A. 普遍　　　　　　B. 偶尔　　　　　　C. 永不

2. 召回对消费者是免费的。汽车召回是以消除缺陷、避免伤害为目的，一般召回是以更换、修理缺陷备件为主要特征，具体召回活动由（　　）完成并承担相应费用。
　　A. 制造商　　　　　B. 销售商　　　　　C. 消费者

3. 会造成人身安全事故及火灾的故障重要度为（　　）。
　　A. A 级　　　　　　B. B 级　　　　　　C. C 级

4. 汽车生产企业的特许经销商的索赔件库为独立库房（独立区间），（　　）与其他厂家产品混放。
　　A. 不得　　　　　　B. 可以　　　　　　C. 必须

5. 通过汽车制造厂检验的车辆，在经过第三方物流、特许商、最终用户的各道接车检查的过程中检查出的一些厂方检漏的质量问题，这些质量缺陷的保修属于（　　）索赔。
　　A. 售前索赔　　　　B. 售后索赔　　　　C. 配件索赔

6. 不具有保修保养手册，或保修保养手册上印章不全或发现擅自涂改保修保养手册情况的，汽车特约销售服务站（　　）客户的保修索赔申请。
　　A. 同意　　　　　　B. 拒绝　　　　　　C. 有权拒绝

7. 车辆正常例行保养和车辆正常使用中的（　　）件不属于保修索赔范围。

    A. 损耗　　　　　　B. 钣金　　　　　　C. 电器

  8. 用户每次做完保养后服务站会在（　　）规定位置记录下保养情况并盖章，并提醒用户下次保养的时间和内容。

    A. 保修保养手册　　B. 用户质量手册　　C. 产品说明书

二、填空题

  1. 家用汽车产品保修期限不低于（　　）年或者行驶里程（　　）公里，以（　　）者为准；家用汽车产品三包有效期限不低于（　　）年或者行驶里程（　　）公里，以（　　）者为准。家用汽车产品保修期和三包有效期自销售者开具购车发票之日起计算。

  2. 备件索赔一般应有备件（　　）、（　　）、运输商提供的（　　）等，才能办理备件索赔。

  3. 索赔件在未得到要求发回或销毁前，一律放在（　　）的货架上，并应有明显的索赔件标签。

  4. 在保修索赔期内，车辆正常使用情况下整车或备件发生质量故障，修复故障所花费的（　　）费、（　　）费属于保修索赔范围。

  5. 在保修索赔期内，车辆发生故障无法行驶，需要特约销售服务站外出抢修，特约销售服务站在抢修中的（　　）、（　　）等费用属于保修索赔范围。

  6. 汽车制造厂为每一辆车提供两次在汽车特约销售服务站进行免费保养，两次免费保养的费用（　　）保修索赔范围。

  7. 企图隐瞒缺陷的汽车制造商，除必须重新召回车辆，通报批评外，还将被处以（　　）万元以上（　　）万元以下罚款。

三、简答题

  1. 汽车的保修索赔范围包括什么？

  2. 哪些不属于保修索赔范围？

  3. 索赔件如何管理？

  4. 整车的质量担保期是什么？主要配件的质量质保期是什么？出租车的质量担保期是什么？

  5. 索赔的处理程序是什么？

四、案例分析题

  1. 王女士不久前刚刚买了一辆新车，这让她着实高兴了一阵儿。可是拥有新车的喜悦劲儿还没有过去，烦恼就随之而来了。一次王女士开车回家，转弯时突然听见右前轮处有"咯嘣、咯嘣"的异响。开到特约服务站检查，发现右前轮处的球笼防尘套已经破损，进入其中的泥沙使球笼磨损严重，已经不能使用了。王女士要求索赔，免费更换球笼和防尘套，但是特约服务站的索赔员鉴定后认为，球笼防尘套的破损处为三角口，是铁丝等尖锐物体刮扯造成的，不属于防尘套本身的质量问题，所以由此造成的损失不予索赔。得不到索赔的王女士非常困惑，她不明白为什么自己不能行使索赔的权利，不知道是否应该自己承担这些损失。请你作为索赔员，为王女士做解答。

  2. 有辆捷达私家车行驶里程为 60 012 公里，购车日期为 2011 年 4 月 1 日，该车因氧气传感器质量原因来站索赔，该件质保为 1 年或 7 万公里，那么我们给用户办理索赔吗？为什么？

参 考 文 献

[1] 俞仲文,陈代芬. 物流配送技术与实务 [M]. 北京:人民交通出版社,2001.
[2] 曹瑾鑫. 仓储与配送管理 [M]. 北京:中国传媒大学出版社,2013.
[3] 林珍平. 仓储与配送实务 [M]. 北京:高等教育出版社,2013.
[4] 彭朝晖. 汽车配件管理与营销 [M]. 北京:人民交通出版社,2011.
[5] 杜文. 物流运输与配送管理 [M]. 北京:机械工业出版社,2006.
[6] 方正宇. 汽车维修企业的配件采购管理 [M]. 北京:机械工业出版社,2005.
[7] 刘振楼,李莉. 汽车及配件营销 [M]. 北京:人民交通出版社,2004.
[8] 密亚光. 汽车配件经营与管理 [M]. 北京:机械工业出版社,2008.
[9] 张荣全. 汽车备品备件管理 [M]. 北京:中国劳动社会保障出版社,2013.